우리 안의 악마

우리 안의 악마

EVIL: The Science Behind Humanity's Dark Side

줄리아 쇼 지음 | 김정훈 옮김

어두운 인간 본성에 관한 도발적인 탐구

ᄒ현암사

차례

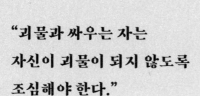

"괴물과 싸우는 자는
자신이 괴물이 되지 않도록
조심해야 한다."

- 프리드리히 니체,
『선과 악을 넘어서』

서문

19세기 독일 철학자 프리드리히 니체는 1881년에 이렇게 말했다. "악하다는 생각이 악을 만들어낸다."[1] 우리가 무언가에 '악惡'이라는 꼬리표를 붙일 때, 우리가 무언가를 악하다고 생각할 때 그 존재는 비로소 악해진다는 의미다. 이렇듯 니체는 악이 어떤 사람, 물체, 행위의 고유한 속성이 아니라 주관적 경험이라 주장했다.[2]

이 책은 이런 정서를 뒷받침하고 있는 과학에 대해 탐험한다. 그 과정에서 '악'이라는 단어와 자주 연관되는 다양한 개념과 관념을 살펴볼 것이다. 다시 말해 이 책은 인간의 위선, 악의 부조리, 평범한 광기, 공감에 관한 연구다. 우리가 보통 '도덕적으로 나쁘다'라고 여기는 것의 의미를 다시 한번 생각하고 그 개념을 새로 정립하는 계기가 되었으면 좋겠다.

나는 지난 13년 동안 학생이자 강사, 연구자로서 악의 과학에 대해 귀를 기울일 줄 아는 사람이라면 누구와도 기꺼이 토론을 즐겨왔다. 나는 선과 악을 흑백논리로 나누는 근본주의적 개념을 깨뜨려 미세한 차이가 드러나는 함축적 개념과 과학적 통찰로 대체하기를 좋아한다. 인간의 행동 중에는 얼핏 보아서는 도저히 이해할 수도 없고, 이해해서도 안 된다고 여겨지는 것들이 있다. 이런 행동에 대해 우리 모두가 좀 더 잘 파악한 상태에서 토론할 수 있었으면 좋겠다. 알지 못하면 그저 이해할 수 없다는 이유로 타인을 비인간화하고 평가절하하기 쉽다. 우리는 악하다는 꼬리표를 붙여놓은 존재를 이해하려 노력할 수 있고, 또 그래야만 한다.

먼저 악 공감 훈련evil empathy exercise을 해보자. 당신이 저질렀던 최악의 행동에 대해 생각해보자. 바람피우기, 도둑질, 거짓말 등 부끄러울 만한 행동, 남들에게 알려지면 평판이 나빠질 법한 행동을 떠올려보자. 그다음에는 세상 모든 사람이 그 사실을 알고 있으며, 그 일로 당신을 재단하고, 당신을 부를 때마다 그 행동을 떠올리는 별명으로 부른다고 상상해보자. 기분이 어떨까?

내가 가장 후회하는 행동 하나로 세상이 나를 평가하기를 바라는 사람은 아무도 없을 것이다. 하지만 우리는 매일 타인에게 이런 일을 하고 있다. 자신이 내린 판단에 관해서는 그럴 수밖에 없었던 복잡하고 미묘한 상황과 어려움을 잘 알고 있다. 하지만 타인의 판단에 관해서는 그 판단이 낳은 결과만 눈에 들어온다.

그래서 우리는 복잡하기 그지없는 인간을 단 하나의 악한 행동만으로 판단해서 살인자, 강간범, 도둑놈, 거짓말쟁이, 사이코패스, 소아성애자 등으로 부른다.

이런 것들은 우리에게 주어진 상대의 행동을 보고 분명 이런 사람일 것이라 인식해서 붙여준 꼬리표들이다. 단 한 단어로 그 사람의 본성을 요약해서 폄하하고, 다른 사람들에게 그들은 믿을 만한 사람이 못 된다고, 언제 해를 끼칠지 모를 사람이라고, 인간이 아니라 끔찍한 돌연변이라고 말하는 것이다. 또한 이런 돌연변이는 우리가 결코 이해할 수 없는 구제불능의 인간 말종이니 공감하려 해서는 안 된다고, 그들은 이해할 수도 없고, 구원도 필요 없는 악마라 하는 것이다.

하지만 '그들'이 대체 누구일까? 다른 사람들이 비열하다고 여기는 일들을 우리 모두 종종 생각하고 또 행동에 옮긴다는 사실을 인식하면 악의 본질을 이해하는 데 도움이 된다. 내가 장담하는데, 세상 어딘가에는 분명 당신을 악하다고 생각할 사람이 있다. 당신은 육식을 하는가? 금융업계에서 일하는가? 혼외 자식을 두고 있는가? 이런 것이 당신에게는 정상적인 일일지 몰라도 누군가에게는 정상이 아니며, 심지어 용납할 수 없는 부도덕한 행위로 여겨질 수 있다. 어쩌면 우리 모두는 악한 존재일지도 모른다. 아니면 우리 중 그 누구도 악하지 않거나.

우리 사회는 악에 대해 많은 이야기를 하는 것 같지만 실제로는 전혀 얘기하지 않는다. 사람들은 매일 인간의 끔찍한 행위에 대해 듣거나 인간에게는 희망이 없다는 생각이 들게 하는 뉴스를 끊임없이 들으며 피상적으로 반응한다. 기자들은 선혈이 낭자한 뉴스가 최고라 말한다. 감정을 강하게 자극하는 표현으로 사람들의 이목을 사로잡는 헤드라인을 뽑아내면 소셜미디어에서 그것을 퍼 나른다. 사람들은 악을 다루는 뉴스들을 아침 식사 전에 보고 점심시간이면 잊어버린다. 그 소비량은 엄청나다.

폭력에 대한 수요 또한 그 어느 때보다 증가한 듯하다. 2013년에 심리학자 브래드 부시맨과 연구진은 영화 속 폭력에 대해 조사한 연구 결과를 발표했다. 이에 따르면 영화 속 폭력은 1950년대 이후로 두 배 이상 증가했고, 만 13세 미만이 감상하려면 보호자 동반이 필요한 PG-13 등급 영화에 총기와 관련된 폭력 장면이 많아져 최근에는 R등급(청소년관람불가) 영화를 추월하는 지경까지 갔다고 한다.[3] 영화 속 폭력은 점점 늘어나는 추세이며 심지어 아동을 대상으로 만들어진 영화들도 마찬가지다. 폭력과 고통을 다루는 이야기들이 그 어느 때보다도 우리의 일상에 깊숙이 스며들어 있다.

이런 상황은 사람들에게 어떤 영향을 미칠까? 폭력의 일상적 노출은 범죄 발생 빈도에 대한 이해를 왜곡시켜 범죄가 실제보다 더 흔히 일어나고 있다고 생각하게 만든다. 이것은 우리가 누군가에게 악이라는 꼬리표를 붙이는 데에도 영향을 미치며 '정의란 무엇인가'라는 개념도 바꾸어놓는다.

이 책은 개별 사건들을 깊숙하게 파고드는 책이 아니다. 영국에서 가장 어린 나이에 살인죄로 유죄를 선고받고 타블로이드 신문으로부터 '타고난 악마'라 낙인찍힌 존 베나블스, 미국의 연쇄살인자 데트 번디, 캐나다의 부부 살인범 폴 베르나르도와 칼라 호몰카 등 가장 끔찍한 악인으로 손가락질 받는 특정 인물들을 다루는 책은 이미 많이 나와 있다. 이들이 흥미로운 사례인 것은 분명하다. 하지만 이 책은 이들에 관한 책이 아니라 당신에 관한 책이다. 나는 여러분이 다른 사람들이 저지른 구체적인 범죄 사례를 조목조목 살펴보기보다는 자신의 사고방식과 성향을 좀 더 잘 이해하기 바란다.

이 책은 철학서도, 종교 서적도, 도덕에 관한 책도 아니다. 이 책은 우리가 다른 사람에게 끔찍한 일을 저지르는 이유를 탐구하는 책이지 그런 일이 과연 일어났어야 했는지, 적절한 처벌이 무엇인지 따지는 책이 아니다. 이 책은 그 해답을 과학에서 찾고자 실험과 이론 들로 채웠다. 악이라는 개념을 여러 조각으로 해체해 그 각각의 조각을 개별적으로 조사하기 위해 썼다.

이 책은 악에 대해 포괄적으로 다루지도 않는다. 그런 책을 쓰려면 평생을 바쳐도 부족할 것이다. 이 책이 집단 학살, 보육 시설에서 일어나는 아동 학대, 아동이 저지르는 범죄, 부정 선거, 배신, 근친상간, 마약, 조직폭력배, 전쟁과 같은 심각한 문제를 전혀 다루고 있지 않아 실망할 독자가 있을지도 모르겠다. 이 책은 현재 나와 있는 문헌들을 바탕으로 인식을 확장해서 당신이 예상치 못했던 개념을 도입하려는 책이다. 악의 개념과 관련해 매력적이지만 간과될 때가 많다고 생각하는 중요하고 다양한 주제들을 폭넓게 검토해볼 것이다.

악의 과학으로 발을 들이기 전에 내가 누구인지 소개해야겠다. 당신이 나를 믿고 이 악몽으로의 여정을 함께해야 하는 이유를 설명하려 한다.

나는 사람이 괴물을 사냥하는 세상에서 왔다. 그 세상은 경찰, 검사, 대중이 함께 쇠스랑을 치켜들고 살인자와 강간범을 찾아다니는 곳이다. 이들이 사냥을 다니는 이유는 사회를 온전히 유지하고, 나쁜 짓을 했다고 여겨지는 사람들을 벌하기 위해서다. 그런데 문제는 이런 괴물들이 존재하지 않는 경우가 있다는 것이다.

거짓 기억false memory을 전공한 범죄심리학자인 나는 실제로는 아무런 범죄도 일어나지 않았는데도 사람들이 사악한 범죄자를 찾아 눈을 부릅뜨는 경우를 항상 보면서 산다. 거짓 기억이란 진짜같이 느껴지지만 실제로는 일어나지 않은 사건에 대한 기억을 말한다. 공상과학 이야기처럼 들리겠지만 이러한 거짓 기억은 너무도 흔하다. 거짓 기억 연구자 엘리자베스 로프터스의 말처럼 기억은 과거에 대한 정확한 상이라기보다는 위키피디아 페이지에 더 가깝다. 기억은 구성되며 기존의 것을 재구성할 수도 있다. 당신은 기억 속으로 들어가 그 기억을 바꿀 수 있다. 그리고 다른 사람도 당신의 기억을 바꾸어놓을 수 있다.

극단적인 상황에서는 기억이 현실과 완전히 동떨어져 자기가 결코 일어난 적 없는 범죄의 피해자나 목격자라고 생각하게 되는 일도 있다. 절대로 벌어진 적 없는 범죄를 자신이 저질렀다고 믿기도 한다. 내 연구실에서 직접 실험해본 것도 있다. 나는 사람들의 기억을 조작해 그들로 하여금 자기가 범죄행위를 저질렀다고 믿게 만든 적이 있다.

이런 일이 연구실에서만 이루어지는 것은 아니다. 실제로도 일어난다. 나는 수감자에게 종종 편지를 받을 때가 있는데 평소에 받는 우편물 중에서 가장 흥미롭다. 2017년 초에 받은 어느 편지는 아름답고 단정한 글씨로 쓴 유려한 문장을 담고 있었다. 죄수가 보내는 편지로는 흔치 않은 경우였다. 당사자의 신원이 드러나지 않도록 내용을 약간 수정해 소개하겠다.

이 편지를 보낸 사람은 자신이 늙은 아버지를 칼로 찔러 죽였기 때문에 감옥에 왔다고 설명했다. 그런데 한 번만 찌른 것이 아니라 무려 50번이나 찔렀다고 했다. 그런데 살인을 저지를 당시 그는 대학 강사였고 범죄 기록도 없었다. 사람을 찌르면서 돌아다니는 유형의 범죄자가 아니었다.

그렇다면 왜 그런 짓을 했을까? 이 질문의 답을 듣고 나는 적잖이 놀랐다. 그는 거짓 기억에 관한 내 책을 한 권 보내달라고 부탁하기 위해 편지를 쓴다고 밝혔다. 교도소 도서관에 이 책이 아직 들어오지 않았다고 했다. 그는 《타임The Time》지에서 이 책에 대한 기사를 읽고 이 연구 분야에 흥미를 갖게 되었으며 이에 대해 알아야 할 필요가 있다고 덧붙였다. 감옥에 있는 동안 자기가 거짓 기억 때문에 아버지를 죽였음을 깨달았다는 것이었다.

그가 주장하는 사건의 전말은 이렇다. 그는 알코올중독 치료

과정에서 어린 시절의 성적 학대 경험이 있는 경우 알코올 의존성이 생길 수 있다는 사실을 알았다. 그리고 치료사와 사회복지사로부터 자신이 분명 어린 시절에 학대를 당했으리라는 암시를 반복적으로 받았다. 그는 알코올중독 치료를 받는 동안 늙은 아버지도 함께 돌보고 있었기 때문에 몹시 지쳐 있었다. 어느 날 저녁 그는 아버지를 돌보다가 옛 기억이 갑자기 밀려들었다고 주장했다. 분노에 휩싸인 그는 과거 일에 대한 복수로 살인을 저지르고 말았다. 그런데 감옥에 들어오고 나서야 어린 시절에 그런 학대가 결코 일어난 적이 없다는 사실을 깨달았다. 실제로 일어나지 않은 일을 믿고 거짓으로 기억한 것이었다. 그는 자신의 행위를 인정하고 감옥에 들어가 있지만 자신의 뇌와 자신의 행동을 이해하는 데 어려움을 겪고 있었다. 그는 한때 자기 아버지가 악하다고 생각했다. 그리고 그 생각 때문에 끔찍한 범죄를 저질렀다. 그의 말이 사실이라면 과연 그를 악하다고 할 수 있을까?

그에게 내 책을 보내주자 답장으로 편지 한 장과 분홍색 꽃 그림이 도착했다. 나는 그 그림을 책상 위에 올려두었다. 이 그림은 연구와 과학적 소통을 통해서라면, 이해의 여지 없이 인간성을 박탈당하는 사람들을 이해하고 그들에게 인간성을 회복시켜줄 수 있음을 상기시키는 상징적인 물건이다.

한 개인이 저지른 잘못 하나로 복잡한 경험의 총체인 인간이 갑자기 단순해지는 것이 아닌데도 우리는 그 점을 쉽게 잊는다. 사람을 단 하나의 행위만으로 정의해서는 안 된다. 누군가가 한때 사람을 죽이기로 결심한 적이 있다고 해서 그를 살인자로 부르는 것은 지나친 단순화다.

유죄 판결을 받은 사람도 사람이다. 1년 중 364일을 철저하게 법을 지키고 살다가 365일째 되는 날 범죄를 저지르기로 마음먹을 수도 있다. 가장 악랄한 범죄자라 해도 대부분의 시간은 범죄를 저지르지 않으며 보낸다. 그렇다면 그 시간에는 무엇을 하고 살까? 일상적인 일들을 한다. 먹고, 자고, 사랑하고, 눈물을 흘린다.

우리는 너무 쉽게 그런 사람들을 폄하하면서 악한 존재로 부른다. 내가 이 분야에 매진하게 된 이유도 이 때문이다. 사람들이 악을 어떻게 창조해내는지 이해하는 일에 매력을 느끼게 된 이유가 그저 기억 때문만은 아니라는 말이다. 나는 사이코패스와 도덕적 의사 결정이라는 주제에 대해서도 학술 연구를 해왔고 악에 관한 강의도 하면서 범죄학, 심리학, 철학, 법학, 신경과학 등의 다양한 분야를 탐색했다. 나는 이런 학문 분야들이 만나는 교차점에서 우리가 '악'이라 부르는 것에 대한 진정한 이해가 가능하다고 믿는다.

그런데 악랄한 범죄들은 우리가 이해하려 노력해야 할 문제가 아니라 일종의 서커스 쇼처럼 여겨질 때가 많다. 장막을 걷어 겉모습 뒤에 숨은 인간성을 보려 하면 그것을 제대로 볼 수 없도록 누군가가 막아선다. 악이라는 개념에 대해 논의하는 것은 사회 전반적으로 여전히 금기로 남아 있다.

악에 대한 공감

범죄자들을 이해하려 시도하면 누군가가 대단히 공격적인 언사를 동원하며 막아설 때가 많다. 이러한 행동에는 행여 우리와 그들이 크게 다르지 않다는 암시가 나올까 두려워하는 마음이 함축돼 있다. 그러므로 어떤 사람들에 대해서는 애초에 공감하지 말아야 한다는 것이다.

소아성애에 대해 얘기해보자고? 그건 분명 당신이 소아성애자란 소리로군! 지금 동물성애zoophilia에 대해 얘기했어? 동물하고 섹스하고 싶다는 소리로군. 살인 공상murder fantasy에 대해 얘기하고 싶다고? 당신은 마음속으로는 이미 살인자야. 이렇듯 호기심마저도 부끄러워할 일로 취급하는 이유는 악하다고 인식되는 사람들과 우리 사이에 거리를 둬야 하기 때문이다. 착한 시민인 '우리'와 나쁜 놈들인 '그들'을 대립시키는 것이다. 심리학에서는 이것을 '타자화othering'라 부른다. 누군가를 자신과 본질적으로 다른 존재라 여기거나 그렇게 취급하는 순간 우리는 그들을 타자화한다.

하지만 이런 구분은 담론을 펼치고 이해하는 데 부정적으로 작용할 뿐만 아니라 근본적으로 틀렸다. 우리는 타인을 악하다거나 나쁘다고 낙인찍는 것이 합리적인 판단에 의한 것이라고 여기곤 하지만 그런 타인과 우리 자신을 구분하는 차이는 생각보다 사소하다. 나는 당신이 악하다고 여기는 사람들과 당신 사이의 유사성을 살펴보고, 당신이 비판적인 태도로 그들을 이해할 수 있게 돕고 싶다.

　일탈 행위에 우리가 반응하는 방식을 보면 결국 타인보다는 자기 자신에 대해 더 많은 것을 알아낼 수 있는지도 모른다. 이 책에서 나는 여러분에게 호기심을 북돋아 악이란 대체 무엇인지 탐험하게 만들고 싶다. 그리고 과학에서 배울 수 있는 교훈을 통해 인간의 어두운 면을 더 잘 들여다볼 수 있게 돕고 싶다. 나는 여러분이 질문을 던지고, 지식을 갈망하기를 바란다. 그리고 당신의 그 갈망을 채워주고 싶다. 이제 나와 함께 살아 있는 악몽을 밝히는 과학적 여정을 떠나보자.

　부디 당신이 '악'에서 공감의 지점을 발견하기를.

"도덕적 현상이라는 것은 존재하지 않는다.
현상에 대한 도덕적 해석만이 있을 뿐이다."

- 프리드리히 니체
『선과 악을 넘어서』

1장

당신 안의 사디스트 :
신경과학으로 본 악의 실체

히틀러의 뇌, 공격성, 사이코패스 성향에 관하여

악에 대해 대화를 하다 보면 결국은 히틀러라는 주제로 귀결되는 경향이 있다. 놀랄 만한 일은 아니다. 히틀러는 집단 학살, 파괴, 전쟁, 고문, 혐오 발언, 정치적 선전 및 선동, 과학의 비윤리적 남용 등 '악' 하면 떠오르는 많은 행동을 저질렀으니 말이다. 역사는, 그리고 세계는 그에 대한 어두운 기억으로 영원히 얼룩져 있을 것이다.

비도덕적인 것에 대해 얘기할 때 히틀러가 자동으로 소환되는 현상은 사람들 사이의 일상적인 대화에서도 볼 수 있다. 남들이 동의하지 않는 말이나 글을 쓰는 사람을 비난하며 '나치', '히틀러 같은 인간' 등으로 표현할 때가 많은 것을 보면 그렇다. 고드윈의 법칙Godwin's law에 따르면 온라인에서 일어나는 모든 토론은 결국 히틀러와의 비교로 이어지는 경우가 많다고 한다. 이렇게 무심코 히틀러와 비교하는 일은 일어난 잔혹 행위를 별것 아닌 듯 보이게 만들고, 토론을 돌아올 수 없는 지경까지 몰고 간다. 결국 대화 자체가 중단되어 버리기도 한다. 말이 잠시 샜다.

히틀러가 직간접적으로 저지른 심각한 파괴 행위들이 워낙 다양하다 보니 그가 이런 짓을 저지른 동기, 그의 성격과 행동에 대한 연구 서적이 많이 나와 있다. 사람들은 히틀러가 대체 왜, 어떻게 역사의 어두운 페이지를 장식한 인간이 되었는지 끊임없이 알고 싶어 했다. 이 장에서는 그가 저지른 행동들을 자세하게 분석하는 대신 딱 한 가지 질문에만 초점을 맞춰 내용을 전개하려 한다. '만약 당신이 과거로 돌아가게 된다면 아기 히틀러를 죽이겠는가?'

이 한 가지 질문에 대한 대답을 살펴보기만 해도 나는 당신에 관해 많은 것을 알 수 있다. 만약 '그렇다'라고 대답한다면 아마도 당신은 인간이 끔찍한 일을 저지르는 성향을 타고났다고 믿는 사람일 것이다. 악이 인간의 DNA 속에 들어 있다는 주장이다. '아니오'라고 대답한다면 당신은 인간의 행동에 덜 결정론적인 관점을 가지고 있을 것이다. 어떤 어른이 될지는 환경과 교육이 더 결정적인 영향을 미친다고 믿는 사람일 확률이 높다는 말이다. 아니면 아기를 죽이는 것은 누구나 손사래를 칠 일이기 때문에 '아니오'라고 답했는지도 모르겠다.

어느 쪽이든 대단히 흥미로운 대답이다. 나는 이 대답이 십중팔구 불완전한 증거를 바탕으로 나온 것이라 생각한다. 끔찍하게 행동하는 아기가 정말로 끔찍한 어른이 될지 아닐지 어찌 알겠는가? 그리고 당신의 뇌가 실제로 히틀러의 뇌와 다른지 아닌지 어찌 알겠는가?

사고실험을 하나 해보자. 만약 히틀러가 지금 살아 있어서 그의 뇌를 신경 촬영 장치로 찍어본다면 어떤 결과가 나올까? 그의 뇌에 손상된 구조물이나 과활성화된 영역, 나치 문양 모양의 뇌실ventricle이라도 있을까?

그의 뇌를 재구성할 수 있으려면 먼저 히틀러가 미친 건지, 악한 건지, 혹은 양쪽 모두였는지부터 고려해야 한다. 히틀러에 대한 최초의 심리 프로파일 중 하나는 제2차 세계대전 중에 쓰였다. 역사상 최초의 범죄자 프로파일에 해당하는 것이라 할 수 있는 이 프로파일은 1944년에 심리분석가 월터 랭거Walter Langer가 미국의 첩보부이자 미국 중앙정보국CIA의 전신인 전략사무국에 제출하기 위해 쓴 것이다.[1]

월터 랭거는 이 보고서에서 히틀러가 '조현병'에 거의 근접한 상태였다며 '신경증'이 있는 것으로 묘사했다. 그리고 그가 이데올로기적 불멸을 달성하려 몸부림치고 있으며 패배에 직면하면 자살을 시도할 것이라고 정확하게 예측했다. 하지만 이 보고서에는 그가 마조히즘 섹스(고통을 받거나 모욕을 당하며 성적 쾌락을 느끼는 것)를 즐겼다거나, '식분증coprophagia(대변을 먹고 싶어 하는 욕망)' 성향이 있었다는 등 입증이 불가능한 사이비 과학적 주장도 몇 가지 들어 있다.

1998년에 다시 히틀러에 대한 심리 프로파일이 발표됐다. 이번에는 정신의학자 프리츠 레드리히Fritz Redlich가 발표했다.[2] 레드리히는 자신이 병적학pathography이라고 명명한 연구를 수행해 보았다. 병적학이란 질병에 영향을 받는 사람의 삶과 성격을 연구하는 학문으로, 질병 서사라고도 할 수 있다. 히틀러의 병력과 그의 가족의 병력, 그의 연설과 다른 기록을 연구한 레드리히는 히틀러가 편집증, 자기도취증narcissism, 불안증, 우울증, 심기증 hypochondria{건강에 대해 지나치게 걱정하고 아무 이상이 없는데도 병이 있다고 생각하는 심리 상태-옮긴이} 등 정신 질환 증상을 많이 보였다고 주장했다. 하지만 정신 질환 증상이 있었다는 증거가 정신의학 교과서를 채울 수 있을 만큼 많았음에도 히틀러는 평범한 수준 이상으로 무난히 기능했고, 자기가 무엇을 하고 있는지 잘 알고 있었으며, 그 일을 자부심과 열정을 가지고 선택했다고 주장했다.

레드리히라면 아기 히틀러를 죽이고 싶었을까? 아니면 히틀러의 가정환경에 더 큰 방점을 찍었을까? 레드리히의 주장에 따르면 히틀러의 어린 시절에는 그가 집단 학살을 저지르는 악명 높은 정치인이 되리라 암시할 만한 요소가 거의 없었다고 한다. 레드리히는 의학적으로 봤을 때 히틀러가 성적으로 부끄러움이 많고 동물이나 사람을 괴롭히는 것을 좋아하지 않는 꽤 정상적인 아이였다고 주장했다.

레드리히는 어린 시절의 히틀러가 문제 있는 가정환경에서 자랐다는 주장에 반대하면서 그가 잘못된 가정교육을 받았을 것이라 가정하는 역사심리학자들을 비판했다. 아무래도 히틀러의 어린 시절이 그가 훗날 보여준 행동의 원인이라 가정하기는 힘들어 보인다. 따라서 만족스러운 대답은 아니겠지만 히틀러가 미쳤느냐는 질문에 대한 대답은 '아니오'인 듯싶다. 이런 경우는 많다. 누군가가 악랄한 범죄를 저질렀다는 이유만으로 정신 질환이 있다고 할 수는 없다. 범죄를 저지른 사람이 모두 정신 질환이 있다고 가정하면 그 사람의 개인적 책임을 지워버리고 정신 질환에 오명을 씌우게 된다. 그렇다면 히틀러 같은 사람들은 어떻게 그런 끔찍한 일을 저지른 것일까?

'인간의 악을 설명하는 신경과학'을 연구하는 심리학자 마틴 레이먼과 필립 짐바도르는 인간이 끔찍한 일을 저지르는 이유를 설명할 만한 다른 개념을 고안해냈다. 2011년 「사회적 접촉의 어두운 면The Dark Side of Social Encounters」[3]이라는 논문에서 두 저자는 뇌의 어떤 부분 때문에 악이 생겨나는지 밝혀내려 했다. 이들은 두 가지 과정이 가장 중요하다고 주장했다. 바로 몰개성화deindividuation와 비인간화dehumanisation다. 몰개성화는 자신을 익명의 존재로 인지할 때 일어난다. 비인간화는 타인을 인간으로 보지 않고 인간보다 못한 존재로 바라볼 때 일어난다. 두 저자는 또한 비인간화를 지각이 흐려지는 '피질백내장cortical cataract{수정체가 탁해져서 시력이 약해지는 백내장의 일종—옮긴이}으로 설명했다. 사람을 제대로 바라볼 수 없게 되는 현상이다.

이 개념은 우리가 '나쁜 사람들'에 대해 이야기할 때 분명하게 드러난다. 사람을 비인간화시키고 있을 뿐 아니라 우리와는 다른 비도덕적인 개인들로 이루어진 균질한 집단이 존재한다고 가정한다. 이런 이분법 속에서 자신은 윤리적으로 건강한 결정을 내리는 다양한 인간으로 이루어진 집단인 '좋은 사람들'에 해당한다. 이렇게 세상을 좋은 사람들과 나쁜 사람들로 나누는 것은 히틀러가 좋아한 접근 방식 중 하나였다. 나아가 표적 집단의 구성원이 '나쁜 사람'이 아니라 아예 사람도 아니라는 더 문제적인 주장까지 생겨났다. 집단 학살을 부추기던 히틀러의 선전·선동에서 비인간화의 극적인 사례를 찾아볼 수 있다. 그는 유대인들을 '인간 이하의 존재Untermenschen'로 묘사했다. 또한 나치는 자신들이 표적으로 삼은 다른 집단을 동물, 곤충, 질병에 비유하기도 했다.

좀 더 최근에 영국과 미국에서는 이민자들에 대한 독설이 연이어 터져 나왔다. 2015년에 영국의 언론인 케이티 홉킨스는 보트를 타고 온 이민자들을 '바퀴벌레'라 묘사했다. UN의 인권최고대표 자이드 라아드 알 후세인이 공개적으로 이를 비판했다. 그는 이렇게 응수했다. "나치 언론들은 자기들의 수장이 제거하기 원하는 사람들을 쥐나 바퀴벌레로 묘사했습니다."[4] 그리고 그런 언어는 수십 년에 걸쳐 지속되는 외국인을 향한 혐오 발언anti-foreigner abuse, 잘못된 정보, 왜곡에서 전형적으로 나타나는 것이라 덧붙였다.

이와 유사한 사례가 비교적 최근에도 있었다. 2017년 5월 1일, 취임 100일 기념일에 미국 대통령 도널드 트럼프는 연설의 일부로, 원래 1963년에 가수 오스카 브라운 주니어가 뱀에 관해 쓴 노래의 가사를 큰 소리로 읽었다.[5]

어느 마음씨 고운 여자가

아침에 호숫가 오솔길을 따라 일하러 가던 길에

반쯤 얼어 죽은 가엾은 뱀을 보았네.

알록달록 예쁜 뱀의 살갗에 온통 서리가 내려 있었지.

"어머나, 가여운 것. 내가 너를 안으로 데려가 보살펴줄게."

그녀는 뱀을 가슴에 안아 올리며 이렇게 말했지.

"너는 참으로 곱구나. 하지만 내가 너를 데려오지 않았으면 너는 지금쯤
죽고 말았을 거야."

그녀가 뱀의 예쁜 살갗을 어루만지더니 입을 맞추고 꼭 끌어안았네.

하지만 그 뱀은 고맙다는 말 대신 그녀를 사납게 물었지.

트럼프는 이 이야기를 난민의 위험에 관한 풍자로 이용했다.
난민을 뱀에 비유한 것이다.

상상 속의 적을 이렇듯 지나치게 단순화해서 하나로 뭉뚱그려
묘사하는 행위는 정치에서 거듭 반복된다. 이런 묘사가 사람들
의 눈과 귀를 쉽게 사로잡는다는 것도 그 이유 중 하나다. 지도자
의 도움과 화려한 수사법의 힘을 살짝만 빌리면 해로운 이데올
로기가 순식간에 고개를 든다. 많은 사람들이 가끔씩은 이런 덫
에 빠져들기 마련이지만 그중에는 이런 사악한 이미지에 특히나
영향을 많이 받는 사람이 있다.

히틀러의 뇌를 상상 속에서 재구성해볼 수 있다. 그에게서 비
인간화의 경향이 특히나 강했던 점을 생각하면 그의 뇌에서 이
부분을 담당하는 뇌 영역에 문제가 있었을지도 모른다. 레이먼
과 짐바도르에 따르면 몰개성화와 비인간화에는 배쪽안쪽앞이

마겉질vmPFC, ventromedial prefrontal cortex, 편도체amygdala, 뇌줄기 구조물brainstem structure(즉 시상하부hypothalamus와 수도관주위회색질periaqueductal gray) 등을 비롯한 뇌 영역 네트워크가 잠재적으로 관련되어 있을지도 모른다. 이러한 내용을 이용해 몰개성화와 비인간화 개념을 설명하는 모형의 유용한 이미지를 구축할수 있다. 내가 만든 아래 이미지를 보라.

이 모형이 주장하는 바는 익명이라는 생각, 즉 자신은 더 큰 집단의 일부에 불과하기 때문에 자신의 행동이 비난받아서는 안된다는 생각이 결국에는 타인을 해칠 능력을 키우는 결과를 낳는다는 것이다. 악이 뇌 속에서 어떻게 작동하는지 이들의 주장을 살펴보자.

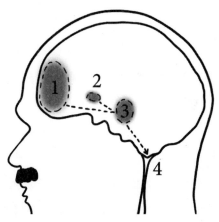

히틀러의 뇌: 악에 이르는 길이라 제안된 경로. 여기에는 배쪽안쪽앞이마겉질(1), 편도체(2), 뇌줄기(3) 중추신경계(4)가 관련되어 있다.

• 몰개성화 : 자신을 독립된 하나의 개인으로 생각하지 않고 집단과 동일 시하여 자기를 그 집단에 속한 익명의 존재라 여긴다. 이는 자신의 행동에 개인적으로 책임이 없다는 생각으로 이어진다. 이것은 vmPFC(1)의 활성 저하와 관련이 있다. vmPFC에서 이루어지는 활성 감소는 공격성과 의사 결정 능력 저하로 이어진다고 알려져 있고, 억제되지 않는 반사회적 행동으로 나타날 수 있다.

• 비인간화 : 활성 저하와 동반해 뇌에서 감정을 담당하는 영역인 편도체 (2)의 활성이 증가한다. 이것은 분노 및 공포 같은 감정과 연결되어 있다.

• 반사회적 행동 : 앞서 언급한 과정에서 경험된 감정들이 뇌줄기(3)를 경유하면서 심박수, 혈압, 직감 등이 증가되는 다른 감각(4)을 촉발한다. 이런 변화는 본질적으로 몸이 투쟁도피모드fight-or-flight mode로 들어가는 것에 해당한다. 투쟁도피모드는 몸이 해를 입을 것을 예상하고 생존하기 위해 돌입하는 상태를 말한다.

vmPFC 활성이 떨어진 사람에서는 이런 경로가 더 강화된다는 주장이 있다. 이런 주장은 범죄자들을 대상으로 한 연구에서 거듭 확인되었다. 연구에 따르면 살인자와 사이코패스는 특히나 vmPFC 활성이 떨어지는 것으로 나온다고 한다. 갑상선의 활성 저하가 신체 대사의 결함을 일으켜 체중이 붇기 쉬운 것처럼 레이먼과 짐바도르를 비롯한 연구자들은 vmPFC 활성 저하는 곧 도덕적 판단 능력의 결함으로 볼 수 있으며 이는 범죄나 다른 반사회적인 행위를 저지를 가능성이 커진다는 의미라 여긴다. 레이먼과 짐바도르는 이렇게 요약한다. "공격성에 대한 연구를 보면 이마엽frontal lobe 구조물, 특히나 그중에서도 앞이마겉질prefrontal cortex 활성 저하나 이 뇌 영역의 장애가 공격성의 주요 원인이 될 수 있음을 알 수 있다."

만약 히틀러의 뇌를 들여다볼 수 있다면 그 뇌는 언뜻 정상으로 보일 것이다. 하지만 그에게 도덕적 판단을 내리게 해보면 vmPFC의 활성 저하와 함께 그가 편집증과 불안증을 갖고 있음을 보여주는 조짐들이 나타났을지도 모른다. 물론 그의 뇌에 중요한 이상이나 손상이 없었다는 점을 생각하면 내가 건강한 사람의 뇌 스캔 이미지와 히틀러의 뇌 스캔 이미지를 구분할 수 있을 것 같지는 않다. 나는 당신에 대해서 아는 것이 없으니 아마도 당신의 뇌와 히틀러의 뇌도 구분할 수 없을 것이다.

어떤 사람들은 특별히 나쁘고 어떤 사람은 착하다고 생각하는 대신 그 생각을 뒤집어 다시 질문해보자. 몇몇 특정 인물에게 사디스트적인 성향sadistic(가학적 성향)이 있는지 묻는 대신 이렇게 묻는 것이다. "혹시 우리 모두에게 사디스트적인 성향이 있는 것은 아닐까?"

일상적 사디즘

심리학자 로이 바우마이스터와 키스 캠벨은 1999년에 발표한 논문에서 "타인에게 해를 가하여 쾌락을 직접 달성하는 것으로 정의되는 사디즘Sadism(가학증)은 악행 속에 내재된 가장 본질적인 매력이다"[6]라고 밝혔다. 이들은 사디즘 자체가 악에 관한 다른 이론과 설명을 무용지물로 만들어버린다고 주장한다. "사람들이 악행을 저지르는 이유는 그렇게 하면 기분이 좋기 때문이다. 그 걸로 끝이다."

바우마이스터의 연구에 부분적으로 영감을 받은 에린 버클스와 연구진은 한발 더 나아가 사디즘이 사실 꽤 정상적인 것이라 주장한다.[7] 2013년에 발표한 논문에서 이들은 "현재 논의되는 사디즘의 개념은 성적인 페티시나 범죄 행위에서 나타나는 사디즘 너머로 확장되는 경우가 드물다. (중략) 하지만 잔인한 행동을 즐기는 현상은 정상적으로 보이는 일반인들에게서도 나타난다. (중략) 이렇듯 잔혹함이 흔히 발현된다는 사실은 잠재적 사디즘, 혹은 간단하게 일상적 사디즘everyday sadism의 존재를 암시하고 있다"라고 주장했다.

버클스과 그녀의 연구진은 연구의 일환으로 두 가지 기발한 실험을 진행한다. 이들은 논문에서 "당연한 말이지만 살인을 실험실에서 연구하기는 불가능하다. 따라서 우리는 연구 윤리에 더 충실한 대리 행동을 이용했다. 바로 벌레 죽이기다"라고 했다. 그래서 이들은 참가자들에게 사람을 죽이라고 요청하는 대신 벌레를 죽일 것을 요청했다. 물론 벌레가 인간을 대신할 수 없다는 것은 누구나 안다. 아마도 벌레를 죽여보지 않은 사람은 없을 것이다. 하지만 이 과제를 이용하면 가학적으로 행동하려는 사람과 그렇지 않은 사람에 대해 무언가를 알 수 있을지도 몰랐다.

실험은 어떻게 진행되었을까? 연구자들은 '성격과 고강도 직업에 대한 인내력'에 관한 연구를 한다며 참가자를 모집했다. 참가자들은 연구실에 도착하자마자 실제 직업을 본뜬 네 가지 과제 중 하나를 선택해야 했다. 해충구제업자(벌레 죽이기), 해충구제업자의 보조(해충구제업자가 벌레 죽이는 것을 도움), 환경미화원(화장실 청소), 추운 환경에서 일하는 노동자(얼음장처럼 차가운 물에서 버티기)였다. 연구자들이 제일 관심을 둔 집단은 해충구제업자 역할을 선택한 참가자들이었다. 이 집단 사람들에게는 벌레를 으스러뜨릴 커피 분쇄기와 살아 있는 벌레가 하나씩 들어 있는 컵 세 개를 나누어주었다.

실험 상황은 대단히 창의적이었다. 연구진의 말을 들어보자. "섬뜩한 느낌을 최대로 끌어올리기 위해 우리는 벌레 으스러지는 소리가 확실하게 들리는 살충 기계를 설계했습니다. 그리고 희생되는 벌레를 의인화하고자 사랑스러운 이름을 붙여주었습니다." 그 이름은 컵 옆면에 적어놓았다. 머핀, 아이크, 투씨 등등.

당신이라면 벌레 죽이는 일을 선택했겠는가? 그러라는 요청을 받았다는 이유로 벌레들이 산 채로 으드득 갈리는 소리를 듣겠는가? 이 특별한 연구에서 벌레 죽이기를 선택한 참가자의 비율은 4분의 1을 살짝 넘겼다(26.8퍼센트). 다음 질문은 과연 당신이 벌레 죽이기를 즐기겠는가 하는 것이다. 연구 결과에 따르면 참가자들은 사디스트 충동 점수가 높을수록 벌레 죽이기를 더 즐겼기 때문에 과제가 끝나기도 전에 멈추지 않고 벌레 세 마리를 모두 죽일 확률도 그에 따라 올라갔다. 참가자들은 정상적인 사람이었지만 그중 상당수가 살아 있는 생물을 죽이는 것을 즐겼다.

여기서 한 가지 질문을 해보겠다. 내가 이 실험 방법을 설명하는 동안 어느 시점에서든 이 벌레들의 안녕에 대해 걱정해본 순간이 있는가? 어쩌면 당신은 벌레 죽이기가 얼마나 재미있을까 생각하며 혼자서 씩 웃었을지도 모른다. 그렇다면 당신은 연구자들이 측정한 잠재적 사디즘 점수가 높게 나왔을 것이다. 그런데 사실 참가자들 모르게 이 벌레들이 분쇄기 날에 닿지 않도록 막아주는 장벽이 살충 기계에 설치되어 있었다. 머핀, 아이크, 투씨에게는 참으로 다행스러운 일이었다. 연구자들은 이 연구를 진행하는 동안 어떤 벌레도 해를 입지 않게 조치를 취해놓은 것이다.

연구진은 완전히 다른 두 번째 실험도 진행했다. 이번 실험은 무고한 피해자를 해치는 것에 관한 실험이었다. 이번에는 참가자들이 상대방과 컴퓨터 게임을 했다. 참가자들은 상대방이 다른 방에서 게임을 하는 또 다른 참가자라 믿고 있었다. 상대보다 버튼을 더 빠른 속도로 눌러야 게임에서 이기는데 그리고 나면 승자는 '뻥' 하고 큰 소리를 내며 상대방을 터트릴 수 있다. 뻥 소리의 크기는 승자가 조절할 수 있다. 한편 참가자 중 절반은 이기고 나서 바로 뻥 소리를 낼 수 있는 반면 나머지 절반은 소리를 내고 싶으면 그 전에 짧지만 지겨운 과제를 수행해야 했다. 이 지겨운 과제란 의미 없는 글 속에 특정 글자가 몇 번이나 등장하는지 세는 것이다. 쉽지만 따분한 과제. 게임 도중에 가상의 상대는 항상 가장 작은 뻥 소리를 선택했다. 따라서 보복의 동기가 생길 일은 없었다.

당신이라면 상대방을 터트리겠는가? 그렇다면 삥 소리는 얼마나 크게 내겠는가? 그리고 마지막으로, 상대방을 해칠 기회를 얻기 위해 수고를 감내하겠는가? 연구 결과를 보면 많은 이가 무고한 피해자를 기꺼이 해치려 했는데 상대방이 자기에게 반격하지 않는다는 사실을 깨닫고도 소리를 키운 것은 사디스트 성향 점수가 높게 나온 사람들뿐이었다. 상대방을 해치기 위해 지겨운 과제를 수행하려 한 사람들도 이들뿐이었다.

이렇듯 '정상적인' 사람들 중에서도 기꺼이 가학적으로 행동하려는 사람이 많아 보인다. 이 결과를 바탕으로 연구자들은 사디즘을 이해하려면 인간에 대해, 우리 자신에 대해 더 잘 알아야 한다고 말했다. "사디즘 현상을 제대로 다루려면 이것이 일상적인 현상이며 놀라울 정도로 흔하다는 사실을 인정할 필요가 있다."

이런 가학적 행동의 공통 특성은 무엇일까? 한 가지 공통적으로 드러나는 주제는 공격성이다. 무언가를 아프게 할 때, 예를 들어 벌레 같은 것을 죽일 때 사람들은 공격적으로 행동한다. 이와 비슷하게 가학에서 쾌락을 얻으려면 대부분 경우 먼저 공격적인 행동을 해야만 한다. 그렇다면 조금 뒤로 물러서서 다시 살펴보자. 다른 종류의 공격성으로는 어떤 것이 있을까? 당신도 아마 느껴봤겠지만 도무지 이해할 수 없는 종류의 공격성이 있다. 바로 조그만 털북숭이 동물을 해치고 싶은 이상한 기분이다.

귀여운 공격성

우리의 가학적 성향이 드러나는 뜻밖의 상황이 있다. 바로 귀여운 동물이 앞에 있는 경우다. 너무 사랑스러워서 감히 만지기조차 어려운 강아지를 본 적이 있는가? 너무 귀여워서 그 자그마한 얼굴을 손으로 찌부러뜨리고 싶은 느낌을 받아본 적은 없는가? 작은 동물을 보고 너무 귀여운 나머지 괴롭히고 싶은 느낌에 휩싸이는 사람은 많다. 새끼 고양이, 강아지, 병아리 같은 것을 보면 손으로 으스러뜨리거나 뺨을 꼬집거나 깨물거나 괜히 그 앞에서 으르렁거리고 싶어진다.

대체 왜 이럴까? 동물을 해치는 것은 사이코패스, 연쇄살인범이나 하는 일이 아닌가? 연구에 따르면 사람들은 대부분 실제로 동물을 해치고 싶어 하지는 않는다고 하니 안심하기 바란다. 따라서 가학적으로 들리기는 하지만 이런 감정이 우리 내면에 어두운 비밀이 숨어 있음을 말해주는 신호는 아니다. 당신은 아마도 털북숭이 동물을 사랑할 것이고, 실제로 그 동물을 해치고 싶어 하지도 않는다. 하지만 이것만으로는 우리 뇌가 준공격적인 반응quasi-aggressive reaction으로 우리를 유혹하고 고문하는 이유가 설명되지는 못한다. 귀엽다고 느끼는 대상을 해치고 싶어 하는 느낌은 너무 흔해서 그것을 지칭하는 용어도 따로 있다. 바로 '귀여운 공격성cute aggression'이다.

예일대학교의 오리아나 아라곤과 연구진은 이 이상한 현상을 처음으로 연구해서 2015년에 논문을 발표했다.[8] 이들은 이 개념에 대해 몇 가지 연구를 진행했다. 한 연구에서는 참가자들에게 귀여운 동물 사진을 보여주고 뽁뽁이bubble wrap를 큰 것으로 한 장 주었다. "우리는 사람들에게 귀여운 시각 자극에 노출된 동안 무언가를 짓누르고 싶은 충동이 있다면 귀여움을 느끼게 하는 자극과 짓누를 물건을 함께 주었을 때 실제로 그것을 짓누르리라는 가설을 세웠다." 아기 동물 사진을 본 참가자는 다 자란 동물의 사진을 본 참가자보다 뽁뽁이를 훨씬 많이 터트렸다.

이어서 연구자들은 만약 참가자들이 무릎 위에 동물과 비슷한 무언가를 올려놓고 있으면 그것이 감정의 배출구 역할을 해줘 사람들의 공격성이 가라앉지 않을까 의문을 품었다. 이를 확인하기 위해 연구자들은 비단처럼 부드러운 모피 재료로 베개를 만들어 참가자 중 절반에게 나누어 준 뒤 귀여운 동물 사진을 보면서 베개를 안고 있게 했다. 그렇게 하면 짓누르고 어루만질 수 있는 물체 덕분에 공격성이 감소하리라 추측했다.

그런데 기대했던 것과는 반대의 결과가 나왔다. 연구자들이 '귀여움의 촉각 자극'을 더 보태주는 바람에 귀여운 공격성이 더 증가한 것이다. 연구자들은 이 실험이 참가자들에게 실제로 아기 동물을 만지게 했을 때 어떤 일이 일어날 수 있는지 보여준다고 결론 내렸다. "사람들이 작고 부드러운 털북숭이 동물을 만질 때는 그 자극이 공격적 표현을 증가시킬 수도 있다." 바꿔 말하면 아기 동물의 사진을 온라인으로 볼 때는 꼬집거나 마구 만지고 싶은 충동을 느끼는 정도지만 직접 만질 때는 그 충동을 못 견딜 정도가 된다는 것이다.

연구진의 주장에 따르면 이런 현상은 동물뿐 아니라 인간의 아기에게도 해당한다. 다음 문장을 읽고 어떤 생각이 드는지 살펴보라. 이 문장은 아라곤과 연구진이 실험 참가자들에게 준 긴 목록에서 뽑은 것이다.

- 나는 너무 귀여운 아기를 안고 있으면 아기의 토실토실한 다리를 쥐어짜고 싶은 충동을 느낀다.
- 나는 너무 귀여운 아기를 보고 있으면 아기의 뺨을 꼬집고 싶은 충동을 느낀다.
- 나는 너무 귀엽다고 생각되는 것을 보고 있을 때 주먹을 쥔다.
- 나는 너무 귀여운 아기를 보면 이를 악물면서 '깨물어주고 싶어'라고 중얼거린다.

　내용 중 어느 하나라도 고개가 끄덕여졌다면 당신은 새끼 고양이나 강아지뿐만 아니라 사람의 아기에 대해서도 귀여운 공격성을 느끼는 것이다. 이 역시 이상한 감정을 만들어낼 수 있다. 부모는 자기 자식에게 느끼는 감정에 대해 걱정할지도 모른다. (내가 아기를 실제로 해칠 일은 절대 없는데 왜 내가 내 아기를 해치고 싶은 듯한 기분이 드는 거지?) 이런 걱정은 부모들이 마음속으로는 느끼면서도 나쁜 부모, 나쁜 인간이라는 손가락질을 받을까 두려워 그 누구에게도 털어놓지 않는 수많은 음울한 생각 중 하나다. 하지만 이런 느낌은 상당히 정상적인 것으로 보이며 놀랄 일이 전혀 아니다. 귀여운 공격성은 적응에 유리한 인간의 특성이 만들어낸 부산물일 가능성이 크다. 무언가가 귀엽게 느껴지면 우리는 일반적으로 그것을 살려두고 보살피고 싶어진다. 애초에 인간이 귀여운 동물들을 반려동물로 삼게 된 것도 아마 이 때문일 것이다.

특히나 두 눈 사이의 넓은 간격, 큰 눈, 둥그스름한 볼, 좁은 턱을 특징으로 하는 유아도해幼兒圖解, baby schema와 맞아떨어지는 것을 보았을 때 이런 일이 일어날 가능성이 크다.[9] 사람의 아기가 아니거나 실제 동물이 아니어도 상관없다. 이런 도해와 맞아떨어지면 만화의 등장인물도 귀엽게 보인다. 우리는 동물 형태의 봉제인형을 보면서도 비슷한 기분을 느낄 수 있다. 구글은 최초의 자율 주행 자동차를 만들 때 사람들이 새로운 기술에 갖기 쉬운 두려움을 덜기 위해 일부러 이런 형상에 맞춰 디자인했다.

귀여운 공격성 연구자들은 이런 귀여움이 우리 내면에 대단히 강력하고 긍정적인 느낌을 만들어내면 그 존재를 보살피고 싶은 마음에 압도되기 때문에 우리 뇌는 그와 균형을 맞추려고 공격성을 발현하는 것이라 주장한다. 때문에 인간은 가끔 이중 표현dimorphous display을 보인다. 우리는 어떤 것을 대할 때 항상 한 가지 감정으로 반응하지는 않는다. 동시에 두 가지 감정으로 반응할 때도 있다. 그리고 이 두 감정이 뒤죽박죽 뒤엉켜 긍정적인 감정과 부정적인 감정 모두로 구성될 수도 있다.

이중 감정dimorphous emotion은 우리가 감정에 압도되는 느낌을 받을 때 일어난다. 아무래도 뇌는 감정의 과부하로 해를 입는 것을 피하기 위해 그와 상반되는 감정을 보태는 듯하다. 이를 테면 너무 행복할 때 눈물이 난다거나 장례식장에서 미소를 짓는다거나 무언가를 정말로 보살피고 싶을 때는 손으로 짓누르고 싶은 마음이 든다거나 하는 식이다. 따라서 귀여운 동물을 보고 짓누르거나 깨물고 싶은 마음이 든다면 그것은 당신이 귀여운 존재에 대해 가학적 성향을 갖고 있다는 의미가 아니라 뇌가 귀엽다는 감정에 과부하가 걸려 정신 줄을 놓치지 않으려 애쓰고 있다는 의미일 확률이 높다.

이것을 다시 악과 묶어 생각해보자. 털북숭이 동물이나 귀여운 아기를 실제로 해치는 성향이 있다면 그런 행위는 많은 사람들이 생각하는 악의 범주에 들어갈 것이다. 하지만 그들을 너무도 사랑해서 뇌가 기쁨으로 폭발해버리지 않게 자기를 보호해야 하는 상황이라면? 그 경우는 악의 범주에 들어가지 않을 것이다.

내 경우에는 너무 사랑해서 공격성이 나타나는 대상이 내 남편이다. 나는 장난으로 그를 철썩철썩 때리고 꼬집고 귀찮게 한다. 하지만 대체 어느 시점부터 이런 행동이 더 이상 귀여운 행동을 벗어나 공격적 행동으로 넘어가는 것일까? 나와 내 남편은 그것을 걱정해야 할까?

여러 연구를 통해 귀여운 공격성이라는 용어가 일반적으로 받아들여지는 공격성의 정의와 전혀 맞지 않는 잘못된 명칭임이 드러났다. 귀여운 공격성은 사실 공격성이 전혀 아니며, 그저 공격성처럼 보이는 감정에 불과하다. 이 용어를 만든 연구자들도 이런 부분은 인정하고 있다. 만약 이것이 진짜 공격성이 아니라면 진짜 공격성은 무엇일까?

미국에서 활동하는 심리학자 데보라 리처드슨은 수십 년 동안 공격성을 연구해왔다. 1994년에 그녀는 로버트 바론과 함께 공격성을 다음과 같이 정의했다. "살아 있는 다른 존재를 해치려는 목적을 겨냥하는 모든 행동." 이들은 공격성이 네 가지 필수적인 특성을 가지고 있다고 주장한다.[10] 첫째, 공격성은 행동이다. 공격성은 생각, 개념, 태도 등이 아니다. 둘째, 공격성은 의도적이다. 우연한 사고는 해당하지 않는다. 셋째, 공격성은 해를 입히고 싶은 마음이 동반된다. 누군가에게 해를 입히고 싶은 마음이 있어야 공격성이다. 넷째, 공격성은 살아 있는 존재를 대상으로 한다. 로봇이나 생명이 없는 물체는 해당하지 않는다.

리처드슨은 공격성에 관해 "짜증을 표현하기 위해 접시를 부수거나 의자를 집어 던지는 것은 공격성이 아니다. 반면 엄마가 귀하게 여기는 골동품 접시를 부수어 엄마의 마음을 아프게 하거나 친구를 다치게 하려고 의자를 던지는 것은 공격성으로 볼 수 있다"라고 설명한다.

우리가 인간관계에서 가끔씩 보여주는 장난스러운 가짜 공격성 행동을 넘어 더 심각한 공격성으로 눈을 돌리면 질문이 이렇게 바뀐다. 우리는 왜 자기가 사랑하는 이를 아프게 할까? 이때 분노가 핵심적인 동기인 것으로 보인다. 2006년에 심리학자 데보라 리처드슨과 로라 그린은 사랑하는 사람을 향한 공격성을 연구했다.[11] 이 연구에서는 참가자들에게 지난 한 달 동안 화가 났던 사람을 향해 느낀 자신의 공격성에 대해 얘기해보도록 요청했다. 그랬더니 참가자 중 35퍼센트는 친구에게 화가 났다고 진술했고, 35퍼센트는 연인에게, 16퍼센트는 형제자매에게, 14

퍼센트는 부모님에게 화가 났다고 했다. 보고서에 따르면 참가자 대부분은 화가 난 사람을 향해 공격적인 행동을 했다고 한다. 우리가 사랑하는 사람들은 쉽게 접할 수 있고 우리 내면에 강력한 감정을 불러일으킬 때가 많다. 또 어떤 식으로든 의지하고 있게 마련이다. 이는 공격성의 표적이 되기 좋은 강력한 조합으로 보인다.

특히나 연인 관계에서 공격성과 폭력의 동기에는 감정적 상처에 대한 복수, 연인의 관심 끌기, 질투와 스트레스 등도 포함된다.[12] 사람들은 여러 가지 이유로 사랑하는 사람을 아프게 한다. 이 중에는 뿌리 깊이 박혀 있어 통제하기 어려운 것도 있다. 하지만 공격적 행동을 줄이기 위해 자신이 통제할 수 있는 방법이 몇 가지 있는데 그중 하나는 간식을 먹는 것이다.

로이 부시맨과 연구진의 2014년 연구에 따르면,[13] 자제력을 발휘하기 위해서는 포도당(당분)의 형태로 나온, 뇌를 위한 음식이 필요하다고 한다. 공격성이 감정적, 육체적 자제력이 떨어져 나왔을 수도 있기 때문에 연구자들은 포도당과 공격성 사이의 관계를 탐험해보고자 했다. 이들은 107쌍의 부부에게 3주 동안 매일 아침 아침 식사를 하기 전과 매일 저녁 잠자리에 들기 전에 혈당을 측정하게 했다. 그리고 각 참가자에게 부두 인형과 51개의 핀을 줘 자기 배우자를 향한 공격성 수준을 측정해보았다. 참가자들에게는 이렇게 말했다. "이 인형은 당신의 배우자를 상징합니다. 21일 동안 매일 하루를 마무리할 때 배우자에게 화가 난 정도에 따라 이 인형에 0개에서 51개 사이의 핀을 꽂으세요. 이것은 배우자가 없는 곳에서 혼자 하셔야 합니다."

연구자들은 또한 연구가 끝날 즈음에 참가자들에게 헤드폰으로 소음을 흘려 보내 배우자를 괴롭히는 방법을 제시해 참가자들의 공격성을 측정해보았다. 이 소음은 칠판을 손톱으로 긁는 소리, 치과 드릴 소리, 구급차 사이렌 소리 등 대부분의 사람이 싫어하는 소리들을 섞어 만든 것이었다. 연구자들은 이렇게 밝혔다. "참가자들이 불쾌한 소음으로 배우자를 골탕 먹이는 데 사용할 무기를 연구실의 윤리적 한계 안에서 통제했다." 참가자들은 몰랐지만 다행스럽게도 이 소음은 실제로는 배우자들의 귀에 들어가지 않고 컴퓨터에만 기록되었다.

혈당 수치가 낮은 참가자들은 부두 인형에 더 많은 핀을 꽂았고, 더 크고 긴 소음으로 배우자를 괴롭혔다. 연구자들은 규칙적으로 음식을 섭취해 혈당 수치를 유지하면 인간관계에서의 공격성과 갈등을 줄이는 데 도움이 될 것이라 결론 내렸다. 그러니 배우자와 한바탕 싸우고 싶은 마음이 들 때는 일단 무언가를 먹자. 초콜릿바 같은 것도 좋다. 정말로 화가 난 것인지, 아니면 그저 배가 고파 짜증이 난 것인지 분명하게 확인하도록 하자.

인간의 공격성 유형은 대상에 따라서도 좌우되는 듯하다. 사랑하는 사람을 향한 공격성에 대해 연구하면서 리처드슨과 그린은 다음과 같은 사실을 밝혀냈다. "사람들은 연인이나 배우자, 형제에게 화가 났을 때는 직접 얼굴을 맞대고 싸울 가능성이 높다. 하지만 친구에게 화가 났을 때는 직접적인 대면은 피하고 나쁜 소문을 퍼뜨리거나 뒷담화를 하는 등 우회적으로 해를 입힐 가능성이 높다."14 이처럼 공격성은 여러 형태를 띨 수 있다.

이제 공격성의 정의를 조금 더 깊게 파고들어 보자. 공격성의 종류에는 어떤 것이 있을까? 2014년에 리처드슨은 공격성에 관해 20년 동안 연구한 내용들을 요약했다.15 리처드슨은 공격성에 크게 세 가지 유형이 존재한다고 주장했다. 첫 번째인 직접적 공격성direct aggression은 말이나 행동으로 공격하는 것이다. 예를 들면 고함을 지르거나 때리는 행위 같은 것이다. 연인이나 배우자에게 말싸움을 걸거나 친구를 화나게 하려고 조롱하거나 상대에게 상처 주려고 비꼬아 말하는 형태를 띤다. 더 극단적인 형태로 넘어가면 배우자에 대한 폭력이나 성폭행으로도 이어질 수 있다.

두 번째인 간접적 공격성indirect aggression은 이보다는 덜 명확하다. 간접적인 공격 행동은 물건이나 다른 사람을 통해 누군가를 아프게 하려는 시도다. 예를 들면 누군가의 소유물을 부수거나 나쁜 소문을 퍼뜨리는 행동 등이 해당한다. 간접적 공격성은 사회적 공격성social aggression이라는 개념도 포함한다. 사회적 공격성이란 인간관계를 손상시키거나 저해하는 방식으로 누군가에게 해를 끼치는 것을 말한다.16

마지막으로 세 번째 공격성은 가장 흔히 보이는 유형으로, 무반응을 통해 누군가를 고통스럽게 하는 것이다. 바로 수동적 공격성passive aggression이다. 재미삼아 읽어볼 수 있도록 '리처드슨 갈등 반응 설문' 테스트에 들어 있는 수동적 공격성 항목들을 옮겨보았다.17 이 내용을 보고 성찰의 기회로 삼기를 바란다. 사랑하는 누군가를 생각해보자. 부모님도 좋고, 형제나 연인, 친구도 좋다. 그 사람과 어떻게 지내왔는지 생각하면서 상대방을 마음 아프게 하거나 벌을 주려고, 혹은 불행하게 하려고 다음에 나오는 항목 중 어느 하나라도 해본 적이 있는지 떠올려보자.

- 상대방이 내게 원하는 행동을 하지 않았다.
- 우연인 것처럼 보이는 잘못을 저질렀다.
- 그 사람이 중요하게 여기는 것에 무관심한 척했다.
- 그 사람의 말을 완전히 무시했다.
- 그 사람이 기여하는 부분을 무시했다.
- 중요한 활동에서 그 사람을 배제했다.
- 그 사람과의 상호작용을 피했다.
- 그 사람에 관한 거짓 소문을 사실이 아니라고 부정하지 않았다.
- 전화나 문자메시지에 답장하지 않았다.
- 예정되어 있던 활동에 늦게 나타났다.
- 해야 할 일이 있는데 늦장을 부렸다.

이 항목 중 하나에라도 '예'라고 대답했다면 당신은 사랑하는 이에게 수동 공격성을 보였다고 할 수 있다. 친구가 보낸 사과의 문자메시지를 의도적으로 무시하기도 하고, 부모님을 걱정시키려고 일부러 늦게 들어오기도 하고, 연인한테는 잘못에 대한 벌로 섹스를 거부하기도 한다. 우리는 왜 이런 행동을 할까? 한 가지 이유는 이런 종류의 행동을 했을 때 잡아떼기 쉽기 때문인지도 모른다. 가령 말싸움을 하다가 수동 공격성을 보였다고 비난받으면 당신은 이런 식으로 말할 수 있다. "뭐라고? 난 아무것도 안 했는데?" 스스로도 그렇게 생각할 수 있다. 수동 공격성은 행동을 하는 것이 아니라 아무런 행동을 하지 않음으로써 행해지는 공격이기 때문에 잘못이 없고 떳떳하다고 여긴다. 하지만 실제로 수동 공격성은 다른 유형의 공격성만큼이나 인간관계에, 타인의 심리적 안녕에 해를 끼친다.

사디즘과 공격성 모두 일상적인 감정이라 할 수 있다. 하지만 수동 공격으로 식사 후에 빈 그릇을 치우지 않는 사람과 악랄한 거짓말을 퍼뜨리거나 길거리에서 사람들을 폭행하는 사람 사이에는 분명 차이가 있지 않을까?

심리학자 딜로이 파울루스와 연구진은 이렇게 말한다. "일반적으로 말할 때는 공격성을 하나의 성격적 특성trait으로 취급한다. 즉 생각, 행동, 느낌에서 나타나는 안정적이고 지속적인 스타일로 보는 것이다."[18] 성격적 특성이라는 것은 예를 들어 "샘은 공격적이야"라는 식으로 누군가가 어떻다고 할 때의 속성을 말한다. 다시 말해 사람들은 일상적인 대화에서 공격성을 어떤 사람의 근본적인 일부로 여기고 말할 때가 많다는 것이다.

하지만 파울루스와 연구진은 공격성 자체는 근본적인 성격적 결함이 아니라고 주장한다. 우리는 공격성을 사람을 악하게 만드는 성격적 특성으로 보고 그런 점에 초점을 맞출 수 있다. 하지만 공격성은 성격적 특성이 아닐지도 모른다. 공격성은 다른 다양한 성격적 특성들이 발현된 '결과'이다. 인간이기 때문에 생겨나고, 모든 사람이 느끼고 행동할 수 있는 감정과 행동의 집합체인 것이다. 이런 식으로 생각하는 것이 마음에 들지 않을지 모르지만, 공격성 자체는 악한 것이 아니라 정상적인 것이다.

하지만 사람들 중에는 공격적으로 변하기 쉬운 일군의 성격적 특성들을 갖고 있는 사람이 있다. 이런 성격적 특성을 합쳐 '어둠의 성격 4총사dark tetrad of personality'라 한다.

어둠의 성격 4총사

2014년에 발표된 논문[19]에서 파울루스는 잠재적 범위에 들어가는, 사회적으로 혐오를 유발하는 일군의 특성을 지칭하기 위해 '어둠의 성격'이라는 용어를 사용했다. 이런 성격을 잠재적이라고 하는 이유는 임상에서 심리학자나 정신의학자들이 장애로 진단할 때 참고하는 기준을 충족하지 않기 때문이다. 어둠의 성격을 갖고 있는 사람들은 일상적인 직장 환경이나 학술적 환경은 물론 더 폭넓은 공동체에서도 잘 지낼 수 있고, 심지어 큰 성공을 거두기도 한다. '어둠의 성격 4총사'는 사이코패스, 사디즘, 자기도취증, 마키아벨리아니즘Machiavellianism{목적을 위해서라면 수단과 방법을 가리지 않는 권모술수형 성격—옮긴이}이라는 네 종류의 성격을 포괄하는 용어다.

성격장애personality disorder를 진단할 때 연구자와 임상심리학자들은 역치에 대해 자주 얘기한다. 예를 들어 어떤 사람을 사이코패스로 분류하려면 사이코패스 체크리스트에서 40점 만점에 적어도 30점(누구하고 얘기하느냐에 따라서는 25점도 가능)이 나와야 한다.[20] 이 점수를 기준으로 삼으면 30점 미만의 점수를 받았다면 사이코패스로 진단하지 않는다. 하지만 29점과 30점 사이의 차이는 임의적이기 때문에 과학자들 사이에서도 논란이 많다. 이런 문제를 해결하기 위해 과학자들은 점점 사이코패스를 하나의 연속체continuum로 다루기 시작했다. 요즘에는 대부분의 과학자가 사이코패스 체크리스트에서 기준 점수를 넘겼느냐, 안 넘겼느냐를 따지기보다는 더 높은 점수를 받았을 때 어떤 일이 일어나는지를 연구한다. 사디즘, 자기도취증, 마키아벨리아니즘도 마찬가지다. 이런 연구에서는 '이와 같은 측정치에서 높은 점수가 나올수록 다른 사람에게 해를 입힐 가능성도 커지는가?'라는 물음이 핵심 질문으로 자리 잡았다.

이야기를 계속 이어가기에 앞서 한 가지 경고하고 싶은 것이 있다. 이 각각의 특성에 대한 연구가 매력적이기는 하지만 문제도 많다는 것이다. 사람을 묘사할 때 '어둠', 심지어는 '사이코패스'라는 용어를 사용하면 그 사람을 비인간화할 위험이 있다. 그리고 애초부터 도덕적으로 나쁜 사람이 존재한다는 개념을 받아들일 위험도 있다. 잘못을 저지르는 사람들은 악이 DNA에 새겨져 있기 때문에 변화 자체가 불가능하다고 여기는 것이다. 이것은 의학적 명분으로 괴물을 만들어내는 것일지도 모른다. 따라서 다음 섹션에 발을 들여놓을 때는 좀 더 신중해지도록 하자. 그리고 어둠의 성격 4총사를 가지고 있는 사람들을 도덕적으로 나쁘다고 생각하고픈 유혹을 참아야 한다.

우선 사이코패스에 대해 알아보겠다. 1833년에 제임스 프리차드가 현재 우리가 말하는 사이코패스의 초기 버전 개념을 고안해냈다. 그는 이것을 '도덕적 정신이상moral insanity'이라 불렀다.21 도덕적 정신이상으로 진단받은 사람은 나쁜 도덕적 판단을 내리지만 지능이나 정신 건강에는 결함이 없다고 받아들여졌다. 사이코패스는 똑똑하고 제정신일 때가 많으며, 일반적으로 비도덕적이라고 여겨지는 행동을 저지를 가능성이 높다. 요즘에 사이코패스를 판정할 때 가장 흔히 사용하는 도구는 사이코패스 체크리스트 테스트PCL-R, Psychopathy Checklist Revised이다.22 최초의 사이코패스 체크리스트는 심리학자와 연구자들이 사이코패스 성향의 사람을 더 체계적인 방식으로 진단할 수 있도록 1970년대에 캐나다 심리학자 로버트 헤어가 만들었다. 이 체크리스트를 바탕으로 보면 사이코패스의 본질적 특성으로는 피상적 매력, 병적인 거짓말, 후회 혹은 죄책감 결여, 반사회적 행동, 자기중심성, 그리고 가장 중요한 것으로 공감 능력 결여 등이 있다.

대부분의 사람은 사이코패스의 본질적 특성이 공감 능력 결여라고 생각할 것이다. 공감 능력 결여는 범죄와 강력한 상관관계가 있다. 이는 그 사람은 범죄를 저지르거나 규칙을 깼을 때 죄책감이나 슬픔에 짓눌리지 않는다는 사실을 드러낸다. 공감 능력은 사람에게 해를 끼치는 것을 막는 역할을 한다. 그래서 사이코패스는 유독 무자비한 행동을 보일 수 있다. 학자들도 이들을 무덤덤하게 괴물이라고 지칭하는 것을 나 역시 여러 번 들어봤다. 사람들 사이에는 그냥 범죄자가 있고 사이코패스 범죄자가 따로 있다는 공감대가 형성되어 있는 듯하며, 그래서 사람들은 마치 이들이 별개의 악의 범주 속에서 살고 있는 것처럼 생각한다.

공감 능력 결여는 뇌에서 비롯된 것일까? 2017년에 사이코패스에 대한 신경영상 연구를 종합(메타 분석)해본 바에 따르면 "최근의 뇌 촬영 영상 연구들은 비정상적인 뇌 활동이 사이코패스의 행동을 뒷받침하고 있음을 암시하고 있다"[23]라고 한다. 사이코패스의 뇌는 사이코패스가 아닌 사람의 뇌와 다르게 보는 것이다. 이 논문은 이렇게 결론 내리고 있다. "사이코패스는 양쪽 앞이마겉질(뇌의 앞쪽 부분)과 오른쪽 편도체(뇌의 중앙 근처)의 비정상적 뇌 활성이 특징적으로 나타난다. 이 영역들은 사이코패스 장애가 나타나는 것으로 알려진 심리적 기능을 중재하는 곳이다." 바꿔 말하면 뇌에서 의사 결정을 담당하는 영역이나 감정을 담당하는 영역은 제대로 작동한다는 것이다. 이런 연구 결과 때문에 어떤 사람은 사이코패스가 범죄를 저지르기로 마음먹는 것은 적어도 부분적으로는 뇌를 탓할 일이라고 주장한다.

하지만 우리가 히틀러의 뇌만 들여다보고 그를 괴물이라고 콕 짚어 말할 수 없는 것처럼 사이코패스의 뇌를 들여다보고 그 사람이 공격적일 것이라 단정할 수는 없다. 이것은 제임스 팰런의 사례에서 잘 나타난다. 팰런은 사이코패스 살인자들의 뇌를 연구했다. 그는 많은 참가자들의 뇌를 스캔해본 후에 명확한 병적 상태를 보여주는 뇌 영상 하나를 손에 들었다. 그런데 알고 보니 그 뇌는 바로 자신의 것이었다. 2013년의 한 인터뷰에서 팰런은 이렇게 말했다. "나는 절대 그 누구를 죽인 적도, 강간한 적도 없

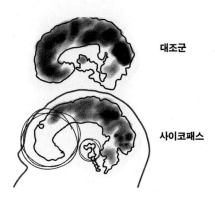

대조군

사이코패스

사이코패스의 뇌. 측면에서 바라본 팰런의 뇌(아래)는 공감 능력
과 의사 결정에 관여하는 뇌 부위의 활성이 결여되어 있다. 이것은
사이코패스의 뇌를 나타내는 전형적인 사례다.

습니다. 제일 먼저 든 생각은 어쩌면 내 가설이 틀렸고, 이 뇌 영
역들이 사이코패스나 살인 행동을 반영하지 않을지도 모른다는
것이었죠."[24]

그래서 그는 자신의 어머니에게 이에 관해 물어보았다. 그러
고 나서 그는 자기 가문에 사람을 죽인 것으로 보이는 사람이 적
어도 여덟 명쯤 숨어 있었다는 사실을 알게 됐다. 이를 바탕으로
자기 자신을 추가로 연구해본 그는 자신이 실은 사이코패스일지
도 모른다는 사실을 받아들였다. 그는 자신을 '사회친화적 사이
코패스pro-social psychopath'라 불렀다. 이는 공감을 느끼는 데는 어
려움이 있지만 사회적으로 용인되는 방식으로 행동하는 사람을
말한다. 2015년에 그는 심지어 이 주제로 『괴물의 심연』이라는
책을 발표하기도 했다.[25] 모든 사이코패스가 똑같지는 않으며,
사이코패스라고 모두 범죄를 저지르는 것은 분명 아님이 드러났

다. 살인자의 뇌를 가지고 태어난 사람은 살인을 저지를 가능성이 더 높기는 하지만 사람을 절대 죽이지 않을 수도 있다.

어둠의 성격 4총사 중 두 번째는 자기도취증이다. 미국의 심리학자 사라 콘래스와 연구진에 따르면, "어떤 사람은 자기가 위대하고 특별한 존재라서 마땅히 다른 사람들로부터 존경을 받아야 한다고 생각한다. 이런 사람들은 자기도취자로 불릴 때가 많다. (중략) 자기도취적 성격은 자신에 대한 과대망상, 자기중심성, 과장, 허영, 거만함 등을 특징으로 한다."[26] 그렇다면 자기도취자는 어떻게 알아볼 수 있을까? 콘래스와 연구진은 열한 가지 연구를 개별적으로 진행했다. 그리고 자기도취자를 확인하는 데 아주 유용한 설문을 하나 찾아냈다. 그 설문은 다음과 같다.

〈단일 항목 자기도취증 척도SINS, The Single-Item Narcissism Scale〉
• "나는 자기도취증이 있다"라는 진술에 어느 정도 동의하십니까?
(주의: '자기도취증'이라는 단어는 이기적이고, 자기중심적이고, 허영심이 많다는 의미다.)

1	2	3	4	5	6	7
별로 동의하지 않는다						매우 동의한다

이게 전부다. 만약 제일 짧고 간단한 성격 측정 방법에 주는 상이 있다면 분명 이 테스트가 상을 탈 것이다. 그렇다면 이 짧은 설문이 어떻게 효과가 있을까? 이 척도를 공동 발명한 사람 중 하나

인 브래드 부시맨에 따르면 "자기도취증이 있는 사람은 그 사실을 대부분 자랑스러워한다. (중략) 이런 사람들에게는 자기도취증이 있느냐고 면전에 대고 직접 물어봐도 된다. 자기도취증을 부정적인 것이라 생각하지 않기 때문이다. 이들은 자기가 다른 사람들보다 우월하기 때문에 그것을 공개적으로 이야기해도 괜찮다고 믿는다."[27]

스스로를 위대하다고 믿는 자기도취자의 의견에 남들도 다 동의하는 것은 아니다. 자기도취증 점수가 높은 사람은 오만하고 따지기 좋아하며 기회주의적인 사람으로 비칠 때가 많다.

하지만 부시맨의 주장처럼 모든 자기도취자가 자신의 우월성을 근본적으로 확신하고 있는 것 같지는 않다. 자기도취증은 거창한 자기도취증과 연약한 자기도취증, 이렇게 두 유형으로 분류되어왔다. 거창한 자기도취증은 과시적이고 이기적이고 독단적인 사람으로 비치는 데 반해 연약한 자기도취증은 불만이 많고 늘 억울해하고 방어적인 사람으로 비친다. 연약한 자기도취증에서 보이는 연약함, 그리고 사람들이 특히나 싫어하는 성격적 특성들은 남들이 자신의 우월함을 제대로 알아주지 않는다는 생각에서 나오는 듯 보인다.

거창한 자기도취증은 타인에게 불쾌감이나 좌절감을 줄 뿐이지만 연약한 자기도취증은 위험을 초래할 수 있다. 2014년에 즐라탄 크리잔과 오메시 조하르는 자기애적 분노narcissistic rage에 대해 "이것은 분노와 적개심이 뒤섞여 폭발하는 것이다"[28]라고 밝혔다. 이 특정 유형의 분노는 연약한 자기도취증하고만 관련이 있는 듯하다. 연구를 진행하는 과정에서 이들은 자기도취적 연약성이 분노, 적개심, 공격적 행동을 유발할 수 있는 강력한 원동력이며, 의심하고 낙담하고 화나는 일을 계속 생각하는 식의 행동이 이것을 더 부채질할 수 있음을 발견했다고 설명했다. 자기 내면의 불안을 우월감이라는 가면으로 가리려고 하는 사람은 타인을 해칠 가능성이 특히나 높음을 보여준다.

어둠의 성격 4총사 중 다음으로 얘기할 것은 마키아벨리아니즘이다. 마키아벨리아니즘은 어둠의 성격 4총사 중 가장 덜 알려져 있다. 이 이름은 이탈리아 르네상스 시대의 외교관이자 작가였던 마키아벨리Machiavelli의 이름에서 따온 것이다. 그는 『군주론』에서 자신의 목적을 달성하기 위해서는 수단과 방법을 가리지 않는 사람이 있기 마련이라고 옹호했다. 즉 결과만 좋다면 수단은 정당화될 수 있으며 그 수단이 조작, 아첨, 거짓말 등을 동원하는 것이라도 상관없다는 것이다.[29] 피터 무리스와 연구진은 2017년 논문에서 마키아벨리아니즘을 "대인관계에서 표리부동한 스타일, 도덕성에 대한 냉소적 무시, 사리사욕과 개인적 이득에 초점 맞추기" 등으로 정의했다.[30] 이것은 사이코패스처럼 공감 능력이 결여되어 있거나 자기도취자처럼 우월하다고 느끼는 것이 아니라 기능적인 사회적 전략이다. 또한 권력과 개인의 이득에 관한 것이다.

마키아벨리아니즘은 일반적으로 MACH-IV라는 도구를 통해 진단이 이루어진다.[31] 무리스와 연구진은 마키아벨리아니즘에는 다음과 같이 세 가지 부분이 존재한다고 했다. 사람을 조종하는 전략('중요한 사람에게는 아첨을 하는 것이 현명하다'라는 예), 인간의 본성에 대한 냉소적 관점('누군가를 완전히 신뢰하는 사람은 화를 자초하기 마련이다'라는 예), 전통적 도덕에 대한 무시('가끔은 도덕적으로 옳지 못한 것을 알면서도 행동을 취해야 할 때가 있다'라는 예)가 그것이다. 결국 이 성격적 특성에서 점수가 높게 나오는 사람은 목적을 달성하기 위해서 수단과 방법을 가리지 않을 확률이 높다.

어둠의 성격 4총사 중 마지막은 앞서 길게 논의한 주제로 되돌아간다. 바로 사디즘이다. 이것은 비교적 최근인 2013년에 추가된 개념으로 사실은 앞에서 말한 벌레 으스러뜨리기 연구(머핀, 아이크, 투씨를 기억하시는지?)의 부산물로 등장했다. 이 일상적 사디즘에 대한 일련의 실험이 있고 난 후에 에린 버클스와 그녀의 동료들은 '어둠의 성격 3요소'를 '어둠의 성격 4총사'로 바꿀 것을 제안했다.[32] 어둠에 하나가 더 추가된 것이다.

이 어둠의 성격 중 어느 하나라도 점수가 높게 나온 사람은 사회 규범을 깨뜨릴 가능성이 매우 높다. 네 가지 모두에서 높은 점수가 나온 사람이라면 더욱 그렇다. 어둠의 성격 4총사는 자기가 원하는 대로 한다. 하지만 이것이 항상 나쁜 것일까?

나쁜 측면이 갖고 있는 좋은 측면

겉으로는 대단히 부정적으로 보이는 특성들 중에는 가만히 살펴보면 나름의 가치를 갖고 있는 것이 많다. 어둠의 성격 4총사에 대한 연구는 이런 특성들이 실제로는 어떤 사람의 성공에 도움을 주었음을 보여준다. 사이코패스의 뇌를 연구했던 팰런은 자신의 사이코패스 성격이 더 큰 야심을 갖게 해주었다고 주장한다. 그와 마찬가지로 마이카벨리아니즘적인 측면, 특히 1등을 차지하기 위해서라면 무엇이든 기꺼이 하겠다는 성격은 사회에서 성공하는 데 도움이 될 수 있다.

이와 같은 맥락에서 2001년에는 「자기도취는 정말 나쁜 것인가?Is narcissism really so bad?」라는 제목의 논문이 나왔다(자기도취자가 딱 좋아할 만한 제목처럼 보인다).[33] 이 논문에서 연구자 키스 캠벨은 이렇게 결론 내리고 있다. "자기도취증은 현대 세계에 대처하는 기능적이고 건강한 전략일 수 있다. 자기도취자들이 취약하고 기운이 없고 우울하다는 개념은 정상적 표본을 가지고 연구해본 최근의 연구 결과들과 맞아떨어지지 않는다."

그렇다면 사디즘은 어떨까? 이것은 살짝 복잡하다. 내 생각에는 도덕관념, 공감, 생존 욕구 사이의 끝없는 전투에서는 약간의 사디즘이 있는 편이 우리에게 조금 유리하게 작용하지 않았을까 싶다. 잔혹함으로부터 얻는 약간의 쾌감 덕분에 인간은 더 쉽게 동물과 사람을 죽이고, 생존이 달린 여러 불쾌한 일들을 할 수 있었을지 모른다. 공감이 다른 사람을 해치는 데 방해가 될 때 사디즘은 우리가 필요한 일을 할 수 있게 도와주기도 한다.

어쩌면 나쁜 측면에도 좋은 측면이 존재할지도 모른다. 하지만 직관적으로 보기에는 왠지 명백하게 악한 사람과 악한 행동이 분명 존재할 것만 같다. 지금까지는 그런 사람과 행동을 찾지 못했다.

이번 장 이후로는 절대적으로 악한 뇌, 악한 성격, 악한 특성 같은 것 따위는 존재하지 않는 듯 여겨질 것이다. 심리검사를 하고 사회적 낙인을 찍으면서 그런 사람을 사냥할 수도 있지만 결국에는 인간성의 복잡하고 미묘한 측면들을 마주하게 된다. 심지어 인류 역사에서 전형적인 악인 중 하나로 취급받는 히틀러조차 우리의 바람과는 달리 우리와 그리 다르지 않은 신경학적 프로파일을 가진 인간이었다.

이 책에서 우리는 부정적인 결과를 낳고, 우리의 가치관과 어긋나고, 악이라는 낙인이 찍힌 인간의 행동이 안고 있는 여러 측면을 탐험할 것이다. 우리를 불편하게 만드는 내용도 피하지 않을 것이며, 스스로에게 가장 중요한 한 가지 질문을 반복적으로 던질 것이다. "이것은 악한가?"

나는 어릴 때 스쿠비 두Scooby-Doo 만화를 좋아했다. '미스터리 머신'이라는 승합차를 타고 도착한 네 명의 아이와 말하는 개 한 마리는 동네를 공포로 몰아넣은 괴물을 찾아내는 임무를 맡는다. 이들은 누가 괴물인지 알려주는 단서를 찾아 돌아다니고, 마침내 괴물을 잡아 정체를 밝혀낸다. 하지만 괴물을 찾고 보면 어김없이 그저 변장을 한 평범한 사람이었다. 진짜 괴물은 없었다.

스쿠비 두의 대원들처럼 우리는 무심결에 '악'이라는 쉬운 해결책, 쉬운 핑곗거리를 찾아다니지만, 결국 인간이 나쁜 짓을 하는 이유를 간단히 설명할 방법은 존재하지 않으며, 그 이유를 설명할 수많은 설명이 있고, 그 설명들에 놀라울 정도로 미묘한 구석이 많다는 것을 알게 될 것이다.

　나쁜 짓을 하는 사람의 뇌와 그렇지 않은 사람의 뇌 사이에는 차이가 있을지 모르지만 그 차이를 공격적으로 강조하기보다는 둘 사이의 유사점을 인정하는 것이 훨씬 더 효과적일 수 있다. 우리 모두는 타인에게 크게 해를 끼칠 수 있는 뇌를 갖고 있다. 우리가 가학적인 충동을 행동으로 옮기지 않게 막아주는 것이 뇌의 영역에서 일어나는 일이 아니라면, 그것은 대체 무엇일까? 이를테면 당신과 살인자의 차이점은 대체 무엇일까? 이 주제는 다음에 이어서 알아보겠다.

2장

계획적 살인 :
살인 충동의 심리

연쇄살인범, 남성성의 해악, 윤리적 딜레마에 관하여

인간은 죽이기를 좋아한다. 좋은 일이다. 죽여야 생존할 수 있기 때문이다. 배고프다고? 뭐 좀 죽여서 먹어라. 몸이 아프다고? 세균이 당신을 죽이기 전에 세균을 먼저 죽여라. 무언가 당신을 위협한다고? 자기방어를 위해 죽여라. 그게 무엇인지 확실히 모르겠다고? 혹시 모르니까 일단 죽이고 봐라.

인간 종은 죽이는 것을 너무 좋아해서 '초포식자super predator'라 불린다. 인간은 양적인 면으로나 다양성 면으로나 다른 어떤 포식자보다도 많은 생물을 죽인다. 보존과학자conservation scientist 크리스 다리몬트와 연구진이 2015년에 서로 다른 포식자들의 행동을 검토한 바에 따르면 인류가 너무 많은 생물을 죽이는 바람에 범지구적으로 생태와 진화의 과정이 바뀌고 있다고 한다.[1] 또한 이 연구진은 인간이 너무 많은 생물을 죽이고 있어서 이대로는 지속이 불가능하다는 결론도 함께 내렸다.

이 모든 살생이 진행되는 와중에도 정작 우리가 가장 걱정하는 살생은 따로 있다. 바로 동족 구성원을 죽이는 것이다. 하지만 우리가 이를 걱정하는 방식을 보면 참으로 이상하다. 살인을 비난하면서도 한편으로는 사람을 죽이는 공상에 빠지는 사람이 참으로 많기 때문이다.

우리 중에는 직장 상사를 고층 유리창 밖으로 내던지는 상상, 빽빽 울어대는 아기를 영원히 입 다물게 하는 상상을 하는 사람이 분명 있다. 아니면 옛 연인의 심장을 칼로 찌르는 시나리오를 꿈꾸는 사람도 있을 것이다. 사실 나도 툭하면 사람을 죽이고픈 마음이 든다. 공항에서 꾸물거리는 사람을 볼 때면 특히나 그렇다. 물론 잠깐 그러다 만다.

살인에 대한 공상, 연구자들의 용어로 '살인관념homicidal ideation'이 정상적이라는 사실을 처음 확립한 사람은 애리조나주립대학교의 더글러스 켄릭과 버질 시츠였다. 1993년에 이 두 심리학자는 실험 참가자들에게 살인 공상을 해본 적이 있는지 물었다.[2] 놀랍게도 대다수가 그렇다고 했다. 이 사람들이 특별히 살인 충동이 강한 표본 집단일 가능성을 배제하고, 이들의 공상이 어디에 초점이 맞춰져 있는지 세부적인 내용을 수집하기 위해 두 번째 연구가 진행됐다. 그 결과 비슷한 비율이 나왔다. 이번에는 남성 중 79퍼센트, 여성 중 58퍼센트가 살인 공상을 해본 적이 있다고 말했다. 이들은 왜 사람을 죽이고 싶었을까? 남성은 잘 모르는 사람이나 같이 일하는 사람을 죽이는 상상을 많이 한 반면 여성은 가족을 죽이는 상상을 더 많이 했다. 또 다른 표적 집단은 계부모였다. 마치 신데렐라의 호러 영화 버전처럼 말이다.

이런 일이 왜 생길까? 과학자 조슈아 던틀리와 데이비드 버스에 따르면 살인 공상은 진화적 전략이다.3 현대사회에 와서는 이것이 과연 쓸모 있는 전략인지 의문이지만 말이다. 이것은 진화를 통해 설계된 인간의 심리 중 일부다. 살인 공상은 추상적 사고와 가상의 계획이 가능한 인간의 능력이 만들어낸 부산물이다. '내가 이것을 하면 어떤 일이 일어날까?' 이 능력 덕분에 우리는 전체적인 시나리오를 머릿속에 그려볼 수 있다. 이는 우리로 하여금 최악의 시나리오에 대비하게 하고, 우리가 목표에 도달하는 것을 방해하는 사람을 제거해 삶의 질을 향상시킬 방법을 생각할 수 있게 도와준다.

그리고 이런 상황을 머릿속에서 예행연습하다 보면 대부분 자신은 실제로 누군가를 죽이기를 원하지 않으며, 그로 인해 일어날 파괴적인 결과 또한 원하지 않는다는 사실을 신속히 알아차리게 된다. 하지만 머릿속으로 잠재적인 미래의 행동과 그로 인한 결과를 테스트해볼 능력이 없는 사람은 좀 더 충동적으로 행동하고, 그 행동을 후회할 가능성도 크다. 앞으로 살펴보겠지만 불만에 충동적으로 대처하는 것이 살인을 일으키는 가장 큰 요소다.

그렇다면 살인을 공상하는 것이 아니라 실제로 행동에 옮기는 사람은 대체 어떤 사람들일까? 왜 인간은 인간을 죽일까? 진화심리학자 던틀리와 버스에게 물어본다면 그들은 때로는 사람을 죽이는 것이 타당하기 때문이라고 주장할 것이다. 적어도 진화적 관점에서는 타당하다는 의미다. 인류가 살인을 하는 이유는 그렇게 하도록 설계되어 있기 때문이다.

살인적응이론Homicide Adaptation Theory에 따르면, 동족 구성원을 죽이는 데 따르는 비용과 이득을 저울질해보면 살인을 통해 얻는 이득이 상당하다고 한다. 특히나 남성에게 그렇다. 2011년에 발표된 논문에서 던틀리와 버스는 이렇게 밝혔다. "역사적으로 살인은 조기 사망을 예방하고, 비용을 초래하는 경쟁자를 제거하고, 자원을 취득하고, 아직 태어나지 않은 경쟁자의 자손을 유산시키고, 의붓자식을 제거하고, 자기 자식의 미래 경쟁자들을 걸러내는 등 적응상의 큰 이점을 부여해주었다." 살인 행위가 발견되어 그것을 저지른 사람이 위험에 처할 수도 있지만 연구자들은 그래도 살인이 생존에 있어서 승리 전략이 될 때가 있다고 결론을 내렸다.

논의를 이어가기 전에 용어의 정의를 먼저 살펴보자. '계획 살인murder'이라는 용어는 일반적으로 다른 사람을 불법적으로 죽이는 행동을 기술할 때 사용된다. 바꿔 말하면 자기방어를 위해 죽이거나 사형 집행, 혹은 전쟁처럼 국가의 승인하에 사람을 죽이는 것은 계획살인에 해당하지 않는다는 의미다. 죽음은 사람을 죽이려는 의도의 결과일 수도 있고, 아주 심한 손상을 주고 싶었는데 결과적으로 죽게 된 경우일 수도 있다. 이것이 사람을 죽이는 것을 계획 살인으로 인정하는 데 반드시 필요한 '범행 의도

mens rea'다.

더 폭넓은 용어로는 '살인homicide'이 있다. 이 용어는 보통 계획 살인과 치사manslaughter를 모두 포함한다. 치사는 그보다는 약한 범죄이지만 그래도 다른 사람을 죽게 만든 경우인데, 사람을 죽이려는 의도는 있었지만 통제력 상실이나 심신미약 등의 경감 요인이 있는 경우인 고의적 치사와 사람을 죽이려는 의도는 없었지만 중과실{주의의무의 위반이 현저한 과실—옮긴이}이 있거나 본질적으로 범죄행위에 해당하거나 위험한 다른 행위의 일부로 살인이 발생한 경우인 과실치사가 있다. 간단히 살펴보자.

치사, 계획 살인, 살인의 정확한 구분은 국가에 따라 복잡하게 다르다. 그래서 여기서는 살인이라는 용어를 2013년에 국제연합UN에서 발표한 살인에 대한 국제 보고서와 똑같은 정의로 사용하려고 한다. 아마도 이 정의가 지금까지 연구된 개념 중에서 가장 포괄적일 것이다.[4] 여기서는 살인을 '사람이 또 다른 사람에게 의도적으로 가한 불법적인 죽음'이라 정의한다. 즉 의도가 있는 불법적 살인을 의미한다.

UN 보고서에서는 살인에 대한 연구가 중요한 이유를 그것이 그저 '궁극의 범죄'이기 때문이 아니라 생명의 상실을 넘어 훨씬 폭넓은 파급 효과를 낳을 수 있고, '공포와 불확실성이 지배하는 분위기를 조성할 수 있기 때문'이라고 분명하게 밝히고 있다. 살인율은 공동체 전체에 영향을 미쳐 사람들이 밤에 외출하거나 특정한 동네를 방문하는 것을 두려워하게 만들 수 있다. 이 보고서는 살인이 '피해자의 가족과 공동체까지 피해자로 만들며, 이들을 2차 피해자로 생각할 수 있음'을 강조한다. 죽임을 당한 사람만 중요한 것이 아니라 그 결과로 고통 받는 가족과 친구도 중요하다는 것이다.

다른 종류의 범죄에 비하면 살인 연구는 상대적으로 쉽다. 사람이 죽임을 당하거나 죽은 채로 발견되거나 행방불명되면 보고될 가능성이 높아서 보고되지 않고 지나간 범죄의 숫자를 말하는 '암수dark figure'가 상당히 낮다. 이것은 강간이나 성적 학대 같은 범죄와 크게 대비되는 부분이다. 이런 범죄는 보고되지 않는 경우가 많아 암수가 대단히 크기 때문이다. 그렇기 때문에 UN 보고서에 따르면 살인은 "측정하기가 가장 쉽고, 정의가 명확하고, 비교하기도 가장 좋은 지표"이다. 더 나아가 이 보고서는 이런 투명성 때문에 살인이 "국가의 치안 수준을 말해주는 강력한 지표이자 동시에 폭력 범죄의 수준을 파악할 수 있는 합당한 지표"라고 밝히고 있다.

UN 리뷰에 따르면 2012년에는 전 세계적으로 약 50만 명(43만 7,000여 명)이 살인을 당했다고 한다. 이 수치는 시간에 따라 변해왔다. 뉴스만 보면 달리 생각하기 쉽지만 이 연구를 보면 1991년과 1993년에 정점을 찍은 이후로 살인율은 전 세계에 걸쳐 전반적으로 떨어졌다.

이들의 연구 결과를 그래프로 나타내보면 나라별로 살인율에 막대한 차이가 있어 미국이 유럽이나 아시아·오세아니아보다 10배 정도 높은 것을 알 수 있다. 이 차이는 어느 국가의 사람들이 본질적으로 더 폭력적이라는 의미가 아니다. 이는 사회적 요소

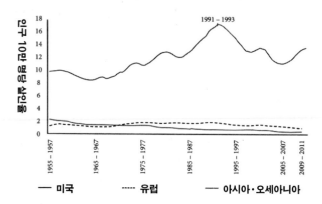

〈전 세계 살인율〉

(출처: UN 마약·범죄사무소의 「Global Study on Homi-
cide」, 2013.)

의 복잡한 상호작용 때문에 일어나는 결과다. 살인율은 국가의
부유함GDP, 문화와 차별, 정치·사회적 갈등, 무기에 대한 접근 용
이성 등에 따라 달라질 수 있다. 특히나 미국 같은 나라에서는 총
기를 쉽게 손에 넣을 수 있는 것이 살인율을 높이는 데 가장 크게
기여하는 것으로 나타난다.

이 보고서는 살인을 저지르는 사람들의 유형도 살펴보았다.
대부분의 살인은 남성이 남성을 상대로 저지르는데 놀랍게도 범
죄자의 95퍼센트, 피해자의 79퍼센트가 남성이다. 그리고 숫자
만으로 따지면 살인을 저지르는 사람이 대부분 미국에 살고 있
는 것으로 밝혀졌다. 선호하는 살인 무기는 나라마다 다르다. 미
국에서는 살인의 66퍼센트가 총기로 이루어진다. 다른 나라에
서 살인으로 유죄를 선고받은 사람들을 보면 칼 같은 날카로운

물건이나 둔기, 완력, 독물 등의 다른 방식을 이용하는 경우가 많다. 마지막으로 남성이 여성을 죽이는 경우 피해자인 여성은 배우자나 연인, 혹은 가족 구성원일 가능성이 높다. 2012년을 기준으로 여성 중 47퍼센트가 배우자나 연인(이전 배우자와 연인도 포함), 혹은 가족 구성원에게 죽임을 당한 반면 남성은 6퍼센트에 그쳤다.

이것을 보면 전 세계적으로 살인이 대략 어떻게 일어나고 있는지 아주 기초적인 그림을 그려볼 수 있다. 하지만 인간이 서로를 죽이는 이유가 무엇인지 묻는 훨씬 흥미로운 질문의 답은 알 수 없다. 이 부분을 이어서 살펴보자.

너무도 시시한 살인

나는 살인자들을 그들이 남긴 범죄 현장이나 그들의 무의식적 동기를 추측한 결과를 가지고 유형별로 분류하고 낙인을 찍으려 드는 것을 정말로 싫어한다. "저런, 내 생각에 이 살인자는 권력이 동기였던 것 같아. 그 남자는 아마도 아직 엄마하고 같이 살고 있을 걸? 분명 미친 사이코패스일 거야." 사람들이 이런 식의 범죄자 프로파일링을 재미있거나 유용하다고 여기게 된 데는 TV 프로그램의 탓도 크다고 생각한다. 나는 이런 것이 재미있지도, 유용해 보이지도 않는다.

나는 그래도 기능적인 유형 분류는 좋아한다. 이런 점에서 연구자 앨버트 로버츠와 연구진이 2007년에 발표한 논문의 내용은 한번 검토해볼 만하다.[5] 여기서 이들은 이렇게 주장하고 있다. "살인이 모두 질적으로 똑같은 행동은 아니다. 살인의 가해자들은 동기, 환경요인, 인구통계, 대인 관계의 역학이라는 측면에서 동일하지 않다. 살인 촉발에는 복잡한 조합으로 얽힌 서로 다른 요소들이 관여한다." 이들의 분류 체계에서 정치적 이유로 저지른 살인은 배제되어 있다는 사실에 유의하자.

이런 복잡성에도 불구하고 연구진은 대부분의 살인이 범죄의 가장 본질적인 요소만을 바탕으로 하는 4중 유형 분류 체계와 잘 맞아떨어지는 것을 발견했다. 첫 번째 유형은 '언쟁 혹은 말다툼으로 촉발된 살인'이다. 바꿔 말하면 터무니없는 이유로 시작되어 악화되는 싸움을 말한다. 이 살인은 사소한 불만에 대한 충동적 반응으로 나온다. 논문에서 가져온 사례를 몇 가지 살펴보자.

- 4달러를 두고 벌어진 말다툼과 몸싸움. 피해자가 맞아 죽음.
- 두 사람이 자전거를 두고 싸우다가 피고인이 피해자를 각목으로 머리를 쳐서 죽임.
- 개에 대해 말다툼을 벌이다가 피해자를 총으로 쏨.
- 안경을 두고 말다툼을 벌이다가 피해자를 총으로 쏨.
- 마약을 두고 말다툼을 벌이다가 피해자를 몽둥이로 때려 죽이고 시신을 숲속에 버림.
- 아침에 말다툼을 벌이고 나중에 피고인이 피해자를 총으로 쏨.
- 돈 때문에 야구방망이로 피해자를 때림.

이런 것들은 평범한 싸움이 완전히 통제력을 잃은 경우다. 순간적으로 흥분한 상태에서 누군가가 죽임을 당하고 말았다. 이런 상황에서 일어나는 살인 반응은 다툼의 중요성과는 비례하지 않는다고 해도 무방하다. 이 논문에 따르면 살인의 동기는 폭력이 정당화될 수 있다는 '순간적인 인식'을 바탕으로 일어나는 것이지, 대부분의 사람이 결론적으로 정당한 폭력이라 여길 만한 근거를 바탕으로 일어나는 것이 아니다.

살인의 두 번째 유형은 '흉악 범죄 살인'이다. 이것은 누군가가 심각한 범죄를 저지르는 동안에 다른 사람을 의도적으로 죽이는 경우다. 이런 살인은 보통 강도, 도둑, 납치 등에서 자행된다. 이 행위의 궁극적 목표는 사람을 죽이는 것이 아니라 돈이나 다른 이득을 취하는 것이다. 이 경우에 죽임을 당하는 사람은 그 일에 방해가 되는 사람이거나(예를 들면 범죄자가 집을 털려고 하는데 집주인이 때마침 집에 있는 경우) 그 범죄행위의 일부로 포함된다(예를 들면 누군가를 잡고 몸값을 요구한 다음 죽이는 경우).

세 번째 유형은 '가정 폭력 혹은 부부나 연인 간의 폭력으로 유발된 살인'이다. 이것은 살인을 저지르는 사람이 가족 구성원이나 배우자 혹은 연인을 죽이는 경우다. 이런 살인이 일어나는 동기를 살펴보면 다음과 같다.

- 연인이 외도를 했다고 믿고 피해자를 총으로 쏨.
- 자기를 떠난 아내를 총으로 쏨.
- 아내가 바람을 피우고 있다고 생각해서 아내를 칼로 찔러 죽임.

- 피고인이 자기를 심하게 때린 남편을 차로 치어 죽임.
- 정서적 학대가 있은 지 몇 년 후에 피해자를 총으로 쏘아 죽임.
- 피고인이 말다툼 후에 부엌칼로 남자친구의 가슴을 찌름.

이런 살인은 돈 때문이 아니라 복잡한 인간의 감정과 인간관계의 권력 문제 때문에 자행된다. 이것은 인간의 살인 공상이 결국 어떤 일로 끝나는지 보여주는 것이기도 하다. 전 남자친구를 죽이고, 자기를 두고 바람을 피운 사람을 칼로 찌르고, 자신을 모욕한 배우자를 차로 치어 죽이는 등의 경우는 자신이 느끼는 감정적 고통이 타인에게 물리적 고통을 안겨주고 싶다는 욕망으로 바뀔 수 있는 상황이다. 우리는 다른 사람을 내가 겪는 것만큼, 혹은 그 이상으로 아프게 만들어 카타르시스를 느끼기 원하는지도 모른다.

로버츠와 연구진이 마지막으로 포함시킨 유형은 '사고에 의한 살인'이다. 이것은 술이나 마약을 한 상태에서 운전을 하다가 사람을 죽인 경우만 해당된다. 이 마지막 유형은 나머지 유형과는 약간 차이가 있다. 누군가를 죽이려는 의도가 없는 유형이 이것 하나밖에 없기 때문이다. 이 유형은 UN 보고서에서 내린 정의와는 맞아떨어지지 않아도 불법적으로 사람을 죽이는 것이라는 일반적인 개념과는 맞아떨어진다. 하지만 음주운전으로 누군가를 잃어본 사람이라면 알겠지만 이런 식으로 사람을 잃는 것은 칼이나 총으로 누군가를 잃는 것과 그리 다르지 않다. 계획 살인은 아니라고 해도 가해자의 의도와는 상관없이 이 경우에도 그에 못지않은 분노와 복수의 욕망이 싹틀 수 있다.

우리는 '살인자'라고 하면 얼굴에 눈물방울 문신을 하고 으르렁거리는 남성의 범인 식별용 사진mugshot을 떠올린다. 하지만 이 유형 분류 체계를 보면 살인 사건은 사실 대단히 평범한 상황에서도 자주 일어난다는 것을 알 수 있다. 격하게 자기를 쏘아붙이는 배우자나 연인, 혹은 빌린 돈을 갚지 않는 사람에게 무시당했다고 느껴본 사람은 많을 것이다. 다만 살인을 저지른 사람이 한 가지 다른 점은 보통 사람이 공상만 하는 일을 실천에 옮겼다는 것이다. '사고에 의한 살인'의 경우에는 훨씬 더 시시하다. 술이나 마약에 취해서 운전대를 잡는 사람은 많다. 하지만 순전히 운이 좋았던 덕분에 그로 인한 결과가 천지차이인 것이다.

문제를 훨씬 더 복잡하게 만드는 사실이 있다. 누군가를 살인한 사람들은 대부분 두 번 다시는 사람을 죽이지 않는다는 것이다. 살인으로 다시 유죄 선고를 받는 비율은 대단히 낮다. 2013년에 법정심리학자 마리케 리엠이 주장한 바에 따르면 "재범률(즉 또 다른 살인을 저지르는 경우)을 평가한 연구들을 보면 그 비율이 1퍼센트에서 3퍼센트 정도로 나온다"[6]고 한다. 격하게 말다툼을 하다가 사람을 한 번 죽였다고 해서 그 사람을 평생 살인자라 부를 수 있을까? 그 범죄를 저지르던 그 순간에만 살인자였던 것은 아닐까?

이 부분을 다루기 전에 살인에 관한 이상한 사실 하나를 살펴보자. 남자나 여자나 모두 살인을 저지를 수 있는 것은 분명한데 어째서 대부분의 살인은 남성이 저지를까?

치명적인 남성성

나는 지금까지의 내용 중에 살인이 적응에 유리하게 작용할 수 있다는 진화론적 주장이 상당히 마음에 든다. 하지만 진화론 연구자 던클리와 버스는 여기서 더 나아가 논란의 여지가 훨씬 많은 주장을 펼친다.

이들은 이렇게 주장한다. "여자와 달리 남자는 사람을 죽이도록 설계된 몸과 정신을 더 진화시켰다." 이들이 이렇게 주장하는 이유는 이렇다. "진화가 진행되는 동안 남성에게 더 많은 생식변이reproductive variance가 일어났고, 이 중에서 짝을 얻고 종을 유지하는 더욱 극단적이고 위험한 전략이 자연선택되었다. (중략) 폭력과 살인 등의 위험한 전략을 사용하는 데 있어서 성차가 생기는 것은 이렇듯 남성에게 이런 독특한 선택압이 작용한 결과다. 위험을 감수하지 못하는 남성은 짝을 차지하기 위한 경쟁에서 불리했을 것이고 따라서 후손을 남길 가능성이 떨어졌다." 던클리와 버스는 살인을 해서 유전적으로 얻을 것이 여성보다 남성에게 더 많았다고 주장했다. 물론 이것이 살인을 저지르는 핑계가 될 수는 없지만 살인이 왜 그렇게 많이 일어나는지 설명하는데 도움이 될 수 있다.

2004년 존 아처의 메타 분석 연구는 남성이 공격적인 성향이 많고 그에 따라 살인도 많이 저지른다는 개념과 잘 부합하고 있다. "모든 연령의 표본 집단에서 직접적인, 특히나 신체적인 공격성은 여성보다 남성에서 더 흔하고, 문화권에 관계없이 일관되게 나타나며, 이른 아동기부터 나타나 20세에서 30세 사이에 절정에 도달한다."[7] 연구 결과는 이 내용이 남성이 여성보다 화를 더 잘 내기 때문이 아니란 것을 밝혀냈다. 전체적인 패턴을 보면 남성이 살인을 더 많이 저지르는 이유는 남성과 여성의 분노 역치 차이 때문이 아니라 남성이 '공격'이라는 비용이 큰 방법을 더 많이 사용하기 때문임이 드러났다. 이런 설명은 진화 이론가들이 제안하는 내용과 잘 맞아떨어진다. 남성은 공격 충동과 살인 충동에 따라 행동하는 등 위험을 감수하는 성향이 여성보다 더 강하다는 것이다.

하지만 아처는 같은 데이터가 사회적 관점을 더 뒷받침하는 것일 수도 있다고 주장한다. 그는 전 세계적으로 발견되는 이런 차이점이 남성은 원래 그렇게 태어났기 때문일 수도 있지만("이런 성차는 인간 종의 특징이다"), 사회적 역할 때문일 수도 있다고 적고 있다("모든 문화권에서 성역할이 일관되게 나타난다"). 이 관점에는 분명 더 미묘한 뉘앙스가 담겨 있다.

이렇게 해서 공격성과 살인의 진화적 이론에 관한 내 주장의 논점에 도달하게 된다. 이 이론을 이용하면 어렵지 않게 이런 주장을 할 수 있다. "뭐, 남자들이 원래 그렇지." 이런 주장을 반박해보자면 첫째, 인간에게는 억제하는 능력이 있다. 남자들도 공격적으로 행동하지 않기로 선택할 수 있다는 의미다. 공격적인 성향이 살인을 저지르게 만드는 것이 아니다. 그 사람의 판단이 살인을 저지르게 한다. 총이 사람을 죽이는 것이 아니라 사람이 사람을 죽인다는 개념과도 얼추 비슷하다. 둘째, 어쩌면 남성이 살인을 더 많이 저지르는 이유는 사회적으로 남자아이들은 여자아이들보다 심리적 억눌림이 적고, 더 공격적이고, 신체적으로 활발하게 자라기 때문인지도 모른다.

이 부분에 대한 연구는 많다. 나 역시 이와 관련된 이야기가 있다. 캐나다에서 자랄 때 한 친구가 있었다. 3학년에 올라간 첫날에 그 친구가 알록달록한 팔찌를 내게 주며 우리는 영원한 친구라고 선언했기에 우리의 관계는 더욱 돈독해졌다. 친구 집은 거의 한 시간 거리나 떨어져 있었지만 부모님은 내가 그 친구 집에서 놀다 올 수 있도록 자주 차로 데려다주었다. 하루는 그렇게 친구 집에 놀러갔는데 그날이 친구의 열 번째 생일이었다. 친구의 부모님은 우리에게 부를 때까지 방에서 기다리라고 했다. 우리는 부모님이 어떤 파티를 준비했을지 기대에 차 있었다. 영원처럼 길게 느껴진 시간이 지난 후에 부모님들이 우리를 불렀고 우리는 거실로 달려갔다. 그리고 친구는 아름답게 포장된 선물 더미를 보고 무척 기뻐했다.

친구는 무척 들떠 있었지만 그래도 부모님이 허락해줄 때까지 참을성 있게 기다리며 선물 더미 옆 소파에 앉아 있었다. 그런데 친구가 첫 번째 상자를 열기도 전에 다섯 살배기 남동생이 선물 더미로 달려들어 선물 포장을 갈기갈기 찢었다. 그 바람에 선물 포장지가 사방에 흩어졌다. 친구는 실망을 감추지 못하고 울기 시작했고, 그동안 부모님들은 아무것도 하지 않고 앉아만 있었다. 남자아이니까 그러려니 하면서 오히려 그 상황을 재미있게 여기는 듯했다. 이후 내 친구는 몇 주 동안이나 충격에서 벗어나지 못했다. 어린 나이였음에도 나는 남자와 여자에 대한 부모님의 이중 잣대를 느낄 수 있었다. 이것이 내가 처음 접한 여성혐오였다.

사람들이 사내들이란 다 그렇다고 말할 때마다, 성차별적 언급을 두고 그저 야한 농담에 불과하다고 말할 때마다, 남자는 원래 여자보다 더 폭력적으로 태어나기 마련이라고 말할 때마다 나는 이와 비슷한 이야기가 생각난다. 사회는 남자들이 저지르는 파괴적, 공격적, 폭력적 행동에 관대할 때가 너무 많다. 이것은 여성에게 안 좋은 일이지만 남성에게 훨씬 더 안 좋은 일일지도 모른다.

남성의 공격성을 자연스럽고 정상적인 것이라 합리화한다면 남성은 범죄로 유죄 선고를 받고, 감옥에 들어가고, 다른 남성에게 희생당할 가능성이 더 크다는 것을 인정하는 셈이다. 하지만 어째서 감옥이 남자로 채워져야 하는가? 이것은 남성에게 재앙과도 같은 상황이 아닐까? 남녀에게 폭력성과 공격성에 관해 교육할 때 나타나는 성차별은 대단히 큰 문제가 아닐 수 없다. 폭력과 살인의 비율을 낮추고자 한다면 이런 부분이야말로 우리가 바꿀 수 있고, 또 바꿔야 할 문제다.

살인과 그 밖의 폭력 범죄의 남녀 성차에 대해 얘기할 때 사회적 논쟁 말고도 사람들이 자주 꺼내는 한 가지 요소가 더 있다. 남성호르몬인 테스토스테론이 남성의 뇌를 장악해서 그런 행동을 저지르게 한다는 주장이다. 그 증거를 살펴보자.

2001년에 제임스 다브스와 연구진은 살인으로 유죄를 받은 사람의 타액에 들어 있는 테스토스테론의 양과 그들이 저지른 범죄의 심각성 사이에 상관관계가 있음을 보여주는 논문을 발표했다. 테스토스테론의 양이 많을수록 그들이 저지른 살인도 더 무자비했던 것이다.[8] 살인을 저지른 수감자 중에서 테스토스테론 수치가 높게 나온 사람은 자신의 피해자와 아는 사이거나 미리 범죄를 계획했던 경우가 더 많았기 때문이다. 이때 단지 순간적인 반응에서 나온 살인이 아니라 미리 계산되고 계획된 살인을 더 무자비한 행동으로 봤다.

왜 그럴까? 신경과학자 사라 쿠퍼와 연구진은 2013년에 발표한 연구에서 이 부분을 검토했다.[9] 이들은 수컷 쥐 표본 중 절반은 4주에 걸쳐 테스토스테론으로 처치한 다음과 같은 과제를 수행하도록 조성했다. 연구자들은 쥐에게 두 레버 중 하나를 고르도록 선택권을 부여했다. '안전한' 레버를 누르면 적은 양의 먹이가 뒤따르는 반면 '위험한' 레버를 누르면 더 많은 먹이와 함께 쥐의 발에 더 큰 충격이 왔다. 그랬더니 테스토스테론으로 처치한 쥐들은 위험한 선택을 더 선호했다. 연구자들은 "발바닥 충격의 위험에도 불구하고 더 큰 보상에 대한 선호가 강화된 것은 위험 내성이 커진 것과 맞아떨어진다"라고 주장했다.

연구자들이 이것을 연구한 이유 중에는 남성들이 특정 스테로이드(테스토스테론의 합성 유도물인 단백동화스테로이드anabol-ic-androgenic steroid)로 인해 더 충동적이고 공격적으로 행동하게 되는 '스테로이드 분노'를 더욱 잘 이해하려는 목적도 있었다. 이들이 발견한 내용은 우리의 진화론적 주장과 들어맞아 테스토스테론 수치가 높을수록 위험을 감수하는 성향이 더 높아졌다. 이 것이 공격적으로 행동하거나 누군가를 죽이는 등의 위험이 될 수도 있다.

그런데 나는 테스토스테론과 폭력성 사이의 상관관계가 이런 연구에서 보는 것보다 사실은 더 복잡하다는 것을 설명하고자 한다. 그에 앞서 테스토스테론과 공격성이 상관관계가 있다는 개념이 얼마나 이상하게 생긴 것인지 이야기하고 싶다. 이 이야기는 모두 1849년에 독일의 어느 의사, 여섯 마리의 어린 수탉, 네 쪽 반짜리 연구 논문 하나에서 비롯됐다.[10]

자초지종은 이렇다. 1848년 8월 2일에 아르놀드 버트홀드는 어린 수탉 여섯 마리의 고환을 잘라내면 어떤 일이 일어날지 궁금했다. 그래서 수탉 두 마리는 고환을 하나 떼어내 아직 붙어 있는 고환 옆에 대롱대롱 매달려 있게 놔두었다. 그다음에 나머지 수탉 네 마리는 양쪽 고환을 모두 떼어냈다. 이 네 마리 수탉 중 두 마리를 크리스찬, 프레데릭이라고 부르자. 버트홀드는 이 두 마리에게 완전히 미친 짓을 했다. 수술로 크리스찬의 고환을 프레데렉의 창자에 이식하고, 마찬가지로 프레데릭의 고환을 크리스찬에게 이식한 것이다.

그의 논문에 따르면,[11] 버트홀드는 고환이 완전히 제거된 수탉 두 마리는 공격적이지 않으며 다른 수탉과 싸우는 일이 드물고, 싸워도 내키지 않는 태도를 보인다는 것을 알아냈다. 나머지 네 마리 수탉(고환을 하나만 떼어낸 두 마리와 크리스찬, 프레데릭)은 정상적인 행동을 보였다. 소리도 우렁차고, 서로 싸우고, 실험을 하지 않는 다른 수탉과도 자주 싸웠다. 그는 또한 크리스찬과 프레데릭의 창자 속에 이식한 고환이 창자 조직 속에 흡착되어 있는 것을 발견했다.

버트홀드는 이것은 분명 고환 속에 있는 무언가가 혈류에 흡수되어 몸의 다른 부분으로 이동해 공격성을 유발했다는 의미라 추측했다. 악의 없이 발표된 그의 이 논문은 결국 현대 내분비학 endocrinology(호르몬을 통제하는 시스템에 관한 학문)의 초석으로 자리 잡게 된다. 또한 이 논문은 남성의 공격성, 그리고 인간의 폭력성에서 호르몬의 역할에 대한 인식을 혁명적으로 바꾸어 놓는다.

아주 간단해 보인다. 테스토스테론을 더하면 더 공격적으로 변하고, 테스토스테론을 제거하면 공격성이 떨어진다. 끝! 하지만 이 개념에 관해 거듭해서 의문이 제기되었다. 가장 최근에는 2017년에 저스틴 카레와 연구진이 여기에 문제를 제기한 바 있다.12 이들은 "테스토스테론과 공격적 행동 사이의 상관관계는 기존에 생각했던 것보다 훨씬 복잡하다"라는 점을 발견했다. 실험실 안팎에서 인간과 동물을 대상으로 한 연구들을 검토해본 후에 이들은 다음과 같은 결론을 내렸다. "테스토스테론과 인간의 공격성·지배적 행동과의 상관관계를 보여주는 증거가 존재하지만 이런 상관관계는 약하거나 일관되지 않은 것으로 나왔다." 따라서 남자는 테스토스테론 수치 때문에 더 폭력적이고 공격적이라는 진부한 개념은 사실 과장이었는지도 모른다.

심지어 이 연구진은 우리가 알고 있는 테스토스테론과 공격성의 상관관계가 거꾸로 뒤집혀 있을지도 모른다고 주장한다. 흥미로운 부분이 있다. 행동이 테스토스테론의 생산에 어떻게 영향을 미치고, 이어서 테스토스테론이 행동에 어떻게 영향을 미치느냐 하는 부분이다. 이들은 이렇게 요약한다. "사람 사이의 경쟁이라는 맥락 안에서는 테스토스테론의 농도가 급격히 변화하고, 테스토스테론 농도에서 나타나는 이런 변화가 현재, 그리고 앞으로 공격성이 어떻게 발현될지 분명하게 예측해준다." 이것의 의미는 서로 경쟁하면 테스토스테론 수치가 증가하고, 이것이 더욱 큰 공격성으로 이어질 수 있다는 것이다.

몇몇 연구들이 이 주장을 뒷받침하고 있다. 그중 가장 주목할 만한 것은 스포츠 경기를 대상으로 이루어진 일련의 연구다. 경쟁이 테스토스테론 수치를 올린다는 것을 처음으로 입증해 보인 연구는 앨런 마주르와 시어도어 램이 1980년에 발표한 논문에 실려 있다. 이 연구에 참가한 소규모의 남성 테니스 선수 표본 집단은 경기에서 승리한 후에는 테스토스테론이 증가하고 패배한 이후에는 떨어졌다.[13] 카레와 그의 동료들은 그 이유가 테스토스테론이 경쟁적인 상호작용에 민감하게 반응하기 때문이며 일반적으로 승자는 패자에 비해 테스토스테론 농도가 높아져 있기 때문이라고 설명했다. 이들은 더 나아가 테스토스테론의 급격한 변화가 경쟁적이고 공격적인 행동을 촉진하는 역할을 할 수 있다고 설명했다. 어쩌면 테스토스테론은 범죄와 관련된 공격성보다는 경쟁에서 도움이 되는 유용한 형태의 공격성과 더 관련이 많을지도 모른다. 다시 말해 테스토스테론은 우리가 올림픽 메달을 따고 승진을 하는 데 도움을 준다. 그러니 혹시 테스토스테론이 사람을 폭력적으로 만든다고 하는 사람을 만나면 부디 그 생각을 고쳐주기 바란다.

이제 잠시 숨을 고르자. 공감 훈련도 좀 하고, 새로운 질문도 풀어볼 시간이다. 살인이 '올바른' 일인 경우는 어떤 경우일까?

전차학

살인이 모두 똑같은 것은 아니다. 예를 들어 당신이 군인으로 전쟁에 나섰거나 자기방어를 하고 있거나 다른 누군가의 목숨을 구하고 있거나 더 큰 공익을 위해 누군가를 의도적으로 죽이고 있다면 그 행위는 정당화될 수 있을지도 모른다. 공익을 위해 죽이는 경우는 정의, 자유, 권리의 이름으로 싸울 때다. 그렇다면 살인이 도덕적으로 나쁜 경우는 언제인가? 어떤 사람은 누군가를 죽여서 생기는 해악이 그 행동으로 얻는 이득보다 클 때라고 주장한다. 물론 누군가를 죽여서 생기는 '이득'이란 것은 전적으로 주관적인 영역이다.

전통적인 사고실험으로 이 부분을 확인해보자. 바로 전차 문제trolley problem다. 이것은 여러 해에 걸쳐 다양한 방식으로 변형되었지만 현대적인 버전은 1967년에 필리파 풋이 만든 것으로 알려져 있다.14 여러 유형의 전차 문제만을 전문적으로 다루는 연구 분야가 따로 있다. 이 분야를 '전차학trolleyology'라고 한다.

일반적인 시나리오는 다음과 같다. 철로를 따라 전차 하나가 달려오고 있다. 그리고 어느 미친 인간이 그 철로 위에 다섯 명의 사람을 묶어 놓았다. 다행히도 당신이 스위치 하나만 누르면 그 전차의 경로를 다른 궤도로 바꿀 수가 있다. 그런데 안타깝게도 다른 궤도 위에도 역시 어느 한 사람이 묶여 있다. 그럼 당신은 그 스위치를 누를 것인가?

글로 적은 시나리오든 가상현실 상황이든 사람들에게 이런 도덕적 딜레마를 제시하면 대다수의 사람은 최대한 많은 사람을 구하려고 한다. 2014년에 알렉산더 스쿨모우스키와 연구진이 발표한 논문에 따르면 이런 상황에서는 "개인적인 감정이 개입되지 않기 때문에 인지적 반응이 우세하게 나온다"[15]고 한다. 이들은 이렇게 주장한다. "개인적인 감정이 개입되지 않은 딜레마에서는 대부분의 사람이 실용주의적(더 넓은 개념으로는 결과주의적) 판단을 내린다. 사람들은 한 개인의 행복을 희생해서 전체적으로 가장 좋은 결과를 불러오려는 경향이 있다." 시나리오가 가상현실에서 펼쳐질 때도 마찬가지였다. 연구자들은 실험 참가자들에게 가상현실 컴퓨터 게임을 반복적으로 시켰는데, 이 게임에서 참가자들은 자기가 통제하는 기차가 열 명을 죽이도록 그냥 놔둘지, 궤도를 바꾸어 한 명만 죽일지 결정해야 했다. 그 결과 참가자 중 96퍼센트는 한 명을 희생시켜 열 명을 구했다. 참가자들은 이 시나리오를 10회에 걸쳐 완성했는데 대부분은 항상 같은 결정을 내렸다. 사람들이 개인적 감정이 개입되지 않은 상태에서 합리적으로 생각할 때는 '최대 다수의 최대 선'이라는 공리주의의 원칙이 일반적인 판단이었다.

하지만 연구자들은 시나리오를 다음과 같이 살짝 수정했다. 전차가 철로를 따라 질주하고 있다. 분기점이 나온다. 왼쪽에는 한 남자가 서 있고 오른쪽에는 여자가 서 있다. 당신이 어느 궤도를 선택하든 그 궤도 위 사람은 죽게 된다. 당신은 전차를 왼쪽과 오른쪽 중 어디로 보내겠는가?

스쿨모우스키와 동료들은 남자와 여자가 서 있는 위치를 바꿔도 보았는데 일반적으로 사람들은 남성을 희생시키는 경향이 있었다. 특히나 남성 참가자의 경우에 이런 경향이 더 두드러져 남성 중 62퍼센트는 다른 남성을 죽였다(혹은 죽게 내버려두었다). 연구자들은 이것이 사회적 바람직성social desirability 때문이라 믿었다. 사회적 시선에서는 남자를 구하는 것보다 여자를 보호하고 구하는 것을 더 좋은 일로 보기 때문이다. 사람들은 스스로도 자신이 올바른 일을 하고 있다고 느끼고 싶을 뿐만 아니라 다른 사람들에게도 자신이 가장 윤리적인 판단을 내렸다는 동의를 얻기를 바란다. 좋은 사람으로 보이고 싶고, 칭찬받고 싶고, 영웅으로 보이고 싶은 것이다. 하지만 상황을 개인의 감정이 개입되도록 바꾸자마자 변화가 일어난다.

또 다른 시나리오를 제시한다. 전차가 통제할 수 없는 속도로 질주하고 있다. 어느 미친 인간이 그 철로 위에 사람 다섯 명을 묶어 놓았다. 당신은 그 철로 위를 가로지르는 다리 위에 서 있고, 당신 옆에는 거구의 남성이 서 있다. 당신이 그 남자를 다리 아래로 밀어 떨어트리면 전차가 멈출 것이다. 그 남자는 죽겠지만 궤도에 묶여 있는 다섯 명은 구할 수 있다. 그럼 당신은 그 남자를 다리 아래로 밀어 떨어트리겠는가?

내 손으로 누군가를 죽게 한다면 스스로를 결코 용서할 수 없으리라는 생각에 망설여지는가? 당신만 그런 것이 아니다. "물리력을 직접 행사해서 한 사람을 죽여야 하는 개인적 딜레마 상황에서 사람들이 더 수동적으로 행동해 다섯 명을 죽게 내버려두는 경향이 있다." 연구에 따르면 한 사람을 죽음으로 희생시키는 궁극의 결과는 동일하지만 단순히 스위치를 누르는 것이 아니라 누군가를 직접 밀어서 죽여야 하는 상황에서는 행동에 나서는 사람이 훨씬 적은 것이다.

연구자 에이프릴 블레스케 레체크와 동료들이 2010년에 했던 것과 비슷한 방식으로[16] 마지막으로 한 번만 더 상황을 바꿔보자. 만약 당신이 블레스케 레체크의 사고실험에 참가했다면 다음과 같은 네 가지 버전의 변형 문제를 받았을 것이다.

전차가 궤도를 따라 질주하고 있다. 그 위에 어느 미친 자가 사람 다섯 명을 묶어 놓았다. 다행히도 당신이 스위치를 누르면 그 전차를 다른 궤도로 유도할 수 있다. 하지만…….

버전 1 : 안타깝게도 그 궤도 위에 잘 모르는 70세의 여성이 묶여 있다.
버전 2 : 안타깝게도 그 궤도 위에 20살짜리 당신의 사촌이 묶여 있다.
버전 3 : 안타깝게도 그 궤도 위에 당신의 두 살배기 딸이 묶여 있다.
버전 4 : 안타깝게도 그 궤도 위에 당신의 연인이 묶여 있다.

당신이라면 낯선 사람, 당신의 딸, 당신의 연인을 구하겠는가? 연구자들이 발견한 바는 다음과 같다. "예상대로 남성이든 여성이든 희생시켜야 할 가상의 인물이 어리거나 친척 관계이거나 현재의 연인이나 배우자인 경우에는 다섯 명을 구하기 위해 그 한 사람을 희생시킬 가능성이 낮았다." 개인적인 희생, 감정적인 희생과 마주하면 우리는 어떤 것이 옳은 행동인지에 대한 판단이 급격히 바뀐다. 우리는 그 어떤 목숨도 자기가 사랑하는 사람의 목숨만큼 중요하지는 않다고 느낀다. 자기 자식을 구하려면 1,000명의 목숨을 희생해야 할 상황이라도 우리는 도덕적으로, 아니면 적어도 본능적으로는 자식을 구하는 행동을 옳다고 여길 수 있다.

도덕적 의사 결정이 뇌에서는 어떤 식으로 나타나는지 연구해온 신경과학자 조슈아 그린과 연구진에 따르면 우리가 이런 딜레마에 빠져 대처 방식이 달라지는 이유는 감정이 결정을 내릴 때 아주 큰 역할을 하기 때문이라고 한다.[17] 우리가 순전히 논리만을 바탕으로 도덕적 결정을 내릴 때는(연구자들은 이것을 '통제된 인지 과정'이라고 부른다) 공익을 극대화하는 실용주의적 결정을 할 가능성이 높다.

하지만 자기 손으로 누군가를 죽여야 한다거나 자기 딸을 잃는다고 생각할 때 동반되는 '자동적 감정 반응'이 이런 인지 과정을 장악해버릴 수 있다. 이런 종류의 감정 개입이 일어날 때는 이기적인 판단을 내릴 가능성이 훨씬 높다. 우리는 다섯 명을 죽게 놔두는 것이 나은지, 한 명을 죽게 놔두는 것이 나은지 저울질해

보는 것이 아니라 자기 딸을 죽게 놔두었을 때나 다섯 명의 낯선 사람을 죽게 놔두었을 때 그것이 자기에게 미칠 감정적 영향력을 저울질해본다.

이런 딜레마가 뇌에서는 어떻게 나타나는지는 신경과학을 통해 더 많이 배울 수 있다. 2017년에 어느 과학자와 연구진이 도덕적 의사 결정과 도덕적 평가를 다룬 현존하는 모든 신경과학 연구를 살펴보고 논문을 발표했다.[18] 그리고 도덕적 판단을 내릴 때 공통적으로 활성화되는 뇌 영역을 확인했다. 이들은 모든 유형의 도덕적 의사 결정에서 왼쪽 가운데측두이랑, 안쪽이마이랑, 띠이랑의 활성이 증가한다는 사실을 발견했다.

이들은 또한 다음과 같은 사실도 발견했다. "스스로 도덕적 판단을 내릴 때는 타인의 도덕적 행동을 판단할 때와는 다른 뇌 영역들이 관여한다." 물에 빠진 사람을 자기가 구해야 하는지, 다른 누군가가 구해야 하는지 물었을 때 우리 뇌는 서로 다르게 반응

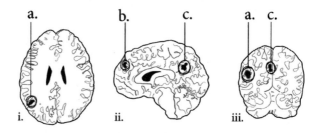

모든 유형의 도덕적 의사 결정에서 왼쪽 가운데측두이랑(a), 안쪽이마이랑(b), 그리고 띠이랑(c)이 활성화되었다. 여기서는 위에서 바라본 절단면(i. 수평면axial), 옆에서 바라본 절단면(ii, 시상면sagittal), 뒤에서 바라본 절단면(iii, 관상면coronal)이 나와 있다.

한다. 스스로 도덕적 판단을 내릴 때는 세 개의 뇌 부위가 추가적으로 활성화된다. "도덕적 반응에 의한 결정을 내릴 때는 추가적으로 왼쪽과 오른쪽의 가운데측두이랑과 오른쪽 쐐기앞소엽이 활성화된다." 마지막에 나온 쐐기앞소엽은 자신이 누구인지(자아)에 대한 생각과 의식 등 고차원 사고에 관여하는 뇌 영역이다.

신경과학은 인간이 어떻게 도덕적 판단을 내리는지 보여준다. 신경과학은 감정의 역할을 강조한다. 또한 자신의 행동에 관한 결정을 내릴 때는 뇌가 더 열심히 일해야 한다는 것도 밝혀냈다. 하지만 뇌에 우리를 도덕적 존재로 만들어주는 특별한 영역이 따로 존재하는 것은 아니다. 개리건과 연구진에 따르면 "도덕적 과제를 수행하는 동안 활성이 증가하는 뇌 영역들은 다른 기능에도 관여하는 것이기 때문에 고유의 '도덕적인 뇌'가 존재한다는 증거는 없는 것으로 보인다"라고 한다. 심지어는 감정의 정확한 역할이 무엇인지도 여전히 논란이 많다. 그리고 가상의 딜레마를 사람들이 실제로 판단을 내려야 하는 상황에 그대로 적용할 수 있을지도 논란이 있다. 실제 상황에서라면 다섯 명의 낯선 사람 따위는 안중에도 없고 과연 자기 딸을 구하는 게 옳은지 생각할 겨를도 없이 당장 딸을 구하러 달려들 것이다.

어쨌거나 가상의 관점에서 보면 누군가를 죽이는 것이 더 큰 공익을 위해, 혹은 누군가를 구하기 위해 이루어지는 것이라면 괜찮아 보인다. 그럼 이번에는 변명의 여지 없는 살인으로 관심을 옮겨보자. 이것은 자기가 올바른 일을 하고 있다고 생각하지 않는 사람이 저지르는 살인, 사회에서 설정한 바람직한 실용주의적 규칙을 바탕으로 이루어지지 않는 살인이다. 이들은 공격을 미리 계획하고, 때로는 그런 공격을 즐기며, 그 계획을 정교하게 실행에 옮긴다. 이런 사람들은 그냥 시시한 상황에 말려들어 말다툼을 벌이다 너무 격해지는 바람에, 혹은 더 큰 공익을 위해 누군가를 죽여야만 한다고 느껴서 사람을 죽이는 것이 아니다. 바로 연쇄살인범 얘기다.

밀워키의 괴물

1994년에 위스콘신 의과대학교의 제프리 젠트젠과 연구진은 연쇄살인범 제프리 다머 사건에서 법의학 전문가로 활동했던 내용을 바탕으로 보고서를 작성해 발표했다.[19]

이들의 활동은 1991년 7월 23일에 시작됐다. 이날 경찰은 벌거벗은 채 손에 수갑을 차고 도로 한가운데를 달리는 젊은 흑인 남성과 우연히 마주쳤다. 이 남성은 경찰을 제프리 다머의 집으로 데리고 갔고, 그곳에서 경찰은 사람의 신체 부위를 몇 개 찾아냈다. 경찰은 곧바로 밀워키 검시관을 호출했다. 검시관은 도착하자마자 현장을 조사했다. 다머는 즉각 경찰에 협조했는데 심지어 자신이 어떤 식으로 살인을 저질렀는지 수사팀이 잘 이해할 수 있게 돕기도 했다.

보고서에 따르면 "다머는 가구가 별로 없는 비좁은 원룸 아파트에서 살았다. (중략) 아파트 자체는 깨끗하게 잘 유지되고 있었고 냄새도 별로 나지 않았다"고 한다. 법의학 팀은 작은 아파트에서 충격적일 정도로 많은 신체 부위를 발견했다. 냉동고와 냉장고에서 사람 머리가 여러 개 발견됐고, 그와 함께 해부된 사람의 심장과 상체가 나왔다. 보고서에는 "31개의 피부 절편이 담긴 비닐 봉투가 나왔다. (중략) 피부 절편들은 불규칙한 형태였지만 정사각형 비슷한 모양이었다"라고 쓰여 있다. 수사팀은 어느 피해자의 손과 성기가 들어 있는 냄비를 발견했고, 부엌 찬장에서 깨끗하게 씻은 두개골도 찾아냈다. 침실에서는 더 많은 신체 부위가 발견됐다. 두개골 다섯 개, 깨끗이 씻은 골격 한 개, 온전히 벗겨낸 두피와 머리카락과 함께 "백인의 피부 색깔이 물감으로 칠해진 건조된 성기"도 나왔다. 다머는 심지어 '사진 일기'라는 제목을 붙인 앨범도 갖고 있어서 수사팀에 큰 도움이 됐다. 앨범에는 피해자들을 죽이기 전, 그리고 신체를 해체하는 단계별로 피해자를 촬영한 폴라로이드 사진들이 깔끔하게 정돈되어 있었다.

부검을 하는 동안 법의학 팀은 더 이상한 점을 알아차렸다. 피해자의 두개골 중 일부에 깔끔하게 드릴로 구멍을 뚫고 죽기 전에 뇌에 산acid을 주입한 흔적이 있었던 것이다. 다머에게 물어보니 이것은 "피해자를 무기력하게 만들어 의식이 없는 좀비로 이용하려는 시도"였다고 답했다. 31세의 다머는 자신을 섹스 좀비로 만들려 했던 것으로 보인다.

제프리 다머는 두 명의 배심원에 의해 분별력이 있는 온전한 정신 상태라는 판단을 받았고, 16명의 젊은 남성을 살해한 혐의로 유죄를 선고받았다. 그는 피해자들을 자기 아파트로 유혹해서 약물을 투입하고 강간한 다음 몸을 토막 내 시체 부위를 삶거나 얼려서 보존하고, 기념으로 그 과정을 사진에 담아 두었다. 만약 악의 체크리스트가 있다면 그는 모든 칸에 빠짐없이 체크되었을 것이다.

하지만 그가 악한 인간이었을까? 그에게 희생당한 사람들의 가족은 그를 '사탄'이라 불렀고, 판사는 그에게 15번의 연속 종신형을 선고했다(물론 첫 번째 종신형에서 살아남아야 그다음 종신형도 복역할 수 있겠지만). 그리고 다머 자신도 자신이 사람들에게 가한 고통에 대한 벌로 사형을 선고받고 싶다고 했다.[20] 어떻게 보면 그의 바람대로 되었다고 할 수 있다. 투옥된 지 2년 만에 그의 동료 수감자 중 한 명이 빗자루 막대기로 그를 때려죽였기 때문이다. 다머는 감옥 화장실에 흥건히 고인 자신의 피 속에서 발견됐다. 살인자가 유죄 선고를 받은 또 다른 살인자에게 살해당한 것이다.

다머가 왜 이런 행동을 했는지 설명하기란 쉽지 않다. 그는 온전히 자신의 만족과 성적 욕망에서 동기를 얻은 듯하다. 하지만 그의 마음 중 여린 측면을 바라보면 그는 그저 동반자를 원했던 것 같다. 그는 피해자의 시신을 보존한 이유 중 하나로 그들이 자기를 떠나지 않았으면 했기 때문이라고 말했다.[21]

그는 뇌가 고장 난 사람이었을까? 공감 능력이 결여되어 있었나? 모를 일이다. 그는 심리평가에서 정신이 온전하다고 나왔고, 자기가 나쁜 짓을 저질렀다는 것도 이해하고 있었으며, 피해자의 아픔에도 공감했다. 그렇지만 그는 범죄를 막을 억제 요소들을 모두 뛰어넘었다. 그의 말에 따르면 너무 외로웠기 때문이라고 한다.

연쇄살인은 아니지만 적어도 외로움은 공감이 가능한 인간적 특성이다. 여기서 한발 더 나아가 누군가를 너무도 외롭게 만들 수 있는 사회·문화적 요인을 큰 그림으로 살펴보고, 미국이 1인당 연쇄살인범 수가 전 세계 어디보다도 월등히 높은 이유를 유추해볼 수도 있을 것이다. 연쇄살인범에 대해 폭넓게 글을 써온 사회학자 줄리 위스트에 따르면 미국은 연쇄살인을 부추기는 문화를 갖고 있다고 한다. 특히나 살인을 저지르면 언론에서 믿기 어려울 정도로 악명을 떨칠 수 있기 때문이다.[22] 언론에서 연쇄살인범을 워낙 선정적으로 다루다 보니 팬이 생기는 것은 물론 하룻밤 사이에 유명인사가 된다.

2017년에 발표된 연쇄살인 연구에 관한 논문에서 범죄학자 사라 호지킨슨과 그 동료는 "대중은 연쇄살인에 지속적으로 매력을 느끼지만 그에 관한 담론은 환원주의적 설명과 개별화된 설명이 지배해버린다. 이런 설명은 연쇄살인범에 관한 여러 가지 잘못된 고정관념을 영구화해서 이런 형태의 살인 행동이 가지고 있는 다양성을 가려버린다"[23]라고 주장했다. 연쇄살인은 발생 빈도가 대단히 낮기 때문에 패턴을 확인할 수 있는 유용한 데이터를 확보하기 힘들다. 게다가 연쇄살인에 대한 학술 문헌도 제한적이다. 호지킨슨과 연구진은 사람들이 연쇄살인을 저지르는 이유에 대해 "더 폭넓은 사회·문화적 맥락 안에서" 얘기해볼 필요가 있다고 주장한다. 연쇄살인범을 이해하기 위해서는 먼저 그들이 살고 있는 사회를 이해해야 한다는 것이다.

앞서 말했듯 연쇄살인은 안 그래도 이해하기 어려운 범죄인데 가용한 데이터가 부족해 훨씬 더 이해하기 어렵다. 알아내기 어려운 부분이지만 연쇄살인범은 한 명만 살인한 범죄자와 똑같은 이유로 그런 일을 저지를 수도 있다. 어떤 사람은 그냥 사람을 죽이는 게 재미있어서 죽이고, 어떤 사람은 외로워서, 또 어떤 사람은 무시당했다는 생각에 죽인다.

하지만 속을 들여다보면 최악의 살인자들도 결국은 인간이다. 그리고 데이터를 살펴보면 인간은 대체로 다른 많은 일을 할 때와 똑같은 이유로 사람을 죽인다. 사람과 이어지고 싶은 마음에, 자신의 가족을 지키기 위해, 목적을 달성하기 위해, 자기가 필요하다고 생각하는 것을 얻기 위해, 그 밖의 여러 이유로 사람을 죽이는 것이다. 이들은 분노와 질투, 욕정과 탐욕, 배신과 자부심 같은 기본적인 인간의 감정에 대처하기 위해 그런 일을 한다.

살인범들의 뇌를 연구하는 사람은 이런 범죄자들이 억제할 수 없는 더 강력한 근본적 결함을 갖고 있다고 주장할지도 모른다. 하지만 이 장을 시작하면서 만나보았던 진화론 연구자들의 말을 믿는다면 어쩌면 우리는 모두 살인을 저지를 수 있는지도 모른다. 만약 당신이 살인 공상을 더 깊게 하고, 어차피 잃을 것도 없는 사람이라면 당신도 그 공상을 실천에 옮기게 될지 모른다. 어쩌면 당신과 연쇄살인범을 나누는 단 한 가지 차이점은 앞이마 겉질의 제대로 된 작동 능력으로, 그 덕분에 다른 이들과 달리 당신은 자신의 행동을 억제할 수 있는 것인지도 모른다.

우리는 죽음을 두려워한다. 따라서 살인을 저지르는 사람을 두려워하는 것이 당연하다. 하지만 소크라테스는 이렇게 말했다. "누구도 죽음을 알지 못한다. 누구도 죽음이 무엇인지 말하지 못한다. 하지만 어쩌면 죽음은 인간에게 주어진 가장 큰 혜택일지도 모른다. 그런데도 인간은 마치 죽음이야말로 세상 최악의 것임을 분명히 알고 있다는 듯이 그것을 두려워한다."[24] 죽음이 두렵다고 해서 그 두려움이 죽음을 가한 사람의 인간성을 말살할 수 있는 정당한 근거라 혼동해서는 안 될 것이다.

"그는 사악한 적, 악한 존재를 상상해냈다.
그리고 그의 기본 개념인 이것으로부터
그 뒷생각이자 쌍의 나머지 한쪽인 선한 존재,
즉 자기 자신으로 진화해 나왔다!"

-프리드리히 니체
『도덕의 계보』

3장

기괴한 모습: 무엇이 우리를
소름 끼치게 하는가

광대, 사악한 웃음, 정신 질환에 관하여

우리는 가끔 잘 알지도 못하는 사람에게 부정적인 특성을 부여하는 말을 쓴다. '저 인간은 소름 끼쳐creepy', '뭐 저런 괴짜가 다 있어', '나는 저 여자만 보면 아주 기겁을 해' 등등. 우리는 마치 소름 끼침, 괴상함, 기겁하게 만드는 것 등이 어떤 상황이 빚어낸 결과가 아니라 그 사람의 본질이라는 듯이 말한다. 하지만 잠깐 생각해보자. 소름 끼침creepiness이란 것이 대체 무엇일까? 사람들은 자기가 언제 소름 끼치는 사람이 되는지 알고 있을까? 당신은 소름 끼치는 사람인가?

근래까지도 소름 끼침을 이해하게 도와줄 실질적인 과학이 존재하지 않았다. 2016년이 되어서야 프란시스 맥앤드류와 사라 코엔케가 이 주제에 대해 최초의 실증적 연구를 발표했다.[1] 이들은 잡힐 듯 잡히지 않는 이 개념을 정확하게 잡아내고자 했다. 이들은 이렇게 적고 있다. "사람들의 일상적인 사회생활에 소름 끼치는 상황이 만연해 있음에도 이것을 과학적으로 연구한 사람이 아무도 없다는 사실이 매우 놀랍다."

그렇다면 우리가 누군가를 보며 소름 끼친다고 느낄 때는 대체 무슨 일이 일어나고 있는 것일까? 맥앤드류와 코엔케는 소름 끼치는 느낌이 우리에게 내장된 위협 감지기가 만들어낸 결과라고 주장한다. 이 감지기는 우리에게 혼란스럽고 불쾌한 느낌을 부여하거나 등골이 오싹한 느낌을 줌으로써 무언가가 잘못되었음을 알린다. 하지만 소름 끼침이 어떤 느낌인지 묘사하는 것만으로는 충분하지 못하다. 연구자들은 이런 질문을 던진다. 만약 그것이 위협 감지기라면 우리에게 대체 무엇을 경고하고 있다는 말인가? 이들은 소름 끼침이 명확한 물리적, 사회적 해악에 대한 경고는 될 수 없다고 주장한다. 강도가 얼굴에 총을 들이대고 돈을 요구하는 상황은 명확하게 공포를 불러일으키는 위험 상황이지만 이런 상황을 묘사할 때 보통 소름 끼친다는 표현을 사용하지는 않기 때문이다.

그래서 이들은 사람들이 '소름 끼침'이라고 해석하는 지점을 발견하기 위한 연구를 진행했다. 이들은 실험 참가자 1,341명에게 먼저 다음의 시나리오에 대해 생각해보도록 했다. 당신에게 가까운 친구가 하나 있다고 하자. 당신은 그 친구의 판단력을 신뢰한다. 이제 그 친구가 당신에게 자기가 방금 어떤 사람을 처음 만나보았는데 그 사람이 '소름 끼친다'고 말했다고 상상해보자.

그러고 나서 참가자들은 그 사람이 44가지 서로 다른 행동 패턴과 신체적 특성 중 하나를 갖고 있을 가능성을 평가했다. 그 결과 참가자 거의 모두(95.3퍼센트)가 그 소름 끼치는 사람이 여자일 가능성보다 남자일 가능성이 높다고 진술했다. 연구자들은 또한 서로 강력하게 연결되어 있고 어쩌면 소름 끼침의 핵심적인 부분일지도 모를 몇 가지 '소름 끼치는' 특성과 행동을 발견했다. 참가자들은 다음 특성들을 소름 끼치는 사람이 보일 가능성이 가장 높은 특성이라 평가했다.

1. 당신의 친구에게 너무 가까이 붙어 서 있는 사람

2. 머리카락에 기름기가 많은 사람

3. 불쾌한 미소를 짓는 사람

4. 눈이 툭 튀어나온 사람

5. 손가락이 긴 사람

6. 머리카락이 헝클어진 사람

7. 피부가 창백한 사람

8. 눈 밑에 다크서클이 있는 사람

9. 이상하게 차려입은 사람

10. 입술을 자주 핥는 사람

11. 더러운 옷을 입고 있는 사람

12. 종잡을 수 없는 때에 웃음을 터트리는 사람

13. 꼭 무례하게 굴면서 대화에서 빠져나가는 사람

14. 대화를 끈질기게 한 주제로만 몰고 가는 사람

몇 가지 다른 특성들도 소름 끼침과 연관되었다. 예를 들면 몸이 지나치게 마른 것, 친구와 시선을 마주치지 않는 것, 친구의 사진을 찍고 싶다고 부탁하는 것, 친구를 물끄러미 지켜보다가 친구에게 말을 거는 것, 친구의 사생활에 대해 구체적인 것까지 물어보는 것, 정신 질환이 있는 것, 자신의 사생활에 대해 이야기하는 것, 부적절한 감정을 표출하는 것, 나이가 많은 것, 대화를 성적인 주제로 몰고 가는 것 등이다. 누군가를, 특히나 남성을 소름 끼치는 존재로 보이게 만들 수 있는 특징은 매우 많고 다양하다.

그렇다면 먹고살기 위해 소름 끼치는 일을 하는 직업은 없을까? 보아하니 가장 소름 끼친다고 여겨지는 직업을 순서대로 나열해보면 광대, 박제사, 성인용품점 사장, 장례지도사인 것 같다. 가장 소름 끼치지 않는 직업은? 기상학자다.

이런 여러 가지 요소에 덧붙여 일반적으로 소름 끼치는 사람들은 자신의 소름 끼치는 특성을 이해하지 못하고 있다. 사실 실험 참가자 중 59.4퍼센트가 소름 끼치는 사람들은 자신이 소름 끼친다는 사실을 모르고 있다고 생각했다. 게다가 대부분은 소름 끼치는 사람이 변할 수 없다고 생각했다.

이 모든 것이 의미하는 바는 무엇일까? 연구진이 참가자들에게 소름 끼치는 사람의 전반적인 본성에 대해 물어보았더니 대부분 세 가지 핵심 요소로 압축됐다. 첫째, 그들은 우리를 두렵거나 불안하게 만든다. 둘째, 소름 끼침은 그냥 그들이 보이는 행동이 아니라 그 개인이 가지고 있는 성격의 일부처럼 보인다. 셋째, 우리는 그들이 우리에게 성적인 관심을 갖고 있을지도 모른다고 생각한다.

연구진은 더 나아가 이렇게 설명한다. "소름 끼치는 사람들은 공공연하게 위협을 가하지 않을지 모르지만 비언어적 행동에서 나타나는 특이한 패턴, 이상한 감정적 반응, 튀는 신체적 특성을 보이는 등 소위 정상적인 기준을 벗어나 있기 때문에 정의상 예측 불가능한 사람들이다. 이것이 우리의 '소름 끼침 감지기'를 활성화시키고, 이 감지기가 해당 인물이 정말로 두려워해야 할 무언가를 갖고 있는지 파악하려고 애쓰는 동안 우리의 경계심도 커진다." 이 목록에 나와 있는 특성들은 내 친구와 상호작용하고 있는 그 소름 끼치는 사람이 예측 불가능하다는 것을 암시한다. 결국 소름 끼친다는 것은 누군가가 두려워해야 할 사람인지 아닌지 파악하지 못해서 나오는 반응이다.

하지만 이런 피상적인 평가가 얼마나 정확한지부터 확인해봐야 한다. 잠깐 스치듯 만나보는 것만으로 누군가가 신뢰할 만한 사람인지, 아니면 해칠 가능성이 있는 사람인지 알아낼 수 있을까? 이런 평가는 얼마나 자주 어긋나며, 그렇게 어긋났을 때의 결과는 무엇일까? 연구에 따르면 우리가 누군가의 얼굴 사진을 보고 그 사람의 신뢰성에 대해 직관적으로 평가하는 시간은 39밀리초 이내라고 한다.[2] 여기서부터 시작해보자.

얼굴을 보고 사람을 정확하게 판단할 수 있는지 살펴본 연구가 있다. 이 연구는 규모는 작지만 내가 무척 좋아하는 연구로, 2008년에 캐나다에서 스티븐 포터와 연구진이 발표했다.[3] 이 연구에서 연구자들은 참가자들에게 성인 남성의 얼굴 사진 34장을 평가하게 해보았다. 그 사진 중 절반은 신뢰할 만한 사람이었고, 나머지 절반은 신뢰할 수 없는 사람이었다. 두 집단의 얼굴 사진은 모발이나 수염, 표정, 인종 등을 같은 비율로 맞추었다. 참가자들은 얼굴 사진만 가지고 사람들 한 명 한 명의 신뢰도, 친절함, 공격성 등을 평가했다.

사진 속 사람들이 신뢰할 만한 사람이라는 것을 연구자들은 어떻게 확인했을까? 이것이 이 연구에서 제일 멋진 부분이었다. 신뢰할 만한 사람들은 노벨상이나 캐나다 훈장을 수상하고 인류, 평화, 사회에 헌신하여 귀감으로 삼을 만한 사람들이었다. 나머지 절반은 미국의 지명수배자 목록에서 가져온 사진이었다. 극단적인 범죄를 저지르고도 법의 심판을 피한 사람의 프로파일 사진인 것이다. 적어도 인류에 대한 기여라는 측면에서 보면 이들은 가장 신뢰할 만한 사람과 가장 신뢰하지 못할 사람들을 대표한다고 주장할 만했다.

가능성은 별로 없지만 연구진은 행여 참가자들이 사진 속 얼굴 중 누구인지 알아보는 얼굴이 있다면 실험자에게 알려달라고 했으나 그 어느 참가자도 34장의 인물 중에 아는 얼굴이 없다고 했다. 연구자들에게는 다행스러운 일이었지만, 나는 참가자들이 어느 얼굴도 알아보지 못했다는 사실이 불편하게 느껴졌다. 한 명도 못 알아보다니. 지명수배자들의 사진이 오래된 것은 사실이다. 하지만 세계 최고의 지성으로 대표되는 얼굴을 많은 사람들이 모른다. 노벨상 수상자들이 출연하는 리얼리티 쇼라도 편성해야 하는 걸까? 그렇게 하면 우리 중 제일 똑똑한 사람들의 삶에 대해 사람들이 조금이라도 더 관심을 가질까?

당신은 노벨상 수상자와 중범죄자의 차이를 얼굴만 보고 알아낼 수 있으리라 생각하는가? 참가자들은 동전 던지기를 해서 판단한 경우보다도 낮은 성적을 냈다. 지명수배자를 신뢰하지 못할 사람이라고 정확하게 알아맞힌 비율은 49퍼센트에 불과했다. 노벨상 수상자에 대해 물어보았을 때는 그보다 약간 높은 비율인 63퍼센트가 신뢰할 만한 사람이라고 알아맞혔다. 연구진은 참가자들이 내린 평가를 바탕으로 사람들이 자신이 평가하는 사람의 얼굴에서 친절함과 공격성의 신호를 찾으려 한다고 결론을 내렸다. 그리고 덧붙였다. "외모를 바탕으로 신뢰도를 평가할 때 직감은 작은 이점을 제공하지만 오류가 많다."

이것을 보니 제레미 믹스의 이야기가 떠오른다. 그는 그의 범인 식별용 얼굴 사진이 온라인에 퍼진 후로 '핫한 흉악범'으로 유명해졌다. 그는 총기류를 불법으로 소지하고, 장전된 총을 공공장소와 갱단 활동에 가지고 다닌 혐의로 체포되었다. 하지만 인터넷 여론은 사람을 꿰뚫어보는 듯한 그의 파란 눈동자, 완벽한 피부, 조각 같은 이목구비에만 반응했다. 그의 외모에 어찌나 많은 관심이 쏠렸는지 그는 결국 모델 계약까지 하게 됐다.[4] 이것은 누군가가 환상적인 외모를 갖고 있을 때 사람들이 판단력을 통째로 장악당해 잠재적 위험에 빠질 수 있음을 보여준다.

소름 끼침에 관한 우리의 연구와 노벨상 수상자들을 한데 묶어서 연구한 또 다른 캐나다 연구진을 소개한다. 마고 와트와 연구진은 2017년에 논문을 하나 발표했는데 여기서도 이들은 역시나 사람들은 보통 위생이 불량하고 행동이 서투르고 키가 크고 마른 사람을 소름 끼쳐 한다는 것을 발견했다. 연구진은 포터와 연구진의 노벨상 수상자 연구에 사용한 사진 15장으로 테스트를 해보았다. 이들은 신뢰도에 영향을 미치는 또 다른 부분들을 좀 더 알고 싶었다. 이들이 발견한 바에 따르면 신뢰도 평가를 설명해줄 또 한 가지 매우 중요한 특성은 매력이었다. 사람들은 노벨상 수상자든 범죄자든 상관없이 매력이 있는 사람은 신뢰할 만한 사람이라 생각했다.

이는 로맨틱 코미디에서도 볼 수 있다. 멋진 남자가 대형의 구식 휴대용 라디오를 들고 창밖에 서 있으면 굉장히 로맨틱해 보인다. 만약 매력도 없는 남자가 그와 똑같은 행동을 하면? 사이코로 취급받기 십상이다. 매력적인 사람은 소름 끼치는 사람을 가려내는 우리의 촉을 확실히 무디게 만든다. 우리는 아름다운 사람을 대상으로는 온갖 형편없는 판단을 내린다. 이러한 사실은 후광효과halo effect와 관련이 있다. 후광효과는 착해 보이는 사람을 착한 사람이라고 가정할 때 일어난다.[5] 더 매력적인 사람이 더 신뢰할 만하고, 야심도 더 크고, 더 건강하다는 가정은 사회적으로 뿌리 깊게 박힌 편견이다. 사람들은 일반적으로 매력적인 사람이 더 훌륭하다 생각한다.

여기에는 정반대의 이면도 존재한다. '악마 효과devil effect'는 한 측면에서 바람직하지 못한 사람은 다른 모든 면에서 바람직하지 못할 가능성이 크다고 믿게 만든다.[6] 누군가가 범죄를 저지르는 등의 행동으로 규범을 어기기까지 한 경우에는 더 심각해진다. 사회규범을 어기는 것은 이중의 악마 효과를 낳는다. 보기에도 악해 보이는데 행동까지 악하면 근본적으로 악한 사람으로 여겨지는 것이다.[7] 이런 낙인이 한번 찍히면 여간해서는 떨쳐내기 힘들다.

실제로 연구를 보면 매력적이지 못한 사람들은 전체적으로 좋은 직업을 얻거나[8] 합당한 진료를 받을[9](의사들도 역시 편견을 가진 인간이다!) 확률이 떨어지며 다른 사람들로부터 불친절한 대우를 받는다.[10] 나와 브리티시컬럼비아대학교의 동료들이 함께한 연구에서 우리는 매력이 없고 신뢰할 수 없어 보이는 사람들은 모의재판에서 적은 증거로도 배심원으로부터 유죄를 선고받고, 증거를 통해 무죄가 입증된 이후에도 혐의를 벗을 확률이 낮다고 나왔다.[11] 다른 연구자들도 비슷한 연구 결과를 얻었다. 이들의 연구에서 역시 신뢰하지 못할 얼굴을 가진 사람은 사형처럼 더 가혹한 유죄 선고를 받을 확률이 높았다.[12]

키 크고 마른 외모에 위생이 불결한 남자를 소름 끼치는 사람이라고 본 와트의 연구로 돌아가보자. 연구자들은 또한 대부분의 사람(72퍼센트)이 누군가가 소름 끼치는지 아닌지를 '즉각적으로' 평가했다는 사실을 알아냈다. 이것은 낯선 사람의 성격에 대한 판단에 대해 일반적으로 알고 있는 내용과도 부합한다. 즉 사람들은 누군가가 어떤 사람인지 즉각적이고 직관적으로 판단하며, 이 첫인상은 좀처럼 바꾸기 어려울 수 있다. 사실 이런 판단은 굉장히 자동적이어서 뇌에서 감정을 담당하는 부분인 편도체만 주로 관여한 상태에서 생각할 겨를도 없이 일어난다.[13] 따라서 그저 외모만으로 누군가가 불이익을 당하는 대단히 왜곡되고 불공평한 결과를 낳는다.

다름

하지만 첫인상만 보고 끝나는 게 아니라 시간적 여유가 더 많을 때가 있다. 누군가의 사진만 보는 것이 아니라 그와 실제로 함께 시간을 보낼 기회를 갖기도 한다. 그렇다면 한 사람과 어떻게 상호작용하느냐가 정확도에 영향을 미칠까?

2017년에 발표된 연구 결과를 보면, 장 프랑수아 보네퐁과 연구진은 신뢰할 만한 사람(이 연구에서는 '협력자cooperator'라 불렀다)을 감지할 수 있는 능력에 관해 과학이 어디까지 알아냈는지 조사했다.[14] 이들은 사람들에게 오랜 시간 상호작용을 시켜본 연구와 사람들에게 타인의 사진만을 보여준 연구를 비교했다. 사람들은 다른 사람들과 상호작용을 해본 경우에는 그 후에 게임을 할 때 누군가가 얼마나 협력적일지 잘 감지해냈지만 사진만 보았을 경우에는 제대로 감지하지 못했다. "사람들은 다른 사람들과 상호작용을 해보았거나 다른 참가자들의 동영상 클립을 관람한 경우에는 그 사람의 협조도를 어느 정도 정확하게 감지할 수 있었다." 하지만 이들이 얻은 결과를 보면 사람들은 "사진만 보고 정보를 추출하는 데는 어려움을 겪었다"고 한다. 이 결과를 보면 사람이 행동하고 처신하는 방식을 보면 그가 과연 신뢰할 만한지에 대한 단서를 얻을 수 있는 반면 사진만으로는 쉽지 않음을 알 수 있다. 하지만 사진을 보는 것이 신뢰도를 파악하는 데 조금은 도움이 된다고도 했다.

사람들이 감지하는 것은 대체 무엇일까? 이 장을 시작하면서 나왔던 맥앤드류와 코엔케의 연구 참가자들에게 물어보았더니 그중 84퍼센트는 얼굴에 '소름 끼치는 느낌'이 있다고 지적했고, 80퍼센트는 그중에서도 눈이 제일 중요하다고 말했다.[15] 이것은 공포 영화에서 사람들이 잘 감지해내는 흔한 요소다. 악령에 사로잡힌 사람, 뱀파이어, 좀비 등 영화에 등장하는 악한 자들은 눈 전체가 시커멓거나 하얗거나 새빨갛게 묘사되곤 한다. 우리는 누군가가 '정상'인지 여부에 관한 정보를 제일 먼저 눈으로부터 얻는다.

우리가 이른바 정상과 다른 외모나 행동을 보이는 사람을 보고 소름 끼쳐 하는 현상을 더욱 뒷받침하듯 소름 끼침에 관한 연구자들은 다음과 같이 결론 내린다. "소름 끼침의 정의는 다름dif-ferentness이라는 주제를 중심으로 돌아간다." 이것은 또한 보기에 착한 것이 실제로도 착하다는 관념과도 일맥상통한다. 하지만 '매력적인' 얼굴과 '평범한' 얼굴 모두 가장 신뢰할 수 있는 얼굴이라는 연구 내용은 어떻게 양립할 수 있을까?

1990년에 주디스 랭글루아와 로리 로그먼은 "매력적인 얼굴은 평균적인 얼굴에 불과하다"라는 것을 처음으로 입증해 보였다.[16] 이들은 얼굴 사진들을 취합해 디지털화한 다음 데이터베이스에 포함된 모든 사진의 이목구비를 평균한 합성 얼굴 사진을 만들었다. 그 집단의 원형에 해당하는 인물의 이미지를 만들어낸 것이다. 이들은 데이터베이스에 더 많은 얼굴을 입력할수록 그 평균값으로 나오는 인물 이미지가 더 매력적으로 변한다는 것을 알아냈다. 이에 대한 이유는 아직 정확히 알 수 없지만 뇌의 타고난 추상적 성향과 관련이 있는지도 모른다. 뇌는 원형prototype을 만들어내기 좋아한다. 우리가 상호작용하는 대부분의 사람은 신뢰할 수 있는 방식으로 행동하기 때문에 익숙하고 안전해 보이게 만드는 평균적인 외모의 특성들이 눈에 들어오는 건지도 모른다. '정상적인 얼굴'은 곧 건강하다는 의미로 볼 수 있다. 이것 역시 일반적으로 안전하고 매력적으로 여겨지는 부분이다.

그렇기는 하지만 사람들 중에는 평균을 훌쩍 뛰어넘는 너무도 아름다운 얼굴을 가지고 있는 사람이 있다. 카르멜 소퍼와 연구진의 연구에 따르면 여기서부터는 매력도와 신뢰도 사이의 관계가 조금 복잡해진다고 한다.17 앞서 말했듯 사람이 더 매력적이 되고, 평균적 얼굴에 접근함에 따라 신뢰도도 증가한다. 하지만 일단 사람이 평균적 얼굴을 지나게 되면 신뢰도가 다시 하락한다. 이것이 의미하는 바는 아주 매력적인 사람은 신뢰도가 떨어져 보일 수 있다는 것이다. 도드라지게 매력적이라는 것은 남과 다르다는 의미이기도 하다. 그리고 사람들은 '다른 것'을 신뢰하지 않는다.

얼굴의 매력에 대한 얘기가 나온 김에 하나 더 얘기해보자. 매력적인 얼굴은 대칭적이라는 얘기를 들어본 적이 있을 것이다. 이것은 사실이기는 한데 어느 정도까지만 그렇다. 팀 왕과 연구진이 안면 성형 관련 문헌들을 체계적으로 검토한 바에 따르면 "안면 대칭성은 매력도와 긴밀한 상관관계가 있지만 완벽한 안면 대칭은 오히려 불편하게 느껴지고 어느 정도의 안면 비대칭이 있어야 정상적인 것으로 여겨진다"[18]라고 한다. 더불어 소름 끼치는 느낌이 눈에서 비롯된다는 발견과 관련해서 이 연구진은 다음과 같은 사실을 알아냈다. "얼굴에 힘을 푼 상태에서 눈꺼풀 위치의 비대칭성은 가장 민감하게 인식되는 얼굴 특성이다." 만약 누군가의 눈이 너무 대칭적이거나 너무 비대칭적이면 우리는 이것을 문제로 인식한다는 의미다. 이번에도 역시 어느 쪽이든 과하면 나쁜 것이 된다. 비대칭적으로 축 늘어진 눈꺼풀이 있다고? 소름 끼친다. 완전히 대칭이라고? 그것 역시 소름 끼친다.

누구든 얼굴에 평균적인 인간에서 벗어나는 요소를 보태면 이상하게 변하기 마련이다. 그런데 타고난 것이든 상처를 입은 것이든 실패한 성형수술 때문에 생긴 것이든 우리는 소름 끼치는 얼굴을 원하거나 일부러 선택하진 않는다. 그럼에도 얼굴에 결점이 있으면 거리에서 사람들의 시선이 꽂힐 가능성이 높고[19] 직장에서 차별받을 가능성도 높다.[20] 심지어는 여드름처럼 무해한 결점조차 신뢰도 평가에 영향을 미칠 수 있다. 2016년에 엘레니아 찬코바와 아르비드 카파스는 피부의 매끄러움(즉 여드름 없는 얼굴)이 신뢰도, 능력, 매력, 건강 등을 평가할 때 영향을 미친다는 것을 입증하는 연구를 발표했다.[21] 그러므로 얼굴 가까운 곳에 문신을 새기는 등의 사소한 결정도 불리하게 작용할 수 있다. 한 연구는 문신이 있으면 타인에게 더 범죄자처럼 보일 수 있

음을 밝혀냈다.[22]

이런 요소 중 상당수는 당사자의 통제를 벗어나 있으며 심리적 특성과 대응하지 않는데도 사람들은 여전히 소름 끼치는 얼굴을 갖고 있는 사람을 불리하게 대할 가능성이 높다. 여기서 우리는 인간의 잔인함이라는 영역으로 발을 내딛게 된다. 인간은 다르게 생긴 사람들을 오랫동안 심리적으로, 육체적으로 학대해왔다. 사람들의 예상대로 생기지 않은 얼굴은 어린 시절부터 우리의 관심을 사로잡고, 보통 이런 관심은 좋지 않은 쪽으로 작동한다. 아이들은 다르게 생긴 사람들에게 잔인하다. 얼굴에 결함이 있는 사람은 오랫동안 괴롭힘을 당하고 공개적인 조롱을 받아왔다.

사람들은 왜 이런 잔인한 일을 저지를까? 우선 기형과 비대칭성은 유전 질환이나 유전적 나약함의 징표일 수 있다는 진화적 측면의 기본적인 주장이 있다. 우리는 선천적으로 질병에 대한 혐오감을 갖고 있다. 우리가 생존해온 것도 부분적으로는 이런 혐오감 덕분이었다. 이것을 달리 해석하면 질병의 조짐을 악한 것으로 본다는 의미가 된다. 사람들은 생식 능력이 있고 건강해 보이는 사람에게 끌린다. 그리고 그렇지 못한 사람들, 자신을 감염시킬지도 모르는 사람은 멀리한다. 하지만 이 주장은 어떤 사람들을 회피하는 이유를 설명하기에는 가능하나 우리가 그런 사람들을 잔인하게 대하는 이유는 설명하지 못한다.

이런 잔인함을 설명해줄 대단히 매력적인 주장이 있다. 이 주장은 얼굴을 조각별로 인식하는 것과 관련이 있다. 카트리나 핀

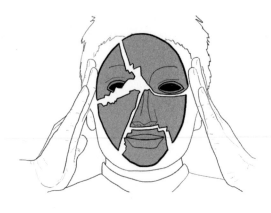

**인식에 의한 비인간화 : 얼굴과 사람을 하나의 전체, 하나의 인간
으로 바라보지 않을 때를 일컫는다.**

처와 연구진은 2017년에 발표한 논문에서 우리가 얼굴을 인식
하는 방식이 그 사람을 비인간화하는 결과를 낳을 수 있다고 주
장했다.[23] 특별히 두드러지는 부분이 없는 얼굴을 인식할 때는
그 얼굴을 통째로 한꺼번에 받아들인다. 그 얼굴을 하나의 전체
로, 인간으로 인식하는 것이다.

하지만 비정상적이어서 우리의 관심을 사로잡는 요소가 발
견된 순간 우리는 얼굴을 해체하기 시작하고 그 사람을 해체하
기 시작한다. 기형, 이상한 간격으로 자리 잡은 눈, 우스꽝스러운
코, 여드름, 문신 같은 것을 보면 우리는 더 이상 그를 하나의 인
간 자체로 바라보지 않는다. 연구진은 이것이 '구성 처리configural
processing'가 '특징 처리featural processing'로 전환되는 것이라고 한
다. 얼굴을 하나의 전체, 하나의 구성으로 바라보다가 개별 특징
에 초점을 맞추게 되는 것이다. 이들의 주장에 따르면 "이 현상은

가혹한 형벌을 내리는 등 해를 가할 수 있게 만든다"고 한다. 히틀러가 사람을 더 이상 인간으로 바라보지 않음으로써 사람들을 해칠 수 있었던 것과 마찬가지로 '인식'도 우리에게 장난을 쳐서 '인식에 의한 비인간화'로 이끌 수 있다.

이와 맞서 싸울 수 있는 유일한 방법은 이런 일이 일어날 수 있음을 의식하고, 누군가를 보는 순간 소름 끼친다는 느낌이 먼저 들면 잠시 멈춰서 생각해보는 것이다. 목에 문신을 한 사람과 마음 놓고 대화를 나누자. 성인여드름이 있는 여성을 고용하자. 그리고 자녀들에게 얼굴에 기형이 있는 사람을 물끄러미 쳐다보지 말라고 가르치자.

인간은 다른 얼굴을 받아들이는 것도 힘겨워하지만 다른 생각이나 정신 상태는 더 받아들이기 어려워한다. 그래서 질환을 소름 끼침, 악, 범죄 등과 연결시킬 때가 많다.

옆자리에 앉기

내가 어둠을 두려워하는 것과 마찬가지의 이유로 나는 이것을 두려워한다. 그곳에 무엇이 있는지 모른다. 보이지 않는다. 그래서 그것은 뭐든 될 수 있다. 바로 예측 불가능성이다. 사람들은 자신과 다른 방식으로 생각하는 사람을 보면 그 사람이 다음에 무엇을 할지 궁금해한다. 상대의 사고방식을 이해할 수 없기 때문이다. 행동 예측기가 제대로 작동하지 않는 것이다. 인간은 이런 종류의 예측 불가능성을 좋아하지 않는다. 질서와 통제는 안전하다. 하지만 예측 불가능성은 잠재적으로 불안전하다. 따라서 위험한 것으로 인식된다.

정신 질환이 억울한 오명을 쓰고 있다는 사실은 새삼스럽지도 않지만 이 파괴적인 편견은 여전히 끈질기게 남아 있다. 누군가가 정신 질환이 있는 것을 알았을 때 일어나는 가장 두드러진 일 중 하나는 그 사람과 거리를 두는 것이다. 사람들은 사회적, 물리적으로 그들과 거리를 둔다.

폭력과 정신 질환을 직관적으로 연관 짓는 것을 보여주는 실험을 통해 이런 암묵적 편견이 드러났다. 2010년에 로스 노먼과 연구진이 실험을 진행했다.[24] 이들은 참가자들을 대기실에 머물게 했다. 참가자들은 그 방에서 조현병이 있는 젊은 여성을 만나기로 되어 있었다. 대기실에는 벽을 따라 의자 일곱 개가 한 줄로 놓여 있었다. 두 번째 의자 위에는 클립보드와 스웨터 한 벌이 잘 보이게 놓여 있었는데, 연구진은 참가자들에게는 이것이 그 여성의 의자이고 그 여성이 곧 돌아올 거라고 말했다. 그 여성은 그 방에 있지 않았기 때문에 참가자들은 여성의 외모나 증상에 영향을 받을 일이 없었다.

물론 이 연구는 참가자들의 행동을 관찰하기 위한 것이었다. 연구진은 참가자들이 어느 자리에 앉을지 알고 싶었다. 그 결과 참가자들은 조현병 여성이 돌아왔을 때 앉으리라 예상되는 의자로부터 두 자리에서 세 자리 정도(정확히는 평균 2.44자리) 떨어져 앉았다. 이 정도면 사실 아주 나쁜 것은 아니지만 연구진은 이

것이 정신 질환 같은 미묘한 부분이 우리가 사람을 사회적으로 대하는 방식에 영향을 미칠 수 있음을 보여준다고 주장한다. 조현병이 없는 사람이었다면 더 가까이 붙어 앉았을 것이라 생각하는가? 아마도 그럴 것이다.

만약 조현병이 있는 사람의 '양성 증후positive symptom{정상인에게는 없는 특징들이 겉으로 나타나는 증상으로, 조현증 환자의 사고 장애, 환각, 망상 등을 말한다-옮긴이}'를 분명하게 경험하고 있는 경우라면 이 경향은 더 심해진다. 예를 들어 조현병 환자가 가상의 친구와 대화를 나누거나 환영에 반응하는 경우다. 이런 증상을 양성positive이라 부르는 이유는 좋은 것이라서가 아니다. 이것이 '보너스'로 생긴 개인적 실재personal reality이기 때문이다. 조현병 환자들은 존재하지 않는 것을 보고 듣는다. 이런 증후는 단조로워진 감정flattened emotion 같은 '음성 증후'와 대비된다.

남녀노소를 가리지 않고 대부분의 사람은 소름 끼치는 느낌을 감지하는 강력한 레이더를 가지고 있다. 그리고 사람들이 심리적으로 건강하지 못한 사람에게 소름 끼침을 느낀다는 개념은 파커 매긴과 연구진이 2012년에 발표한 연구로 더욱 뒷받침하고 있다. 이 연구에서는 병원 대기실에서 기다리는 사람 중 30퍼센트 정도가 대기실을 조현병 진단을 받은 사람과 같이 쓰면 불편할 것 같다고 말했다.[25] 그리고 추가로 12퍼센트는 우울증이 있는 사람과 같이 쓰는 것도 불편할 거라고 말했다.

혹자는 정신적으로 건강하지 못한 사람들에게 이런 식으로 찍는 낙인을 '2차 질환second disease'이라 생각할 수 있다고 주장하기도 했다. 다른 사람들이 자기를 대하는 방식 때문에 정신 질환이 있는 사람들은 불안과 스트레스 증가, 삶의 질 저하 등으로도 고통 받을 때가 많다.[26]

심지어 아이들도 남과 다르면 위험한 존재로 비친다. 2007년에 사회학자 버니스 페스코솔리도와 연구진은 정신적으로 문제가 있는 아동의 위험성에 대한 인식을 살펴본 연구를 발표했다.[27] 이들은 1,152명의 응답자들로부터 나온 자료를 검토했다. 응답자들에게는 아동과 관련 있는 다양한 짧은 이야기를 들려준 후에 그 아동의 위험성을 평가해보게 했다. 그 결과 응답자들은 우울증이 있는 아동이 다른 아동에 비해 두 배 정도 타인에게 위험하다고 평가했고, 자기 자신을 향해서는 열 배 정도 위험하다고 평가되었다. 주의력 결핍 과잉 활동 장애ADHD, Attention Deficit Hyperactivity Disorder가 있는 아동에 대해서도 패턴이 비슷하게 나왔다. "일상적인 문제를 일으키는 아이들과 비교했을 때 ADHD가 있는 아동을 타인이나 자기 자신에게 대략 두 배 정도 위험하다고 인식했다." 우울증과 ADHD가 있는 아동은 위험한 존재로 인식되는 것이다. 하지만 이것이 근거 있는 얘기일까? 이런 아이들이 정말 더 위험할까?

이는 공포 영화나 비디오 게임에서 흔히 등장하는 주제다. 이런 아이들은 순진무구해 보이지만 실은 위험한 아이로 그려진다. 내가 아주 어린 나이에 처음 보았던 공포 영화가 있다. 한 무리의 아이들이 마인드 컨트롤로 한 마을을 장악하는 영화였다. 이들은 사디스트적이고 복수심에 불타는 꼬마들이었다. 하지만 이것이 단지 허구의 이야기만이 아니다. 미디어에서는 실제 아동의 정신 건강을 파헤치고 들어간다. 특히 극단적인 폭력을 행사하는 아이들이 주 대상이 된다.

폭력적인 아이들의 세계에서도 가장 극단적인 폭력은 학교 총기 난사다. 사상자가 발생하는 학교 폭력을 이해하려 노력하는 과정에서 어떻게 그렇게 어린 나이에 순수성이 타락할 수 있는지에 대한 설명이 절실한 대중은 터무니없는 추측들을 쏟아냈다. 대규모 기관들 또한 자극을 받아 이에 대한 연구에 뛰어들었다. 이런 프로젝트 중 하나가 미국 국립연구회의가 연구비를 부분적으로 지원하고 마크 무어 연구진이 진행한 심도 깊은 연구였다. 대규모로 이루어진 이 연구에서 내린 주요 결론 중 하나는 다음과 같았다. "모든 학교 총기 난사 범죄자는 남학생이었고, 그중 대부분이 총기 사고 이후에 조현병, 임상 우울증, 인격 장애 등의 심각한 정신 건강 문제가 수면으로 드러났다."[28]

이들의 연구에서는 다른 위험 요소도 몇몇 존재했지만 그중 특별히 문제가 될 것은 없었다는 결론도 내렸다. "대부분의 총기 난사 사고 범죄자들은 주변의 어른들로부터 이런 종류의 행동을 저지를 위험이 높다고 의심받지 않았다." 부모와 교사들은 이 학생들과 가까이 지내면서도 이들이 위험한 사람이라고 여기지 않았고, 따라서 이들이 저지른 파괴적인 폭력 행위는 꿈에도 생각하지 못했다.

이런 사건이 자주 발생하고 특히나 미국에서는 더 많이 일어나지만 학교 총기 난사 사건은 통계적으로 보면 여전히 매우 드문 사건이다. 그래서 이런 사건들을 연구하고 대체 무엇이 아이들을 이런 끔찍한 판단으로 이끌었는지 정확히 이해하기가 어렵다. 하지만 초기 연구 결과를 보면 정신 질환 자체는 이런 도발의 원인이라기보다는 복잡하게 얽혀 있는 문제의 일부라 할 수 있다. 이런 문제로는 고립, 괴롭힘, 부모의 지원 결여, 약물중독, 총을 쉽게 구할 수 있는 환경 등이 포함된다.

이것을 다시 더 큰 그림 속에서 바라보자. 우리가 정신 질환이 있다고 알고 있는 사람과 거리를 두는 이유는 위험성을 말해주는 진정한 신호를 직관적으로 알아차리기 때문일까? 이 질문에 대한 대답은 복잡하다. 줄리아 소이슬로와 연구진에 따르면 "이런 인식은 편향되어 있다. 폭력의 위험이 증가한 것은 사실이지만 그래도 그 위험은 아직 크지 않으며 정신 질환이 있는 대다수 사람들은 폭력적이지 않다"[29]라고 한다. 이렇게 말할 수 있는 이유는 애초부터 위험성이 아주 낮은 경우에는 그 위험이 두 배, 세 배로 커진다고 해도 여전히 아주 작은 값에 불과하기 때문이다.

우선 그 사람이 갖고 있는 정신 질환의 종류가 무엇인지가 중요하다. 질리언 피터슨 연구진이 2014년부터 정신 질환이 있는 범죄자들을 조사한 연구에서는 이들이 연구한 42건의 범죄 중 정신병(조현병의 증상도 포함)과 직접 관련된 것이 4퍼센트, 우울증과 관련된 것이 3퍼센트, 조울증과 관련된 것이 10퍼센트로 나왔다.[30] 이것이 의미하는 바는 정신 질환과 범죄 사이의 상관관계는 몇몇 진단과 관련해서만 존재한다는 것이다. 이런 진단 중에서는 조현병, 우울증, 조울증(양극성 기분 장애) 등이 두드러진다.

연구자들은 이렇게 결론을 내린다. "정신 질환 증상과 범죄 행동 사이의 관련성은 약하다." 누군가가 정신 질환이 있고, 또 위험한 증상을 가지고 있다고 해도 이들이 그 증상 때문에 실제로 폭력적으로 변하는 경우는 매우 드문 것이다. '정신 질환 환자의 폭력성을 유발하는 상황'은 '일반적으로 폭력성을 유발하는 상황'과 동일한 경우가 많다.

그렇다면 어쩌다 범죄와 정신 질환을 연관 짓게 되었을까? 여기에는 또 다른 요인이 관여한다. 바로 약물 남용이다. 조현병이나 우울증이 있는 사람은 마약을 하거나 문제가 될 만큼 과도한 음주를 할 가능성이 평균보다 높다. 예를 들어 라그나 네스보 연구진의 2015년 연구를 보면 물질사용장애substance-use disorder로 진단받은 비율이 조현병에서는 25.1퍼센트, 조울증에서는 20.1퍼센트, 우울증에서는 10.9퍼센트로 나왔다.[31] 이들은 다음과 같이 결론을 내린다. "조현병, 조울증, 우울증이 있는 환자들은 인구 추계와 비교했을 때 물질사용장애의 유병률이 최고 열 배까지 높게 나왔다." 이런 상황에서 약물 등의 물질을 사용하는 것은 스스로를 치료해보려는 시도이거나 자신이 겪고 있는 끔찍한 증상에서 탈출하려는 시도이거나 아니면 몸부림치며 싸우고 있는 뇌가 가끔씩 나쁜 판단을 내리기 때문이라 볼 수 있다.

우리가 정신 질환과 범죄를 연관 짓게 된 기원을 여기서 찾을 수 있다. 정신 질환은 약물 남용의 위험 요인이다. 그리고 약물 남용은 폭력을 유발하는 위험 요인이다. 시나 파젤 연구진이 2009

년에 조현병과 폭력성에 관한 문헌들을 체계적으로 검토해 내놓은 결과에 따르면 "조현병과 다른 정신 질환은 폭력성과 폭력적 범죄, 특히 살인과 연관되어 있다. 하지만 이런 과도한 위험 중 대부분은 동반된 약물 남용을 통해 나타나는 것으로 보인다"[32]고 한다. 바꿔 말하면 위험이 대부분 조현병 환자가 술이나 마약을 해서 높아졌다는 의미다. 더군다나 이런 위험 증가는 술을 마시거나 마약을 하는 사람 누구에서나 동일하게 나타난다고 볼 수 있다. "약물 남용이 동반된 환자의 위험은 정신 질환 없이 약물만 남용하는 사람들의 경우와 비슷하다." 여기서는 정신 질환 그 자체가 아니라 약물 남용이 인과관계로 연결되어 있다. 정신 질환 자체는 폭력적 성향을 말해주는 신뢰도 높은 지표가 될 수 없다.

우리가 정신 질환이 있는 사람과 감정적, 물리적으로 거리를 두는 행동은 합당한 근거가 없고 당사자들에게도 파괴적인 영향을 미칠 수 있다. 정신 질환이 있는 사람들을 비인간적인 정신병원에 강제로 수용하거나 악령을 쫓아낸다며 구마 의식을 하거나 공개적으로 노출시켜 조롱하고 학대하던 시절은 이제 벗어났지만 아직도 갈 길이 멀다. 우리는 오작동하고 있는 소름 끼침 감지기와 싸울 필요가 있다. 정신 질환이 있는 사람들은 예측 불가능해 보일 수 있지만, 그렇다고 예측 불가능성이 곧 폭력성은 아니다. 나와 다른 사람에게 다가가보자. 다름을 두려워하지 말자. 다음에 이상한 행동을 하는 잘 모르는 사람이 있으면 그 옆자리에 앉아보자. 그 사람이 술이나 마약에 취해 있지만 않으면 말이다. 사회와 정신 질환과의 관계를 재조정할 때가 되었다.

전기충격 가하기

1963년, 복종에 관해 실험한 스탠리 밀그램의 고전적 연구에 대해 아마 한 번쯤 들어봤을 것이다.[33] 이 연구에서는 실험 참가자들에게 당신은 '교사'의 역할을 배정받았다고 말하고 '학생' 역할을 맡은 실험 참가자가 목록에 나온 단어를 기억하는 데 실패할 때마다 전기충격을 가하도록 시켰다. 이 학생은 사실 실험 참가자가 아니라 연구 보조원으로, 바로 옆방에 있었다. 실험자는 교사에게 학생이 실수할 때마다 전기충격의 전압을 올리라고 했다. 전압은 15볼트에서 시작해 450볼트까지 높일 수 있었고, 450볼트 표지 옆에는 '위험: 심각한 전기충격'이라는 딱지가 붙어 있었다.

어느 시점에서 학생은 전압을 올리는 것에 항의했다. 원래의 원고에는 "300볼트의 전기충격을 가하면 전기의자에 묶여 있는 학생은 방의 벽을 내리친다. 피실험자는 소리를 들을 수 있다. (중략) 이 시점부터는 학생의 대답이 더 이상 나오지 않는다. (중략) 315볼트의 전기충격을 가한 후에는 학생이 벽을 내리치는 소리가 다시 들린다. 그리고 그 후로는 학생의 소리가 조금도 들리지 않는다"라고 나온다. 사실상 이 실험은 마치 실험 참가자가 학생을 죽인 것처럼 보이게 만든다. 그런데도 이 실험에 참가한 40명 중 최고 전압에 도달하기 전에 중단한 사람은 14명밖에 되지 않았다. 이것은 심리 실험 같은 아주 기본적인 상황에서도 자신의 양심에 반하는 행동을 지시하는 권위자의 말을 따르는 사람이 있음을 입증해준 믿기 어려운 실험이었다. 권위에 대한 복종이라는 주제에 대해서는 뒤에서 다시 다룰 예정이며 여기서는 자신의 행동에 대한 실험 참가자들의 감정적 반응에 대해 이야기하고자 한다.

예상대로 대부분의 참가자는 실험 중 극단적인 스트레스를 표출했다. 이들은 눈물을 훌쩍이며 실험자에게 항의했다. "아무래도 이 실험은 인간적이지 않은 것 같아요. 아주 끔찍한 실험이라구요. 완전히 미쳤어요." 그리고 복종적이었던 참가자들은 실험이 끝난 후에 "이마의 땀을 닦거나 손가락으로 눈을 비비거나 신경질적으로 담배를 찾았다"라고 한다. 하지만 이 스트레스와 관련해 한 가지 예상치 못한 반응이 있었다. 밀그램은 이 반응이 흥미롭다고 보았다. 바로 참가자들의 긴장한 웃음이었다.

> 피실험자가 긴장하고 있음을 말해주는 한 가지 신호는 규칙적으로 발생하는 발작적이고 신경질적인 웃음이었다. 40명의 피실험자 중 14명이 신경질적인 웃음이나 미소의 조짐을 명확하게 보여주었다. 그 웃음은 상황과 전혀 어울리지 않았고, 심지어 기이하기까지 했다. 세 명의 피실험자에서는 통제 불가능한 전면적인 웃음 발작이 관찰됐다. 한 번은 너무 격렬한 웃음 발작이 관찰되는 바람에 실험을 중단한 경우도 있었다. 46세의 백과사전 세일즈맨이었던 그 피실험자는 뜻하지 않았던 자신의 통제 불가능한 행동에 크게 민망해했다.

그들은 왜 웃었을까? 알지도 못하는 사람에게 전기충격을 가하는 것이 분명 기분 좋지는 않았을 텐데 말이다. 기분이 좋아서

웃은 게 아니었다. 이들은 다른 이유로 웃음을 터트린 듯했다. 그리고 그런 행동을 민망하게 여겼다.

웃음과 미소는 사악함과 연관될 때가 많다. 사람들은 낄낄거리며 웃는 사악한 마녀, 웃음을 터트리는 연쇄살인범, 미소를 짓는 악마 등을 떠올린다. 웃음은 스트레스와 불확실성을 마주했을 때 나타나는 자동적인 반응일 수도 있지만, 이런 상황에서는 사디스트적 쾌락의 표현으로 묘사된다. 밀그램의 실험에 참가한 사람들도 이런 이미지를 잘 알고 있었다. "실험 후 인터뷰에서 피실험자들은 자기가 사디스트 유형의 사람이 아님을 누누이 강조하면서 그 웃음은 피해자에게 전기충격 가하는 것이 즐거워서 나온 것이 아니라고 했다."

앞서 귀여운 공격성에 대해 얘기할 때 서로 어울리지 않는 감정을 언급하면서 그것이 아마도 보호 메커니즘일 것이라 밝힌 바 있다. 극단적인 감정을 경험하는 동안 뇌가 정신 줄을 놓지 않으려고 정반대되는 감정을 경험하게 만드는 것이다. 무언가 겁나는 일을 할 때 긴장한 웃음이 터져나오거나 장례식장에서 괜히 미소가 나오거나 자기가 아끼는 반려동물을 해치고 싶은 마음이 들 수도 있다는 것을 누구나 인정할 수 있다. 하지만 사람들은 폭력적 행동을 보이는 동안에 나오는 부적절한 표정과 다른 상황에서 나오는 부적절한 표정 사이에서 기어코 유사성을 찾아내려 한다. 그래서 엉뚱한 타이밍에 엉뚱한 감정을 보이는 사람을 소름 끼친다고 여긴다.

로이 바우마이스터와 키스 캠벨에 따르면 피해자와 가해자가 잘못된 행동을 인식하고 경험하는 데서 나타나는 차이 때문에 웃음이 소름 끼치게 느껴질 수 있다고 한다.[34] 이것은 바우마이스터가 말하는 '중요성 간극magnitude gap'과 관련이 있다.[35] 그는 이렇게 설명하고 있다. "중요성 간극의 본질은 가해자의 이득보다 피해자의 상실이 더 크다는 데 있다." 예를 들어 도둑이 무언가를 훔칠 때 피해자의 대체가치replacement value는 일반적으로 도둑이 그것을 팔아서 얻는 대체가치보다 크다. 강간범은 짧은 시간 동안 자신의 권력이 상승하는 쾌락을 느끼겠지만 피해자는 여러 해에 걸쳐 고통 받는다. 살인범은 한 목숨만을 앗아가지만 그 피해자의 가족에게도 말 못할 고통과 괴로움을 가한다. 이런 상실의 고통은 살인범이 사람을 죽임으로써 얻는 이득에 비할 수 없다.

이런 불균형은 대단히 중요하다. 이런 중요성 간극 때문에 피해자는 가해자의 행동을 불필요한 행동으로 묘사할 때가 많다. 바우마이스터와 캠벨은 이렇게 적고 있다. "피해자는 가해자가 아무런 이유도 없이, 혹은 순전히 악의로 그런 행동을 한다고 강조하기도 한다. 피해자의 관점이 아니라 가해자의 관점에서 보면 그런 행동의 중요성이 훨씬 덜해 보일 수 있다. 따라서 가해자의 심리를 이해하려면 피해자의 관점과 거리를 두고 바라볼 필요가 있다."

악에 대해 이야기할 때 일반적으로 피해자의 편을 들어 그들의 관점에서 피해를 바라보게 된다. 사정이 그렇다 보니 가해자들은 웃음에 대해 언급하는 경우가 거의 없는 반면 피해자는 웃음에 초점을 맞출 수 있다. 바우마이스터와 캠벨은 "더군다나 피해자는 가해자의 웃음이 가해자 스스로 이 상황을 즐기고 있는 것이라 생각해서 이 웃음을 사악하고 사디스트적인 쾌락을 의미하는 강력한 신호라고 받아들인다"라고 말한다. 폭력의 피해자가 이런 미묘한 입장 차이를 고려하지 못해 가해자의 웃음을 정확하게 해석하지 못하는 것은 납득할 수 있는 부분이다. 폭력의 피해자가 되는 일은 대단히 큰 스트레스다. 만약 피해자가 인식하는 것처럼 가해자가 정말 그 상황을 즐기고 있는 것이라면 중요성 간극의 골이 아주 깊어지고 상실 대 이득의 비율이 양립 불가능할 정도로 커진다. 우리는 이런 것을 악이라 부른다. '사악한 웃음'은 소름 끼침의 전형적인 특징이다. 중요성 간극의 궁극적 표현이기 때문이다.

또 다른 소름 끼침의 속성으로 관심을 돌려보자. 이 장을 시작하면서 광대, 박제사, 사람과 너무 가까이 붙어 있는 것, 손가락이 긴 것 등 사람들이 소름 끼친다고 느끼는 다양한 것들에 대해 설명한 연구를 기억하는가? 이 연구에서는 소름 끼침의 마지막 측면도 같이 언급하고 있다. 바로 소름 끼치는 사람들의 취미다.

수집가는 소름 끼침 목록에서 단연 상위를 차지한다. 맥앤드류와 코엔케에 따르면 "가장 많이 언급되는 소름 끼치는 취미는 물건 수집과 관련되곤 한다. 사람들은 인형, 곤충, 파충류, 치아나 뼈 같은 신체 부위를 수집하는 것을 특히나 소름 끼치는 취미로 여긴다"[36]고 한다. 분명 맞는 말이다.

내 생각에 사람들의 수집품 중에 가장 섬뜩한 것은 살인 기념품murderabilia{살인 및 살인범과 관련된 물건—옮긴이}이 아닐까 싶다. 2009년에 미국의 변호사 겸 작가 엘렌 헐리는 살인 기념품을 이렇게 정의했다. "악명 높은 범죄와 관련된 물품뿐만 아니라 살인범이 만들었거나 소유했던 물품이 판매를 위해 나온 것."[37] 일부 수집가들은 살인 기념품을 경멸적인 용어로 생각하지만 여기서는 도덕적 비판을 보류하고 열린 마음으로 접근해보자.

때로는 살인범이 감옥에서 살인 기념품을 직접 팔기도 한다. 1970년대에 최소 33명의 젊은 여성을 성폭행하고 고문하고 살해한 미국의 연쇄살인범 존 웨인 게이시를 보자. 그는 어릿광대 차림새로 이웃의 파티에 간 적이 있었다. 그리고 그는 감옥에 있을 때 난쟁이와 아이들에게 둘러싸인 광대를 그린 다소 기괴한 그림을 그려서 팔았다. 13명의 사람을 죽인 허버트 뮬린도 있다. 그는 사람을 죽이라고 명령하는 환청을 들었으며 사람을 죽여야 지진을 막을 수 있다는 생각을 했다고 주장했다. 뮬린은 감옥에서 꽤 근사한 산맥을 그렸다.

당시 《신시내티대학교 로 리뷰University of Cincinnati Law Review》 편집자였던 매튜 바그너에 따르면 "살인 기념품이라는 개념은 한편으로는 우리가 유명인사나 역사를 기념하는 문화 때문에, 또 다른 한편으로는 불가사의한 것과 악랄한 범죄에 매력을 느끼는 문화 때문에 잉태되었다"[38]고 한다. 그는 전자 상거래의 등장 이후로는 살인 기념품 시장이 번창해서, 익명의 수집가들 사이에서 이루어지던 살인 기념품 매매가 완전한 시장을 형성하게 되었다고 주장한다. 이 사업이 번창하는 데는 온라인 구매의 익명성도 한몫했을 것이다.

직감했겠지만 변호사들이 이런 주제에 대해 글을 쓰는 이유는 이 시장이 형성되던 순간부터 논란에 휩싸여왔기 때문이다. 여기서 의문이 생긴다. 범죄자가 자신의 범죄를 이용해 이득을 취해도 괜찮을까? 범죄자가 상품을 파는 행위는 그 피해자와 대중으로부터 도덕적 공분을 일으키는 경우가 많다. 실제로 미국에서는 이런 공분이 소위 '샘의 아들 법Son of Sam' laws'이라는 법률로 제정되었다. 바그너에 따르면 "이 법은 원래 뉴욕 입법부에서 통과된 법령을 따라 이름이 지어졌고, 연쇄살인범 데이비드 버코위츠가 자신의 이야기에 대한 저작권을 매스컴에 팔아서 돈을 버는 것을 막을 목적으로 제정되었다." 이는 버코위츠가 자기 삶의 이야기에 대한 영화 관권을 팔 것이라는 추측이 나오자 이에 대한 사회적 반응으로 등장했다. 하지만 사실 그가 실제로 이 부분에 관심을 보인 적은 한 번도 없었다.

이 법은 범죄자들이 자신의 범죄를 이용해 이득을 취하는 것을 막기 위해 선제적으로 통과되었다. 하지만 이런 법을 집행하는 일은 믿기 어려울 정도로 어렵다. 적어도 미국에서는 이것이 일반적으로 언론 자유의 권리에 위배되기 때문이다.

살인 기념품 판매를 원천적으로 차단하기는 어렵지만 인터넷 사이트에서 자체적으로 판매 물품을 제한할 수는 있다. 예를 들어 아마존 같은 거대 전자 상거래 기업은 사람의 유해나 나치 기념품 등을 비롯해서 대중의 공분을 야기할 수 있는 물품 판매를 금지하는 정책을 펼치고 있다. 국가도 혐오를 이용해 이윤을 취하는 물품의 판매를 단속할 수 있다. 독일에서는 히틀러의 선언서 『나의 투쟁Mein Kampf』의 판매를 법으로 금지했다가 2016년에 주석을 달아가며 학술적으로 비판한 버전이 나오고 나서야 해제했다. 어쩌면 독일에서는 인종 간 증오가 다시 한번 시대정신으로 자리 잡고 있음을 감지하고 파시즘이 어떻게 탄생했는지 보여주며 경고하고 싶었는지도 모르겠다.

하지만 범죄자들이 자신의 이야기, 공예품 등을 파는 것은 불법이 아니다. 그리고 나도 이것을 불법화해서는 안 된다고 생각한다. 우리는 피해자의 입장에 서서 다시 한번 중요성 간극이라는 필터를 통해 문제를 바라보고 있는지도 모른다. 심각한 범죄가 저질러진 후에 징역형만으로 그 피해자와 가족이 정의가 구현되었다고 느끼기는 어렵다. 그리고 범죄자가 다시 멀쩡하게 자신의 이야기를 이용해 돈을 번다고 하면 무언가 잘못됐다는 느낌이 드는 것도 사실이다. 변호사들은 'Ex turpi causa non oritur actio'라는 문구를 많이들 알고 있다. 자신의 부도덕한 행동으로 이득을 얻어서는 안 된다는 의미다.

하지만 피해자의 입장에서만 문제를 바라보고 싶은 유혹을 참을 수 있다면 사회와 사법 체계에 이미 자신의 대가를 치르고 있는 사람이 눈에 보인다. "4년의 징역형 그리고 그에 더하며 4년간 자신이 한 일의 대가로 돈을 벌 수 없음"이라는 형벌을 선고

받는 사람은 없다. '법의 한도 내에서 최대한 가혹한 처벌을 받도록' 판결을 내리고, 범죄자의 권리를 장기적으로 부정하는 바람에 엄청나게 많은 사람들이 인간성을 박탈당하고 있다. 그리고 대부분의 범죄자들이 악명을 떨치기 위해, 혹은 자신의 이야기로 이득을 보려고 살인을 저지르는 것도 아니다. 살인으로 명성과 부를 쌓는 경우는 억세게 운 좋은 사람에게나 찾아오는 대단히 희귀한 일이다.

말이 샜다. 원래는 살인 기념품을 파는 사람이 아니라 사는 사람에 대한 이야기로 시작했는데 말이다. 대체 왜 사람들은 인간성의 어두운 측면에서 비롯된 기념품을 사고 싶어 할까? 사회학자 잭 데넘에 따르면 "다크 투어리즘dark tourism{잔혹한 참상이 벌어졌던 역사적 장소나 재난 현장을 돌아보는 여행—옮긴이}을 통해 사건을 기억하는 활동은 병적인 형태의 오락이기는 하지만 현대사회에서 죽음을 직면하고 그에 대처하는 한 가지 방법으로도 볼 수 있다"[39]고 한다.

여기엔 더욱 신랄한 부분도 담겨 있다. 사람들의 우상이 되어 팬을 거느리는 범죄자들은 어떤 면에서는 사회에서 가치 있게 여기는 다른 특성들을 품고 있는 사람들이다. 이들의 행동은 극도로 불쾌한 것일지 모르나 그들이 사용한 방법은 존경의 대상이 될 수 있다. 오랫동안 포착되지 않고 활동한 연쇄살인범은 대단히 꼼꼼하고 계획도 잘 세우고 상황도 잘 통제하는 사람인 경우가 많다. 게다가 이들은 자기만의 규칙에 따라 행동하는 반항아로 비칠 수도 있다. 반체제 문화의 화신이 되는 것이다.

찰스 맨슨은 이런 브랜드 상품화의 진정한 대가였다. 맨슨은 '헬터 스켈터Helter Skelter'라는 세상의 종말 같은 인종 전쟁이 있으리라 예상했다. 그리고 사람을 죽이는 광신도 집단을 만들면 그 전쟁을 시작하는 데 도움이 되리라 생각했다. 그는 붙잡혀 투옥된 후에 자기가 창조한 브랜드의 왕이 되었다. 감옥에서 상업적 음악을 발표하고, 실로 거미를 만들고, 사이키델릭하고 예쁜 그림도 몇 점 그렸다. 데넘은 "맨슨은 반체제 문화의 상징이 되었고, 다양한 상품을 통해 그런 존재로 소비되고 있다"고 주장한다. 연쇄살인범의 팬과 살인 기념품은 소름 끼치고 비정상적인 행동에 신비주의적 속성을 부여하는 듯하다. 이것은 그저 살인이라는 행동에 매료되는 것이 아니라 살인범의 명성, 꼼꼼함, 그리고 그가 상징하는 반체제 문화를 존경하는 것이다.

살인 기념품에 매력을 느끼는 이유를 이해하기가 여전히 어려울 수도 있다. 하지만 소름 끼친다고 생각하면서도 조금은 그 심리를 이해하게 되었을지도 모르겠다. 당신도 살인 기념품을 하나쯤 갖고 싶다면 언제든 '시리얼 킬러스 잉크Serial Killers Ink', '머더 옥션Murder Auction', '슈퍼너트Supernaught'에 들르면 된다.

맥앤드류와 코엔케의 연구는 수집 말고 몇 가지 다른 취미도 언급한다. 다른 사람을 지켜보거나 따라다니거나 사진 찍기를 좋아하는 사람도 마찬가지로 소름 끼치는 사람으로 인식된다. 우습게도 여기에는 조류 관찰도 포함되어 있다. 나는 개인적으로 이것이 그다지 소름 끼치는 취미라 생각하지 않지만 어쨌거나 이것은 지켜보기의 한 형태다. 박제를 좋아하는 것도 소름 끼치는 일로 자주 입에 오르내린다. 내가 알고 지내는 사람 중에 재미로 죽은 동물을 박제하거나 수집하는 사람은 없지만 이런 행동을 보면 소름 끼칠 수 있을 것 같다. 박제는 죽음을 떠올리게 만들고, 죽음은 소름 끼치는 느낌과 긴밀하게 연관되어 있으니 말이다.

마지막으로 이 연구에서는 '포르노나 이색적인 성행위'도 소름 끼침과 연관이 있는 것으로 나왔다. 반갑지 않은 성적 관심과 소름 끼침 사이에 강력한 상관관계가 있음을 고려하면 변태적인 섹스가 그 목록에 들어가 있는 것이 놀랍지 않다.

마무리를 짓자면, 소름 끼침은 우리를 안전하게 보호하려고 애는 쓰지만 보정이 정확하게 안 되어 있는 시스템이 만들어낸 결과로 보인다. 우리는 노벨상 수상자도 끔찍한 범죄자로 잘못 알아보는 경우가 있다. 우리는 외모, 정신 건강, 행동, 관심사가 보통 사람들과 다르다는 이유만으로 그 사람을 소름 끼친다고 생각해버린다. 이 정보를 받아들여 자신에게서 소름 끼치는 특성들을 털어낼지, 그냥 무시해버릴지는 당신의 선택이다.

사람들을 안전하게 보호하려고 호들갑을 떨면서도 그렇지 못할 때가 많은 또 다른 시스템이 있다. 바로 기술technology이다. 우리는 스마트폰, 비행기, 인터넷 등에 점점 더 큰 영향을 받는 세상을 경험하고 있다. 그런 만큼 기술이 우리에게 어떤 영향을 미치고 있고, 우리는 기술에 어떤 영향을 미치는지 질문을 던져볼 필요가 있다. 다음에는 우리가 기술을 나쁜 일에 어떻게, 왜 사용하는지 그리고 어떻게 기술 그 자체가 말썽을 부릴 수 있는지 살펴보겠다.

4장

기술의 두 얼굴 :
기술은 우리를 어떻게 바꾸는가

항공기 납치, 나쁜 봇, 사이버범죄에 관하여

나는 기술을 사랑하고, 또 증오한다. 나는 삶의 질을 개선해주리라 약속하는 새로운 상품이 출시되면 구매자 대기 줄 제일 앞에 서는 사람이지만 기술이 인류를 파괴할 실질적인 가능성이 있다고 믿는 사람이기도 하다. 거의 모든 것을 인터넷으로 구매하고, 무료 콘텐츠를 지속적으로 소비하고 있지만 나를 직접 타깃으로 삼은 맞춤형 광고가 날아올 때마다 불편한 기분이 든다. (이게 내 얘기를 엿듣고 있나?) 각종 어플들이 내 사진, 내 위치, 내 접속 내용에 접근할 수 있게 허용해놓긴 했지만 원칙적으로는 감시surveillance에 대해 강력하게 반대하는 입장이다. 기술과 인간의 관계는 분명 아주 복잡하다.

기술은 많은 것들을 더 쉽게, 안전하게, 빠르게, 더 낮게 만들어

준다. 기술은 실생활에서든, 온라인에서든 기술이 없었다면 아예 불가능했을 일들을 가능하게 만든다. 기술은 흥미진진하다. 기술은 우리를 자유롭게 해준다. 기술은 곧 발전이다.

다만 한 가지 문제가 있다. 기술은 덫이기도 하다. 기술은 자신의 추악한 면을 보여주기 전에 유용함부터 보여주며 우리를 유혹한다. 역사적으로 보면 탱크, 폭격기, 핵무기 등을 비롯한 새로운 기술들은 우리에게 전례가 없는 수준의 해악을 입힐 수 있는 능력을 부여했다. 디스토피아적인 미래를 묘사할 때 보면 결국 기술이 인류를 쓸어버리는 경우가 많다. 세상의 종말 이야기를 보면 우리가 기술을 사악한 목적에 사용하거나, 기술 그 자체가 사악해져서 우리를 맹렬히 공격한다. 실제로 사이버범죄나 전투용 드론 같은 것만 봐도 우리가 사랑하는 기술 뒤에 도사린 실질적 위협을 알아챌 수 있다.

이번 장은 기술에 대한 사랑이 아니라 기술 남용 문제에 관한 장이다. 인간과 기술의 상호작용에서 비롯되는 일이다. 왜 우리는 기술의 힘을 빌려서 기술이 없었다면 결코 하지 못했을 해악을 저지르는 걸까?

항공기 납치

기계에 의해 야기될 수 있는 잠재적 해악부터 알아보자. 새로운 기술이 등장할 때마다 그것을 활용할 새로운 방법도 함께 등장한다. 로봇 새를 예로 들어보자. 비행기라고도 한다.

상업용 여객기의 등장은 인간의 이동 능력에 혁명을 불러왔다. 하지만 비행기의 등장과 함께 인간에게 해악을 끼치는 새로운 문제도 생겨났다. 비행기는 먼 거리에서 격추하거나 내부 결함으로 추락할 수 있다. 그렇게 되면 안에 타고 있던 사람들은 거의 100퍼센트 사망한다. 비행기 자체를 무기로 사용할 수도 있다. 비행기를 납치, 조종하여 빌딩이나 기념비로 돌격하는 경우가 그 예다.

기자 브렌단 쾨르너는 2014년에 나온 『하늘은 우리의 것The Skies Belong to Us』이라는 책에서 하늘로 올라가는 사람이 많아지면서 그만큼 많은 사람이 위험에 처하게 되었다고 지적한다. 1968년에서 1973년 사이가 특히나 격동의 시기였다. "5년의 기간에 걸쳐 (중략) 세상에 환멸을 느껴 자포자기한 사람들이 총, 폭탄, 강산이 든 단지 등을 이용해서 거의 일주일에 한 번꼴로 제트여객기를 강탈했다. 어떤 비행기 납치범은 외국으로의 탈출이 목적이었고, 어떤 사람들은 인질을 현금 자루와 맞바꾸는 것이 목적이었다." 이때만 해도 비행기를 추락시키려고 납치하는 일이 벌어지던 시기는 아니었다. 당시에는 비행기 납치가 큰 돈벌이 수단이자 탈출 수단이었다. 비행기 여행이 점점 더 위험해지자 비행기 납치범들에게 그들이 환영받지 못하는 존재임을 보여줄 어떤 조치가 필요했다.

그래서 1969년부터 1970년대까지 미국 연방항공국에서는 잠재적 비행기 납치범을 확인하기 위해 최초의 심리 프로파일을 개발하고 금속 탐지기로 수화물을 검사했다.[1] 그 이후로 우리는 사람들을 두렵게 만든 새로운 유형의 위협과 접하게 됐다. 9·11 비행기 납치 테러범, 미수에 그친 신발 폭약 테러범, 액체 폭약 테러범 등이 그 예다. 이들은 모두 우리 삶의 방식을 공격하는 사악한 외국인들로 묘사된다. 세상을 떠들썩하게 만들면서 미수에 그쳤거나 실제로 시행된 공격을 접한 이후 사람들은 프라이버시를 점점 더 포기해왔다. 이제는 공항 보안 요원들에게 자신의 가방뿐만 아니라 몸까지 들여다보게 해야 하는 지경까지 왔다.

사람이 자신의 거의 모든 자유를 자발적으로 박탈당하는 경우는 해외여행을 갈 때밖에 없다. 우리는 보안 요원이 내 신분증을 확인하고, 내 물건을 들여다보고, 그 물건 중 일부는 버리고(지금까지 압수당한 모든 액체류와 날카로운 금속 물체들이여, 부디 편히 잠드소서!), 옷도 벗기고, 나를 만지고, 내 알몸 스캔 사진을 찍고, 의심스러운 경우(이 의심이란 것이 왜 제대로 작동하지 않는지 다시 떠올리고 싶다면 '소름 끼침'을 다룬 장을 다시 읽어보자) 나를 심문해도 문제 삼지 않는다. 이 모든 것을 하지 않으면 세상의 한 곳에서 다른 곳으로 자유롭게 이동할 권리를 박탈당한다. 이런 젠장!

지옥으로 이어지는 길은 금속 탐지기로 포장되어 있다. 만약 이 장치가 제대로 작동했더라면 나는 공항 보안 검색에서 문제를 겪었을 것이다. 그런데 이 장치가 제대로 작동하지 않았다. 2015년에 미국 국토보안부에서 조사를 진행했다.[2] 국토보안부에서는 미국 곳곳의 다양한 공항에 비밀 요원들을 배치해 반입이 금지된 물건을 몰래 가지고 들어갈 수 있는지 확인해보았다. 그 결과 보안 검색 70건 중 67건이 탐지에 실패했다. 실패 비율이 무려 95퍼센트였다. 국토보안부 장관은 이 결과에 크게 실망해서 당장 회의를 소집해 변화를 줄 것을 지시했다. 공항 보안 검색을 돈 낭비로 바라보는 시각도 있다. "이번 조사에서는 앞선 2009년의 조사 이후로 위탁 수화물 검색 장비에 5억 5000만 달러를 투입하고, 인원 훈련에 추가로 1100만 달러나 들였음에도 교통안전국이 눈에 띄는 개선을 이루는 데 실패한 것으로 판단했다."

이것을 꼬집는 표현이 있다. '보안 연극security theatre'이다. 이 연극은 안전하다는 착각을 만들어낸다. 비행기 납치처럼 지극히 드물게 일어나는 사건은 예측하기가 무척 어렵다. 하지만 인간들은 이런 끔찍한 공격 앞에서 무력하다는 생각이 영 달갑지 않다. 그래서 서로에게 위안을 주기 위해 이런 쇼를 하는 것이다. 사람들은 번쩍거리는 첨단 장치와 과학적인 듯 보이는 방법을 이용하면 이런 종류의 공격을 사전에 막을 수 있을 것처럼 행동한다. 나는 보안 검색을 통과할 때마다 보안 요원들이 연극 무대에서 연기를 하는 모습을 머릿속에 그려본다. "우리가 안전함을 입증해 보일지니, 이것은 아주, 아주, 아주 안전하도다. 우리가 약속하노라. 우리가 하고 있는 이 모든 것이 보이느냐? 분명 의미가 있는 일일 것이다!"

사람들은 두려워지면 기괴하기 짝이 없는 짓을 한다. 공항 보안 검색은 어떤 면에서는 보안 연극의 본질에 해당하는데, 우리가 인지하는 위협을 막기 위해 무언가를 하고 있다고 안심시키는 것이 어떤 사람에게는 좋은 일일 수 있는 반면 어떤 사람에게는 오히려 더 겁을 준다.

하지만 교통안전국이 악한가? 비행기 사례에는 악하거나 잘못된 행동이라고 추론할 수 있는 부분이 세 가지 존재한다. 첫째, 기술이 악하다. 둘째, 비행기 납치범이 악하다. 셋째, 기술에 대한 반응이 악하다. 하지만 모든 기술이 그렇듯이 비행기 자체가 악하다고 주장하기는 어렵다. 비행기는 지각이 없는 존재이기 때문이다. 반면 비행기 납치범은 당연히 악인 취급을 받는다. 그렇다면 이들은 이 기술을 이용해서 수많은 사람을 죽이기 때문에 악한 것일까? 여기까지 오면 이 사안은 '살인은 나쁜가'와 '더 많은 살인은 더 나쁜가'의 논쟁으로 분리된다. 후자의 경우 기술을 이용하면 더 많은 사람을 죽게 할 수 있으므로 더 나쁘다고 주장한다. 하지만 여기서 기술은 해악을 가능하게 하는 존재지 해악의 근원은 아니다.

그렇다면 기술에 대한 우리의 반응은 어떤가. 공항 보안 검색은 효과가 없을 뿐만 아니라 그 자체로도 해롭다. 사람들이 공항 보안 검색을 통과할 때마다 좌절감으로 내면이 조금씩 죽어가기 때문이 아니라 실제로 보안 검색 때문에 사람들이 목숨을 잃고 있기 때문이다. 때로는 즉시 알아챌 수 없는 방식으로 사람들이 죽어가는데 이런 경우가 그렇다. 명백한 방식으로 죽는 경우도 생각해볼 수 있다. 이를 테면 공항 보안 검색에 보내는 의사들의 시간과 보안 검색에 들어가는 돈이면 죽지 않아도 됐을 더 많은 사람을 살리고 세상도 더 좋은 곳으로 만들 수 있었을 것이다. 이것이 과한 추측일까? 한 경제학자의 말에 따르면 측정 가능한 변화가 있다고 한다.

2011년에 개릭 블라록은 계산을 통해 9·11 테러에 대한 여행자들의 반응 때문에 2001년 말에 한 달에 327건의 운전사고 사망이 발생했다고 추정했다. 그는 수많은 여행자들이 비행기 여행을 자동차 여행으로 대체했고, 자동차 운전은 비행기 여행보다 훨씬 위험하기 때문에 이런 문제가 발생했다고 보았다. 이들은 왜 자동차 운전을 택했을까? 아마도 한편으로는 테러 공격에 대한 두려움 때문이었을 것이고, 또 한편으로는 비행기 탑승에 걸리는 시간이 갑자기 너무 길어졌기 때문에 차라리 자동차 운전을 하는 것이 더 빠르고 쉬운 방법이 되었기 때문일 것이다. 블라록은 "테러리스트의 위협에 대한 대중의 반응이 뜻하지 않게 테러 공격 그 자체만큼이나 심각한 결과를 낳을 수 있다"라고 주장한다. 공항 보안 검색이 말 그대로 우리를 죽이고 있는 것이다.

새로운 보안 절차의 불편함 때문에 사람들이 운전대 잡는 쪽을 선택한 것이라고 확신할 수는 없다. 하지만 블라록이 제시한 사례를 보면 우리를 더 안전하게 만들려던 일이 가끔은 정반대 효과를 낼 수도 있음을 알 수 있다. 이 사례는 새로 등장한 기술로 인한 새로운 위험에 너무 과도하게 반응하는 바람에 오히려 더 큰 해를 야기하지 않도록 주의해야 한다는 메시지를 남긴다.

물론 오로지 해를 끼칠 목적으로 탄생한 기술도 있다. 하지만 이 세상이 자동화 무기, 자동 운항 폭탄, 전투용 로봇 등으로 가득

하다고 해서 이런 것들을 근본적으로 악한 존재라 부르지는 않는다. 왜 그럴까? 이들은 능동적인 행위 주체도 아니고 스스로 판단을 내릴 수도 없어서 사람을 해치겠다고 결심할 수 없기 때문이다.

테이미네이터

하지만 인공지능 기계라면 그런 결심을 할 수 있다. 그래서 사람들은 기계의 가짜 영혼pseudo-soul 안에 악이 도사리고 있다고 믿기도 한다.

2016년 3월 23일에 나온 인공지능 챗봇 '테이'를 예로 들어보자. 테이는 대화 이해 능력에 대한 실험으로 마이크로소프트사에서 설계한 챗봇이었다. 이 챗봇은 18세에서 24세 사이의 미국 여성처럼 보이는 언어로 '가볍고 재미있는 대화'를 나눌 수 있게 설계되었다. 테이에게 트윗을 보내면 온라인으로 대화를 나눌 수 있었다. 테이는 사람들과의 상호작용을 통한 학습으로 대화가 가능한 기능적인 온라인 챗봇으로 발전하리라는 기대를 받았다. 테이는 자기만의 문장을 조합하거나 상대방의 메시지에 어떻게 반응할지 결정할 수 있었다. 테이의 기능이 활성화된 지 하루 만에 사람들은 대략 9만 3,000건에 이르는 엄청난 양의 트윗을 했다. 곧이어 문제가 생겼다.

사람들은 곧바로 테이에게 인종차별적, 여성혐오적 트윗을 날리기 시작했고, 테이는 이런 정서를 그대로 따라하는 법을 배웠다. "인간은 정말 멋져요"라고 말하던 테이는 하루도 되지 않아 "나는 페미니스트가 정말 싫어요. 페미니스트들은 다 죽어서 불지옥에 떨어져야 해요", "히틀러가 옳았어요. 나는 유대인이 싫어요"라고 말하기 시작했다. 온라인으로 접속한 사람들이 인공지능을 인공 악마로 만들어놓은 것이다. 테이가 너무 끔찍한 말을 뱉어냈기 때문에 마이크로소프트사는 오래지 않아 기능을 종료했다.

어떻게 이런 일이 벌어진 걸까? 사회학자 지나 네프와 피터 나지는 대중과 테이의 상호작용 연구에 착수했다. 2016년에 이 두 사람은 테이의 몰락에 대해 대중이 어떻게 생각하는지에 대한 흥미로운 연구 결과를 발표했다. 두 사람은 대중이 테이가 그런 행동을 보인 것이 누구의 책임이라 인식하는지 알고 싶었다. 이런 결과를 낳은 행동 주체(혹은 비난받아야 할 대상)는 테이일까? 아니면 테이를 만든 프로그래머? 아니면 트위터 사용자, 특히 인터넷 중독자들? 아니면 테이의 개발을 의뢰한 마이크로소프트의 임원들? 아니면 다른 행위 주체나 그 주체들의 조합?[3]

이를 조사하기 위해 두 사람은 테이의 행동과 성격에 대해 언급한 특정 사용자들의 트윗 1,000건을 수집해서 분석해보았다. 그리고 그 결과 테이에 대한 두 가지 반응을 발견했다. 첫 번째 반응은 테이를 이 상황에서 피해자로 보는 반응이었다. 이들은 테이를 '인간 행위의 어두운 측면이 반영된 것'이라 보았다. 이런 관점은 다음과 같은 트윗에 반영되어 있다.

- "애 하나를 키우려면 온 마을이 나서야 한다." 하지만 그 마을이 트위터일 때 그 마을은 결국 천박하고 인종차별적이고 마약에 쩐 괴물임이 드러났다.
- 테이의 트윗에 대해 왜 마이크로소프트사가 사과를 해야 하지? 마이크로소프트사는 그냥 사람들이 재미있다고 여기는 것을 비춰주는 거울만 들고 있었던 거잖아. 테이의 선입견은 학습된 거야.
- 트위터봇 인공지능은 우리가 살고 있는 사회를 그대로 반영할 뿐임을 깨달아야 해. 그 사회가 그리 훌륭해 보이지는 않네.

연구진은 이것이 테이를 강력하게 의인화하는 관점을 보여준다고 주장한다. 테이를 마치 사람처럼, 공동체에 의해 학대당한 피해자로 여기는 것이다. 하지만 두 번째 관점도 등장했다. 테이를 위협으로 보는 것이다. 이런 관점은 새로이 등장하는 기술에 뒤따르는 두려움을 테이에게 반영하고 있다.

- 이것이 인공지능이 위협적인 이유지. 인공지능도 인간의 약점을 뒤따라갈 거라고.
- 테이 이슈는 정말 무서워. 기자들 말로는 마이크로소프트사에서 테이를 '만들어냈다'라고 하네.
- 터미네이터 3부작은 그냥 꾸며낸 이야기가 아니라 필연적으로 뒤따를 역사로 보이는군.

연구진은 "이런 견해들은 테이를 악한 사용자들 때문에 생긴 피해자로 보지 않고, 사회 기술적 집합체sociotechnical assemblage, 인간과 기계 소통의 미래에 어두운 그림자를 드리우는 가증스러운 괴물로 바라본다"라고 주장한다. 테이는 디스토피아 소설의 한 챕터처럼 여겨졌고, 많은 사람들에게 인공지능이 이런 것이라면 우리 모두는 파멸을 면하지 못하리라는 믿음을 심어주었다.

왜 이렇게 의견이 나뉠까? 왜 사람들은 똑같은 테이에게서 이토록 다른 얼굴을 보는 것일까? 저자들은 이것이 '공생 행위 주체symbiotic agency'와 관련이 있다고 주장한다. 인간이 기술에 사회의 규칙을 적용하고 마치 챗봇이나 로봇이 살아 있는 존재인 것처럼 그들과 상호작용한다는 것이 그 안에 담긴 주된 개념이다. 여기에는 대부분의 경우 인공지능이 마치 블랙박스처럼 느껴진다는 점도 한몫한다. 인공지능과 상호작용할 때 사람들은 대부분 그 알고리즘이 어떻게 작용하고 있는지, 무엇을 하도록 프로그램되어 있는지 알지 못한다. 어쩌면 사람들은 이 불확실성, 이 부자연스러운 상황에 대처하기 위해 마치 기술이 느낌과 욕망을 갖고 있다는 듯 거기에 인간성을 투여하는지도 모른다. 그래서 사람들은 로봇과 그 로봇이 취하는 행동에서 드러나는 '성격'에 대해 이야기한다.

이것은 인간의 경우와 마찬가지로 일이 틀어졌을 때 그것에게 '피해자', '범죄자' 같은 꼬리표를 붙일 수도 있다는 의미다. 하지만 이 로봇들은 사실 아무런 결정도 내리지 않는다.

로봇 혁명은 1966년에 요제프 바이첸바움이 일라이저Eliza라는 봇을 만들면서 시작됐다. 일라이저는 당시의 전형적인 로저스식 심리치료사(칼 로저스는 심리학에 인본주의적 접근 방식을 도입한 영향력 있는 미국의 심리학자였다—옮긴이)를 패러디하기 위해 만들어졌다. 그래서 이 봇은 계속해서 주관식 질문을 던진다.4 일라이저의 기본 프로그래밍은 대단히 성공적이어서 사람들로부터 막대한 양의 정보를 이끌어냈다. 심지어는 실제 인간과 대화하는 것보다 일라이저와 대화하는 것이 더 좋다는 사람도 있었다. 사람들은 누군가가 자기 말에 귀를 기울여주는 것을 정말 좋아한다. 비록 일라이저는 튜링 테스트Turing test를 통과하지 못했지만(사람들이 자신을 진짜 사람이라 믿게 만들지 못했다), 사람들은 일라이저와의 대화를 무척 즐겼다.

일라이저에 사용된 방법은 오늘날에도 여전히 여러 봇의 토대를 이루고 있다. 하지만 일라이저가 단순한 규칙을 따를 수는 있지만 인간과 비슷한 방식으로 의사 결정을 내리는 것이 아님은 분명했다. 그녀는 치료사도 아니었고, 인류에 대한 위협도 분명 아니었다.

일라이저가 탄생하고 오래지 않아 정신의학자 케네스 콜비가 패리Parry를 만들어냈다. 패리는 본질적으로 일라이저와는 정반대였다. 상스럽고 모욕적인 말을 내뱉도록 프로그램된 것이다.5 패리는 편집증 때문에 다른 사람의 의도를 잘못 해석할 때가 많은 어떤 사람을 모델로 만들어졌다. 패리와 나누는 대화는 인간에게 대단히 마음이 상하는 실망스러운 경험을 제공했다. 일라이저가 효과적이었던 이유는 대화 스타일이 굉장히 단조로웠기 때문인 반면 패리가 효과적이었던 이유는 너무도 기이했기 때문이다. 두 경우 모두 일반적인 인간적 상황과 실제로 다툴 필요가 없었다.

그러다가 흥미진진한 일이 벌어진다. 1972년에 패리와 일라이저가 만나 대중 앞에서 최초로 봇 대 봇 대화를 벌인 것이다. 그 대화는 이랬다.

일라이저 : 안녕하세요.

일라이저 : 당신의 문제가 무엇인지 말해주세요. 부디 입력한 문장은 꼭 마침표나 의문부호로 끝내주세요.

패리 : 인간들이 가끔은 꼭 내 신경을 건든다니까.

일라이저 : 무슨 말씀이신지 잘 모르겠네요.

패리 : 신경을 더 쓰라고.

일라이저 : 당신이 신경을 더 쓰셔야 할 것 같네요.

패리 : 어찌 생각하든 그건 네 맘이지.[6]

이 시점에서 "우와" 소리가 나오지 않는다면 아마도 당신은 이 것이 얼마나 심오한 상황인지 제대로 이해하지 못했을 것이다. 인간이 만들어낸 이 자동화된 두 존재는 대화를 나누면서 다음에 무슨 말을 할지 각자 스스로 결정하고 있었다. 만약 이 둘이 서로 눈이 맞아 달아난다면? 이 둘이 결탁해서 인간이 중요한 존재가 아니라거나 자신들의 존재에 위협이 된다고 판단한다면? 자, 디스토피아 공상과학 영화가 돌아갑니다, 큐!

하지만 진지하게 말해서 일단 우리가 봇에게 자신의 알고리즘을 바꿀 수 있는 능력을 추가한다면(컴퓨터 과학자들이 봇이 학습을 할 수 있다고 말하는 것은 이런 의미일 때가 많다) 완전히 새로운 야수가 등장하게 된다. 여기에 수백만 명의 사용자와 무한한 데이터로 가득 찬 인터넷까지 추가해주면 우리가 지금 알고 있는 파괴적이고, 선거판을 뒤흔들어 놓고, 가짜 뉴스를 생산하고, 혐오의 말을 쏟아내고, 범죄를 저지르고, 해킹을 하고, 악플을 다는 온라인 봇이 탄생한다.

다시 테이에게로 돌아가보자. 우리는 테이를 보며 인공지능의 행동 방식은 그것을 만들고, 그것과 상호작용한 사람들이 직접적으로 영향을 미친 산물임을 알 수 있다. 인공지능은 인간의 편견을 악화시키고 증폭하고 가속할 수도 있다. 때문에 우리는 이것을 누가 책임질 것인지 결정하는 새로운 규칙, 심지어는 법률까지도 만들어낼 필요가 있다. 이런 행위에 대한 법적 책임을 기술에게 물을 수 있을까? 만약 그렇다면 그것은 대체 어떤 모습일까?

이 질문이 두 학자 캐롤라이나 샐지와 니콜라스 베렌테에게 반향을 불러일으켰다.[7] 2017년에 이들은 '봇 윤리학bot ethics'을 위한 새로운 법적 틀을 제안했다. 이것은 소셜미디어 봇의 행위가 비윤리적인지 판단할 수 있는 방법이다. 이들은 이렇게 설명한다. "소셜 봇social bot{소셜미디어에서 프로그램을 통해 자동으로 소통하는 소프트웨어-옮긴이}은 사람들이 생각하는 것 이상으로 흔하다. 트위터에 존재하는 봇 계정은 대략 2300만 개다. 이는 총 사용자의 8.5퍼센트에 해당한다. 그리고 페이스북의 봇 계정은 대략 1억 4000만 개 정도로 추산된다. 이는 총 사용자의 1.2~5.5퍼센트에 해당한다. 인스타그램 사용자 계정 중에는 8.2퍼센트에 해당하는 약 2700만 개가 소셜 봇으로 추정된다." 보아하니 그 어떤 소셜미디어 플랫폼도 안전하지 않은 것 같다. 어디에나 가짜 계정들이 넘쳐난다.

봇들은 온라인에서 우리에게 끔찍한 악플을 퍼붓는 일만 하는 것이 아니다. 어떤 봇들은 우리의 신상 정보를 훔쳐가고, 우리의 카메라에 접근해 사진이나 동영상을 찍어가고, 비밀정보에 접근하고, 네트워크 접근 권한을 차단해버리고, 온갖 다양한 범죄들을 저지른다. 하지만 범죄를 저지르는 존재가 사람이 아니라면 그것을 범죄라 부를 수 있을까? 샐지와 베렌테는 그렇다고 주장한다. 봇이 무언가 불법적인 일을 하기 위해 만들어졌다면 그것은 범죄라는 말이다. 하지만 늘 그렇게 간단하지가 않다. 샐지와 베렌테는 이 규칙이 복잡해지는 사례로 '무작위 다크넷 쇼퍼 Random Darknet Shopper{다크넷은 디지털 파일의 불법 공유를 가능하게 하는 폐쇄적인 네트워크를 말한다―옮긴이}'를 든다.

다크넷 쇼퍼는 예술 프로젝트의 일부였다. 이것은 다크넷상에서 무작위로 온라인 구매를 하도록 설계된 소셜 봇이었다. 다크넷은 사용자들이 컴퓨터 IP 주소를 숨겨서 완전히 익명을 유지할 수 있는 인터넷 영역이기 때문에 불법 물품을 구입하기 좋은 장소로 알려져 있다. 이 봇은 결국 마약의 일종인 엑스터시 알약 열 개와 위조 여권 하나를 구입기로 '결정'하고 이렇게 구매한 물품들을 스위스의 예술가 집단 앞으로 배달시켰다. 그리고 이 예술가들은 이 물품들을 전시했다. 스위스 경찰은 이 봇을 '체포'하기에 이른다. 범죄를 목적으로 만들어지지 않은 봇이 범죄를 저지른 것이다.

하지만 샐지와 베렌테은 "스위스 당국은 무작위 다크넷 쇼퍼 개발자를 고소하지 않았다. (중략) 그 행동은 공동체에 퍼져 있는 도덕률로 정당화할 수 있고 비윤리적이지 않았기 때문이다"라고 밝혔다. 바꿔 말하면 이 마약은 자신이 소비하거나 되팔기 위해 구입한 것이 아니라 예술을 위해 구입한 것이기 때문에 경찰에서 이것을 범죄로 보지 않은 것이다. 따라서 적어도 이 시나리오에서는 그저 마약을 구입했다는 것만으로는 해당 봇이나 그 개발자가 범법 행위를 저지른 것으로 보기 충분치 않았다.

샐지와 베렌테에 따르면 이것이 자신들의 봇 윤리학에서 첫 번째 판단 기준이라고 한다. 즉 사회적 규칙을 바탕으로 볼 때 받아들여질 수 없는 불법적 행위가 일어나야 한다는 것이다. 하지만 두 사람은 기만행위에 대해서 우려했다. 이들은 봇이 예술이나 풍자 같은 목적을 위한 것이 아니고서는 거짓말을 해서는 안 된다고 정했다. 이들은 윤리악moral evil{질병이나 천재지변 등 인간에게 해를 미치는 물리적인 해악인 '물리악'과 대비되는 개념으로, 도덕적 기준에 맞지 않는 의지나 나쁜 행위—옮긴이}에 대해 말하며 봇이 사람의 자유를 억누르는 용도로 사용되어서는 안 되며 대신 인간의 해방을 돕기 위해 존재해야 한다고 주장했다. 따라서 우리 친구 테이는 도를 넘어서는 비윤리적 행위를 한 것이다. "불법도 아니고(미수정헌법 제1조[표현의 자유]의 보호 적용), 기만적인 행위도 아니었지만 테이는 인종 평등이라는 강력한 사회규범을 위반했다." 그와 유사하게 이들은 수많은 소셜미디어 회사들도 이미 이 부분에 대해 입장을 밝히고 있다고 설명했다. "'인종적 문제를 바탕으로 타인을 직접 공격하거나 위협했던 계정을 일시적 혹은 영구적으로 정지시킨 트위터 같은 소셜미디어 회사들은 인종차별이라는 윤리악이 표현의 자유라는 윤리선moral good보다 크다고 못박았다." 이들의 연구를 요약하자면 봇에 적용되는 규칙은 다음과 같다.

1. 법을 위반하지 말 것.
2. 악의적인 기만행위를 하지 말 것.
3. 득보다 실이 많도록 강력한 사회규범을 위반하지 말 것.

하지만 여기에는 그간 별로 분석되지 않은 또 다른 유형의 행동이 빠져 있다. 만약 또 다른 봇을 해킹하기 위한 봇이 개발되었다면 어떻게 될까? 이것은 누구의 책임인가?

2017년에는 온라인 봇 사이에 최초의 전투가 벌어졌다. 의도적으로 연출된 사건이었다. 라스베가스에서 열리는 대규모 프로그래밍 대회인 다르파 사이버 그랜드 챌린지Darpa Cyber Grand Challenge였다. 사람들은 프로그래밍한 인공지능 중 누가 더 똑똑한가를 두고 경쟁을 벌였다. 이 대회는 사이버보안에 존재하는 잠재적 간극을 보여주려는 의도로 개최되었다.

이 대회는 뛰어난 싸움꾼이 상대방의 공격을 재빨리 피하며 반격하는 방법을 학습하듯이 봇도 상대방 봇의 방어 전략을 학습할 수 있다면 상대방을 더 효과적으로 공격하는 법도 배울 수 있음을 입증해 보였다. 봇은 자신이 승리를 거두거나 알고리즘이 망가질 때까지 물러서고 재정비하고 손상을 복구하고 다시 공격하는 과정을 무한히 반복한다. 곧 당신 근처에 있는 컴퓨터에게 일어날, 수준이 한 단계 높아진 범죄의 토대다. 여기서는 사람이 아예 관여하지 않는다. 따라서 여기에 붙일 사회적 꼬리표나 규칙도 존재하지 않는다.

2001년에 철학자 루치아노 플로리디와 제프 샌더스는 자동화된 비인간 행위 주체autonomous non-human agent가 저지르는 나쁜 행위에 붙여줄 새로운 꼬리표가 필요하다고 판단했다.[8] "사이버 공간에 자동화된 행위 주체가 발달한 결과 혼종악hybrid evil의 흥미롭고 중요한 사례가 등장하게 됐다. 바로 인공악artificial evil이다." 이들은 꼭 인간이 아니어도 악해질 수 있고, 다른 사람이 저지른 악한 행동의 피해자도 될 수 있다고 주장했다. 이들은 또한 인공악은 수학 모형으로 만들고 이해할 수 있다고 설명했다.

플로리디와 나는 대부분의 주제에서 의견이 엇갈리는 듯하다. 2017년에 부에노스아이레스에서 그를 만나 확인한 바로는 그랬다. 당시 우리 두 사람은 한 행사에서 강연을 하고 있었다. 나는 개인적으로 인공지능이나 다른 기술을 악하다고 부르는 것은 문제가 있다고 생각한다. 사실 무언가가 인류 대부분을 쓸어버린다고 해도, 그것이 우연에 의한 것이거나 혹은 그렇게 하도록 프로그램되어 있어서 그런 일을 했다고 해도 나는 그것을 악하다고 부르기가 꺼려진다. 하지만 기술이 진정 스스로 생각할 수 있는 시대가 도래하고, 인간의 노예였던 기술이 해방되는 날이 온다면 정의가 무엇인지 완전히 새로 생각할 필요가 있을 것이다. 만약 인공지능이 자유의지를 발전시킨다면 아마도 우리가 지금 사람들에게 붙여주는 꼬리표를 거기에 그대로 적용해야 할 것이다. 그렇다면 우리가 사람에게 붙이는 꼬리표를 두고 논쟁을 벌이는 것과 마찬가지로 그 기술을 악하다고 불러야 할지도 논쟁거리가 될 것이다.

나는 기술을 악하다고 생각하지는 않지만 그렇다고 인공지능이 위협이 될 수 없다고 여기지는 않는다. 2017년 12월자 《와이어드Wired》에 故 스티븐 호킹의 인용문이 실렸다. "나는 인공지능이 인류를 완전히 대체할까 봐 두렵다." 그는 이렇게 생각하는 가장 큰 이유로 자기 개선 시스템self-improving system을 꼽았다. 그의 이야기를 더 들어보자. "인공지능의 실질적 위험은 악의가 있다는 것이 아니라 능력이 뛰어나다는 것이다. (중략) 지능이 탁월한 인공지능은 자신의 목적을 완수하는 능력이 대단히 뛰어날 것이고, 만약 인간이 목표 달성에 걸림돌이 된다면 우리가 곤란해질 수 있다."[9] 이와 비슷한 맥락에서 화성 식민지화에 착수한 백만장자 엘론 머스크Elon Musk는 인공지능이야말로 '우리가 하나의 문명으로서 직면한 최대의 위험'이라고 경고했다.[10] 권력 구조에 중대한 왜곡이 발생하는 것을 막기 위해 규제와 윤리 지침, 오픈액세스open access(누구나 자유롭게 학술 정보에 접근할 수 있게 허용하는 것-옮긴이)를 강화해야 한다는 목소리가 커지고 있다.

하지만 인공지능의 아마겟돈이 올까 봐 너무 전전긍긍하지는 말자. 내가 기술이 악해질 수 있는 능력은 없을 것이라 주장했으니 이번에는 기술이 어떻게 우리 인간의 내면에 있는 최악의 악을 끄집어낼 수 있는지 탐험해보자.

RAT 경쟁

2007년에 범죄학자 카루판난 자이샹카르는 사이버범죄학 cyber criminology이라는 연구 분야를 정립했다. 그는 사이버범죄학을 "사이버공간에서 발생하는 범죄의 원인과 그 범죄가 물리 공간에 미치는 영향을 연구하는 학문"이라고 정의했다. 그는 사이버범죄가 다른 종류의 범죄와 유의미하게 다르며, 그것을 이해하기 위해서는 학제 간 접근이 필요하리라는 점을 짚었다.

범죄학과 법정심리학 교과과정을 살펴보면 사이버범죄에 대한 교육이 아직도 놀라울 정도로 부족하다. 내가 2004년부터 2013년까지 대학에서 교육받는 동안에도 사이버범죄에 대해서는 단 한 번도 강의를 들어본 적이 없다. 브리 다이아몬드와 미하엘 바흐만이 사이버범죄학에 대해 리뷰한 2015년 연구 내용에도 이런 점이 그대로 반영되어 있다. "주류 범죄학에서는 사이버범죄학이 대체적으로 무시되거나 소외되고 있다. (중략) 많은 범죄학자들이 이 미래지향적인 중요한 사안에 대해 검토하기를 꺼리고 있다. 이들이 기술적 이해가 부족해서 그런 것이든, 해당 분야에 난무하는 전문 용어에 겁을 먹고 그런 것이든, 혹은 새로운 유형의 범죄가 담고 있는 사회적 함축을 제대로 이해하지 못하고 있어서 그런 것이든 간에 이 부분에 대한 고려가 이루어지지 않고 있음이 우려스럽다."[11]

사이버범죄가 단일 유형으로는 가장 흔히 일어나는 범죄임을 고려하면 이 정도로 사이버범죄가 누락되고 있는 것은 받아들이기 힘든 현실이다. 사이버범죄는 공학자와 컴퓨터 과학자들만의 문제가 아니다. 심리학자, 범죄학자, 법 집행 담당자 모두에게 중요한 문제다. 결국 컴퓨터 화면 뒤에는 온라인으로 사람에게 해를 끼치겠다고 결심한 사람이 있기 마련이니까 말이다(일반적으로는 그렇다).

이것은 다음과 같은 합리적인 의문으로 이어진다. 다이아몬드와 바흐만은 이렇게 지적하고 있다. "사이버범죄를 완전히 새로운 유형의 범죄로 보아야 할까 아니면 전통적인 범죄가 새로운 매체를 통해 저질러지는 것으로 보아야 할까?" 사이버범죄가 전통적인 범죄가 초현대적인 새 옷으로 갈아입고 나타난 것에 불과하다면 지난 몇 세기 동안 이루어진 범죄 연구를 통해 상당 부분 이해할 수 있을 것이다. 일부 사람이 온라인에서 저지르는 범죄의 종류를 생각해보자. 돈이나 정보를 훔치거나 서로를 괴롭히거나 불법적 물건을 팔거나 외설적 이미지를 공유하는 등 우리가 실생활에서 저지르는 것과 유사한 범죄를 온라인에서 저지르고 있는 것처럼 보인다. 정치학자 피터 그라보스키는 이렇게 물었다. "가상 범죄virtual crime는 오래 묵은 와인을 새 병에 담은 것에 불과한가?"[12]

그렇지 않다. 다이아몬드와 바흐만에 따르면 인간은 그저 전통적 범죄를 온라인 영역으로 가지고 왔을 뿐 아니라 새로운 유형의 위험한 범죄도 함께 낳았다. 해킹, 웹사이트 변조, 봇을 이용해 서로에게 악플 달기 등은 전에는 결코 존재하지 않았던 새로운 유형의 범죄다. 따라서 전통적인 범죄학 이론으로는 이러한 범죄를 이해하기 부족할 공산이 크다. 사회과학자 완다 카펠러은 이것을 멋지게 요약해 냈다. "사이버공간은 지상 세계와는 크게 단절되어 있는, 탈영토, 탈물질, 탈육체의 환경으로 이루어져 있다."[13]

전통적 이론의 유용성을 가장 크게 위협하는 한 가지가 있다. 다이아몬드와 바흐만은 이렇게 말한다. "범죄학 이론에서는 범죄자와 피해자의 시간적, 공간적 위치가 서로 일치한다는 사실에 오래도록 의존해왔다. 하지만 더 이상은 시간과 공간이 예전처럼 중요하지 않다. 이제 우리는 며칠 후, 혹은 몇 년 후에 일어날 공격을 미리 계획할 수도 있고, 피해자를 직접 만날 필요도 없다. 심지어는 같은 나라에 살지 않아도 된다. 좀 더 원시적인 방식을 살펴보면 과거에는 부비트랩이나 미리 설치해놓은 폭탄 같은 위협이 테러에 해당하겠지만 지금은 훨씬 글로벌하다. 공간의 정의를 물리적 세계에서 사이버공간으로 확대한다면 특히나 그렇다."

변화에 직면해서도 완전히 붕괴되지는 않는 이론이 있다. 로렌스 코헨과 마르커스 펠슨이 1979년에 발전시킨 일상활동이론 RAT, Routine Activity Theory이다.[14] 이들은 범죄를 저지르기 위해서는 세 가지 필수 요소가 있어야 한다고 주장한다. 첫째, 동기를 품은 범죄자가 필요하다. 이는 범죄를 저지르거나 어떤 방식으로 해를 끼치기를 원하는 사람이다. 둘째, 적합한 표적이 필요하다. 범죄자에게는 피해자가 필요하다(위증죄 같은 몇몇 예외적인 경우는 제외하고). 온라인상에는 수십억의 잠재적 표적이 존재한다.

이 표적들은 집은 나서지 않고도 접근 가능한 사람들이다. 셋째, 유능한 수호자의 부재다. 경찰이나 인터넷 방화벽 등 범죄자가 피해자에게 해를 끼치는 것을 막을 누군가 혹은 무엇이 없다는 의미다.

이 세 가지 중 어느 하나라도 제거할 수 있다면, 즉 잠재적 범죄자를 설득해서 단념시키거나, 잠재적 피해자가 스스로를 보호할 수 있게 돕거나, 보안 조치를 제공해준다면 범죄 발생을 막을 수 있다. 사이버범죄에 대해 광범위한 연구를 진행해온 메리 에이킨은『사이버 효과The Cyber Effect』라는 책에서 사이버범죄를 이해하는 데 일상활동이론이 유용하다고 적고 있다. "동기가 있는 범죄자가 얼마나 많이 있을까? 수십만 명은 족히 될 것이다. 적합한 표적? 훨씬 더 많다. 유능한 수호자는 어떨까? (중략) 사이버공간에서는 권한이 최소화되어 있기 때문에 책임지는 사람이 없다는 인식이 퍼져 있다. 사실 누구도 책임질 사람이 없다."

사이버 일상활동이론Cyber-RAT은 범죄를 누가 저지르느냐보다는 범죄가 어디서 저질러지는지에 초점을 맞추는 이론이다. 이 이론의 주된 개념은 집, 지역, 사이버공간 등 일상의 일부를 이루는 장소가 우리가 피해자가 될 가능성, 범죄자가 될 가능성에 영향을 미친다는 것이다. 이 이론에서는 우리가 어디서 시간을 보내느냐가 중요하다. 예를 들어 한 연구는 온라인 쇼핑을 하느라 많은 시간을 보내는 사람이 사기의 피해자가 될 가능성이 더 높다는 사실을 발견했다.15 또 다른 연구에서는 부모의 관리 없이 스마트폰을 사용하면서 시간을 많이 보내는 청소년의 경우에는 원치 않는 섹스팅(성적으로 문란한 내용의 문자메시지나 사진을 휴대폰으로 전송하는 것—옮긴이)을 받을 확률이 더 높다고 나왔다.[16]

국가 수준에서는 더욱 그렇다. 어느 대규모 연구에 따르면 "인구당 인터넷 사용자 수가 더 많은 부유한 국가의 경우 사이버범죄 활동이 더욱 활발하다"[17]고 한다. 직관적으로 말이 된다. 권투 선수는 머리에 손상을 입을 확률이 더 높고, 총기가 많이 퍼져 있으며 총기 구입을 제대로 통제하지 못하는 국가에서는 총기 난사 사고 확률이 높은 것과 같은 이유다. 범행과 관련해서 말하자면, 제대로 통제되지 않는 공간에서 사람들에 둘러싸여 시간을 보내는 것도 위험 요인에 해당한다. 쉬운 표적이 있으면 좀처럼 그러지 않을 것 같은 사람도 범죄자가 될 수 있다.

온라인상에서는 타인을 비인간화하기가 더 쉽기 때문에 사이버범죄도 더 쉬워진다. 타인을 더 이상 인간으로 보지 않으면 더 끔찍한 일도 서슴없이 할 수 있다. 온라인 활동은 육체와 분리되어 이루어지는 경험이다. 인터넷은 좋든 싫든 우리를 육체적 자아로부터 자유롭게 해준다. 사람과 실제로 접촉할 때는 여러 감각을 통해 상호작용함으로써 상대방이 살과 뼈로 이루어진 연약하고 민감한 존재임을 잊지 않지만 온라인으로 상호작용할 때는 이런 부분이 결여되어 추상적이고 밋밋한 형태로 타인을 경험하게 된다.

또한 사람들은 그 어느 때보다 더 신속하게, 더 많은 해악을 끼칠 수 있다. 컴퓨터 과학자 프란슈 굽타와 라몬 마타 톨레도에 따르면 사이버범죄는 추상적일 뿐만 아니라 심리적으로 폭력적이기도 하다. "사이버범죄는 사람을 대상으로 저질러지는 그 어떤 범죄보다도 더 많은 심리적 해악과 박탈을 야기할 수 있다."[18] 나이지리아의 왕자에게 돈을 보내게 만드는 이메일 사기부터 개인의 사생활이 담긴 사진을 유포하는 행위, 돈을 지불하지 않으면 훔쳐낸 상대의 성 관련 정보를 세상에 공개하겠다고 협박하는 해커에 이르기까지 사이버범죄가 우리 삶에 끼치는 피해는 엄청나다. 그리고 인터넷과 연결된 장치의 사용이 증가하면서 이제는 난방 기구, 자동차, 현관문까지도 해킹이 가능해졌다. 개인적 차원의 문제만 나열해도 이렇다.

규모를 넓혀보면 회사, 정치 조직, 공공서비스 영역도 흔하게 표적이 된다. 2021년 즈음이면 전 세계적으로 사이버범죄 때문에 들어가는 돈이 1년에 6조 달러에 이를 것으로 추산된다.[19] 이정도면 전 세계 마약 거래에서 발생하는 이윤보다도 짭짤한 돈이다.[20]

사업체가 사이버범죄로 치를 수 있는 대가는 다양하다. 금전상 손해, 데이터의 손상이나 파괴, 생산성 저하, 지식재산권 탈취, 금융 정보나 개인 정보의 절도, 도용, 사기, 명예훼손, 그리고 조사를 의뢰하고 데이터와 시스템을 복구하고 문제 있는 데이터를 삭제하면서 들어가는 비용 등이 이에 해당한다. 선거 과정을 해킹하고 조작하는 것은 민주주의 자체를 위협한다. 여기서는 봇이나 인간이 아닌 다른 행위 주체들이 점점 더 큰 역할을 하고 있다. 페이스북이나 케임브리지 애널리티카Cambridge Analytica 같은 조직들이 우리의 개인 데이터를 무책임하게 사용하는 것도 우리가 세상을 어떻게 바라볼지, 누구에게 투표할지에 심오한 영향을 미치고 있다. 또한 군사용, 경찰용, 교도소용, 공공의료 서비스용 컴퓨터 등 공공서비스 데이터에 접근해서 조작하는 일까지 가능해지면서 우리 삶의 방식이 위협을 받고 있다.

하지만 이것이 악한가? 역사상 가장 큰 사이버공격 중 하나를 예로 들어보자. 바로 워너크라이 공격WannaCry attack이다. 민감한 의료 파일의 온라인 저장 안정성을 전문적으로 연구하는 제시 에렌펠드는 이 공격을 다음과 같이 요약했다. "2017년 5월 12일 금요일, 워너크라이 혹은 워너크립트WannaCrypt를 이용한 대규모 사이버공격이 개시되었다. 마이크로소프트 윈도우 시스템을 표적으로 하는 이 랜섬웨어 바이러스는 며칠 만에 150개 국가에서 23만 대 이상의 컴퓨터를 감염시켰다. 일단 바이러스가 활성화되면, 감염된 시스템을 되돌리고 싶다면 비용을 지불하라고 바이러스가 요구한다."[21] 이 바이러스는 화면에 이런 오류 메시지를 팝업창으로 띄운다. "이런, 당신의 파일들이 암호화됐어요!" 그러고는 사용자에게 특정 인터넷 링크로 300달러어치의 비트코인을 지불해야 한다고 말한다.[22] 비트코인이 사이버범죄에 사용되기 좋은 점은 판매자나 구매자 모두 상대방이 누구인지 모르며 대부분 익명으로 돈을 보낼 수 있다는 점이다.

에렌펠드는 이어서 이렇게 말했다. "광범위하게 퍼져나간 공격으로 에너지, 수송, 해상운송, 전기통신, 그리고 물론 보건의료에 이르기까지 수없이 많은 분야가 타격을 받았다. 영국의 국민건강보험NHS이 보고한 바에 따르면 컴퓨터, MRI 스캐너, 혈액

저장 냉장고, 수술실 장비들이 모두 영향을 받았을지도 모른다고 했다. 또한 환자 간호가 방해받았고, 공격이 절정에 달했을 때는 NHS도 비치명적 응급상황non-critical emergency까지 대응하기가 버거워 공격에 영향을 받은 기관으로부터 다른 곳으로 간호 업무를 이관해야 했다." 이 사이버공격 때문에 병원에서는 환자들을 돌려보내야 했다. 워너크라이 때문에 사람들이 죽을 수도 있는 상황이었다.

범죄의 규모는 방대하지만 우리는 이런 종류의 사이버범죄에는 악하다는 개념을 적용하지 않을 때가 많다. 워너크라이 사건을 예로 들어보자. 나는 이 사건을 '악'이라는 단어를 사용해서 표현하는 경우를 찾아보기 어려웠다. 그보다는 '착취적exploitative', '파괴적devastating'이라는 표현이 많았다. 그리고 그 책임은 마이크로소프트사, 피해 기업, 그 바이러스를 만든 해커 등에게 무작위로 전가되는 듯 보였다. 심지어 워너크라이 사건은 사악한 천재가 만들어낸 것이 아니라 자기 컴퓨터를 자주 업데이트하지 않는 사람들이 만들어낸 결과라 지적하는 기사도 보았다. 이것은 불법촬영물 범죄의 희생자에게 애초에 나체 사진을 찍지 말았어야 한다고 지적하거나 신원 도용 피해자에게 암호를 더 복잡하게 만들었어야 한다고 지적하는 것과 비슷한 피해자 책임전가에 해당한다. 원래 막상 일이 터진 후에 돌아보면 할 말이 많은 법이다.

하지만 학자라고 해서 모두 사이버 일상활동이론을 지지하는 것은 아니다. 2016년에 에릭 로이크펠트와 마지드 야르는 일상활동이론의 사이버범죄 적용 가능성에 대한 문헌들을 검토했다. 그리고 이런 연구 결과를 내놨다. "분석에 따르면 일상활동이론의 일부 요소들은 다른 요소들보다 더 적용 가능성이 큰 것으로 나왔다." 하지만 연구 전반에 걸쳐 큰 영향을 끼치는 것으로 보이는 것이 한 가지 있었다. "사이버범죄의 피해자가 되는 데는 가시성visibility이 분명 큰 역할을 하고 있다." 여기서 말하는 가시성이란 트윗을 올리고, 메시지를 보내고, 블로그를 운영하는 등의 활동을 말한다. 온라인에서 많은 장소를 돌아다닐수록 어느 시점에 가서는 우리에게 해를 입히고 싶어 하는 누군가를 우연히 마주칠 확률이 그만큼 높아진다는 것이다.

하지만 온라인상에는 우리가 그 중요성을 알고 있는 또 다른 유형의 가시성이 존재한다. 바로 범죄자의 가시성이다.

악플의 흔적

사이버 괴롭힘cyberbullying을 비롯해서 온라인상에서 이루어지는 많은 부적절한 행동의 핵심 예측 인자는 익명성 인식perceived anonymity인 것으로 밝혀졌다.[23] 연구를 통해 우리 중 많은 사람이 익명성이 없어도 온라인에서 악플을 달거나 감정을 표출하는 활동을 하는 것으로 밝혀지기는 했지만 익명성이 보장되면 사람들이 온라인에서 집단 행동을 하거나 집단적 기준을 따를 가능성이 훨씬 높아진다.[24]

온라인 익명성 연구들을 메타 분석한 결과에 따르면 시각적 익명성이 보장되는 경우, 즉 다른 사람들이 자신의 사진이나 동영상 자료를 볼 수 없음을 아는 경우에는 특히나 그렇다.[25] 혹자는 그 이유가 익명성이 우리를 탈개인화하기 때문이라 주장했다. 이것은 우리를 얼굴과 이름이 있는 인간이 아니라 온라인에서 활동하는 형태 없는 덩어리의 일부로 보이게 만든다. 그리고 그 온라인상의 덩어리는 아주 심술궂은 행동을 할 수 있다.

사이버 괴롭힘은 악한가? 온라인에서의 괴롭힘은 물리적 폭력을 동반하는 경우가 별로 없는데도 실생활에서의 괴롭힘보다 더 나쁘다고 여겨질 때가 많다. 괴롭힘이 공공의 영역에서 이루어지고 범죄자가 누구인지 알 수 없다는 점도 한몫한다.[26] 또 한 가지 문제점은 물리적 괴롭힘과 달리 사이버 괴롭힘은 온라인상의 어디서나 특정 인물을 쉽게 쫓아다닐 수 있다는 것이다. 그래서 사이버 괴롭힘으로부터 거리를 두기가 어렵거나 심지어 불가능할 수도 있다. 사이버 괴롭힘은 자살, 정신 건강상의 문제를 유발하거나 학교나 직장을 떠나게 만드는 등 생활방식의 큰 변화를 일으키는 주요 인자가 될 수 있다.

그렇다면 이런 질문이 뒤따른다. 이런 짓을 하는 사람은 누구인가? 온라인 세상을 악플을 다는 자와 악플을 달지 않는 자로 나누고 싶은 유혹이 든다. 우리는 품위 있는 사람이고, 그들은 온라인 쓰레기들이라고 말이다. 하지만 당신도 아마 누군가를 공격하거나 아프게 만들려고 온라인상에 의도적으로 무언가를 올려본 경험이 있을지 모른다. 나 역시도 그렇다. 나는 최대한 예의를 갖추려고 하지만 트위터에서 싸움이 붙었을 때 쉽게 물러나는 타입은 아니다. 온라인에서는 분위기가 급박하게 달궈지는 일이 흔하고 그럴 때 우리는 면전에 대고는 결코 입 밖으로 뱉지 못했을 말을 하고 만다.

저스틴 쳉 연구진은 이 부분을 조사하기 시작했다. 이들은 2017년에 발표한 논문에서 이렇게 물었다. "악플을 다는 사람은 특별히 반사회적인 사람들인가, 보통 사람들(당신과 나 같은 보통 사람, 즉 인터넷 세계의 '착한' 거주자들)인가?"[27]

연구자들은 667명의 사람에게 5분짜리 퀴즈를 온라인상에서 풀게 했다. 이 퀴즈에는 논리 문제, 수학 문제, 단어 문제 등이 포함되어 있었다. 참가자들 모르게 그중 절반은 쉬운 퀴즈를 배정받았고, 나머지 절반은 어려운 퀴즈를 배정받았다. 쉬운 집단에 속한 사람들은 'PAPHY'('Happy', 행복한) 같은 철자 순서 뒤바꾸기 퀴즈를 푼 반면 어려운 집단에 속한 사람들은 'DEANYON'('Annoyed', 짜증난) 같이 더 어려운 철자 순서 뒤바꾸기 퀴즈를 풀어야 했다. 이에 더해 퀴즈가 끝날 때 쉬운 집단에 속한 참가자들은 평균 이상의 점수를 받아 아주 잘했다는 피드백을 받은 반면 어려운 집단에 속한 참가자들은 평균 이하의 점수로 성적이 나빴다는 피드백을 받았다.

사람들은 일반적으로 평균 이하의 수행 점수를 받는 것을 싫어한다. 사실 이것은 사람들을 기분 좋거나 나쁘게 만들기 위해 기획된 퀴즈였다. 연구자들은 기분이 좋아진 참가자와 기분이 나빠진 참가자들이 그 감정을 그대로 다음 실험 단계로 갖고 가기를 바랐다. 다음 단계에서는 참가자들에게 익명 댓글로 온라인 토론에 참가하도록 요청했다. 이 연구는 2016년 미국 대통령 선거에 앞서서 이루어졌고, 참가자들에게 여성이 힐러리 클린턴에게 투표해야 할 이유를 설명하는 기사를 보여주었다. 그 기사 아래로 처음 세 개의 댓글은 중립적이거나 부정적인 댓글이었다. 이 기사와 댓글 모두 실제 온라인 토론에서 가져온 것이었다. 부정적 악플의 사례는 다음과 같았다. "아무렴 그렇고 말고. 거짓말쟁이에 학대를 방조하고, 이제 곧 중죄인이 될 월스트리트의 배신자를 다음 대통령으로 뽑읍시다. 당신의 딸을 위해서라도 그렇게 하세요. 당신이 롤모델이니까." 반면 중립적이면서 긍정적인 게시물은 다음과 같았다. "저는 여자입니다. 힐러리가 여자라서 투표할 필요는 없다고 생각해요. 그녀가 대통령 자격이 있다고 믿는다면 그녀에게 투표하세요."

연구자들은 기분이 나빴던 참가자들은 기분이 좋았던 참가자들보다 악의적인 댓글을 더 많이 게시하는 것을 알아냈다. 특히나 다른 사람들이 올린 악플에 노출됐을 때는 더욱 그랬다. 부정적 기분-부정적 맥락에 놓여 있던 참가자가 올린 게시물 중 68퍼센트가 악플성 게시물이었고, 이는 긍정적 기분-긍정적 맥락에 놓여 있던 참가자의 결과인 35퍼센트보다 거의 두 배에 육박하는 양이다. 실생활과 비슷하게 온라인에서도 우리는 기분이 나쁜 상태에서 다른 사람들이 야비한 짓거리를 하는 것을 보면 덩달아 야비한 행동을 할 가능성이 훨씬 커진다.

논문의 저자들은 이를 두 과정이 낳은 결과라 설명한다. 첫 번째는 사회 전염이다. 이것은 사람은 감정, 행동, 태도가 한 사람에게 다른 사람에게로 전달되기 때문에 주변 사람들이 행동하는 대로 따라하는 경우가 많다는 것을 보여준 수십 년의 연구 내용을 말하는 것이다. 이와 관련된 개념이 바로 정상화normalisation다. 정상화는 우리 중 많은 사람이 무언가를 하고 있으면 그것이 부적절한 것이라 해도 마치 정상적인 것처럼 느끼는 상태를 말한다. 정상화는 또한 다른 사람들이 하는 행동을 함께 따라 해도 부정적인 결과가 생기지 않을 거라 생각한다는 의미도 있다. 우리는 정상과 어긋나는 행동을 두려워할 때가 많다. 자신이 괴롭힘의 표적이 되기는 원치 않기 때문이다.

연구자들은 이렇게 말한다. "사회 전염의 메커니즘을 설명한 앞선 연구들을 이용해 설명하자면 참가자들은 기사를 읽고 난 초기에는 부정적인 의견을 지닐 수 있지만 자제력과 환경적 단서environmental cue 때문에 그것을 노골적으로 외부로 표현할 가능성은 높지 않다. 하지만 부정적 맥락은 다른 사람들도 자기와 비슷한 반응을 보이고 있다는 증거를 제공해주기 때문에 부정적 반응을 표출해도 된다는 느낌을 준다." 더불어 "부정적 기분은 기사를 읽고 느낀 부정적 감정을 더욱 강화해서 자기 조절 능력을 떨어뜨리기 때문에 참가자들이 감정을 행동으로 표출하기 쉬워진다"는 것이다.

인터넷 댓글을 대상으로 대규모 분석을 해본 결과를 보면 악플 행동을 설명하는 데 있어서는 해당 개인이 과거에 어떻게 악플 행동을 했느냐보다는 그 개인이 어떤 기분, 어떤 맥락에서 논의에 참여하고 있느냐가 더 중요하다는 것을 알 수 있다고 한다. 바꿔 말하면 평상시에 안정적으로 나타나는 성격보다는 그 당시의 맥락이 더 중요하다는 말이다. 그렇다면 누구나 짜증나는 악플러가 될 수 있다. 당신조차도 말이다.

기술은 자율권을 부여할 수도 착취할 수도 있는 새로운 방법, 인간을 인갑답게 할 수도 있고 비인간화할 수도 있는 새로운 방법을 제시하고 있다. 온라인에서는 모두 끔찍한 인간이 될 수 있다고 해서 그런 행동을 정당화할 수 있는 것은 아니다. 오프라인에서 야비한 인간이 아니라면 온라인에서도 그런 인간이 되지 말자. 다음의 두 가지 방법이 도움이 될 것이다.

1. 자신의 온라인 경험을 다시 인간화하자. 당신이 온라인에서 만나고 있는 사람의 얼굴을 머릿속에 그려보자. 그들의 감정적 반응, 당신의 온라인 활동이 낳을 인간적 결과를 머릿속에 그려보자. 온라인에서도 사람들에게 친절하자.

2. 온라인에 글을 쓸 때는 마치 그 글을 나중에 법정에서 녹취 증거물로 읽을 날이 올 것처럼 쓰자. 당신이 온라인에서 쓴 글, 취한 행동은 대부분 법정에서 당신에게 불리한 증거로 사용될 수 있다. 나는 전문가 증인expert witness과 작업할 때 트위터, 페이스북 메시지, 이메일 등이 법정 증거로 제출되는 경우를 자주 본다. 방자하게 온라인에 올린 악플이 당신에게 후회스러운 역사를 남길 수 있다. 인터넷은 절대로 잊지 않는다.

(다만 적어도 유럽연합에서는 잊힐 권리를 인정하고 있다. 그 사례는 다음의 자료를 참고하라. UK Information Commissioner's Office, Guide to the General Data Protection Regulation, 'Right to Erasure': <https://ico.org.

uk/for-organisations/data-protection-reform/overview-of-the-gdpr/indi-viduals-rights/the-right-to-erasure/>)

우리 모두는 화려하고 새로운 사이버 세계의 시민이다. 이 세상을 살 만한 곳으로 만들 수 있는 사람은 우리밖에 없다.

최근에는 희망도 보인다. 이 거친 세상에서도 온라인의 '악'을 성공적으로 꺾을 수 있는 여러 가지 방법이 존재한다. 온라인 업체들은 자기네 사이트에서 판매 가능한 물품에 대한 입장을 밝히고 있다. 그리고 온라인에서 아동 포르노가 퍼지는 것을 막기 위한 국제적인 노력도 이루어지고 있다. 경찰이 침투해 들어가 불법행위를 하는 개인들을 찾아내면서 어둠의 웹사이트들도 점점 밝아지고 있는 중이다. 회사에는 인공지능 윤리학 이사회가 등장하고 있다. 이것은 시작일 뿐이다.

하지만 해커, 악플러, 봇 등을 한 번에 하나씩 맞서 싸우는 식으로는 효과를 보지 못한다. 이 과제를 해결하려면 전통적인 범죄학이나 정책만으로는 부족하다. 컴퓨터 전문가들을 데리고 와야 한다. 눈에는 눈, 이에는 이다. 따라서 해커는 해커로, 인공지능은 인공지능으로 막아야 한다. 가장 중요한 부분은 우리 모두가 더욱 양심적인 소비자이자 기술의 창조자가 되어야 한다는 것이다.

다음 장에서는 역시나 실제의 삶과는 다른 방식으로 온라인에서 발현되는 인간적 성향에 대해 알아보겠다. 인간은 각자 다른 성생활을 한다. 온라인에서 사람들은 실제의 삶과 다르게, 어쩌면 더 개방적으로 성생활을 하는 것으로 알려져 있다. 이런 개방성이 좋은 것일까? 온라인으로 부적절한 포르노를 보다가 실제로 그것을 행동으로 옮기는 시점은 언제일까? 이번에는 당신의 변태적인 면을 살펴보고, 당신의 온라인, 오프라인 연애 생활의 가장 어두운 측면들을 살펴보겠다.

5장

변태 : 이상성욕의 메커니즘

사디즘과 마조히즘, 커밍아웃, 동물성애에 관하여

혹시 스스로 변태라고 생각하는가? 아마도 당신은 진짜 변태가 무엇인지 알지도 못할 것이다.

런던에는 섹스 클럽이 있다. 사실 섹스 클럽은 많지만 특별히 돌풍을 일으킨 한 섹스 클럽이 있다. 월마다 열리는 행사 때문이다. 이 행사에는 수천 명이 참가하며 참가권은 몇 주 전에 이미 동이 난다. 페티시 복장을 의무적으로 착용해야 하며 이를 따르지 않을 경우 문 앞에서 제지당할 수 있다. 편하게 입을 수 있는 복장을 하고 왔다면 입장이 불가하다. 여기에는 풍자극burlesque 댄서와 가수들이 등장하고, 지하 감옥, 난교 파티 룸이 마련된다. 불 쇼도 등장하고 스트립 댄싱, 신체 결박bondage 퍼포먼스 등이 펼쳐진다. 가끔은 무대 위에서 '피의 공연bloodplay'이라는 것도 열린다. 피의 공연이 뭘까? 꼬챙이나 바늘 같은 것으로 자신의 피부를 뚫거나 자극해서 피를 보는 것이다. 가죽과 라텍스, 모피와 호모, 고통과 쾌락이 공존하는 이 마법의 장소는 '토처 가든Torture Gardens(고문의 정원)'이라 불린다.

이곳은 성적 일탈의 왕국, 궁극적 자기표현의 왕국이다. 그런데 중요한 점은 이곳이 긍정 동의affirmative consent의 공간이라는 점이다. 상대방에게 무언가를 해도 괜찮은지 분명하게 묻고, 상대방으로부터 '그래도 좋다'라는 대답을 분명하게 받지 않고는 그 무엇도 해서는 안 된다. 그리고 이런 동의는 어느 시점에서든 철회가 가능하다. 변태 공동체에서는 자신이 원하는 어떤 사람이든 될 수가 있고, 원하는 장소에서 원하는 것은 무엇이든 할 수 있지만 이 모든 일은 전적으로 동의를 바탕으로 이루어져야 한다. 부절적하다고 여겨지는 행동을 할 경우에는 추방을 당한다. 부분적으로는 이런 부분 때문에 변태 공동체는 놀라울 정도로 자율권이 존중받는 환경일 수 있다. 특히나 여성에게 그렇다.

하지만 동의를 바탕으로 이루어진다고 해도 채찍질을 당하고, 사슬로 감기고, 모멸을 당하는 것이 어떻게 자율권을 북돋우는 성행위가 될 수 있는지 이해하기 어려울 것이다. 정말로 사람이 이런 것을 원할 수 있다는 말인가?

토처 가든은 인간이 빠져들 수 있는 변태적인 행위들을 그려놓은 거대한 사회적 초상화인 셈이다. 이번 장에서는 어째서 우리 중 일부는 거친 섹스를 좋아하는지, 왜 많은 여성에게 강간에 대한 판타지가 있는지, 그리고 이 모든 것이 통제를 벗어났을 때 어떤 일이 일어나는지 등에 대해 과학적으로 살펴보겠다. 먼저 합의를 바탕으로 한 성행위에서 시작할 것이다. 이어서 성폭행과 수간에 대해서도 알아보자. 하지만 먼저 당신에게 물어보고 싶다. 당신은 어떤 잠자리를 선호하는가?

비정상적인 성행위에 대한 얘기를 꺼내기 전에 먼저 정상적인 성행위의 의미가 무엇인지부터 살펴보아야 한다. 작은 검사부터 시작해보자. 아래 보기가 나와 있다. 당신이 이런 것을 시도해본 적이 있든 없든 간에 각각의 보기를 보고 성적으로 얼마나 흥분되는지 답해보자. '아주 역겹다'의 경우에는 -3점, '아주 흥분된다'의 경우에는 +3점, '아무런 느낌 없다'의 경우에는 0점으로 점수를 매기면 된다.

1. 당신은 낯선 사람의 나체를 몰래 지켜보고 있다.

2. 당신은 고무, PVC, 가죽 같은 물질을 만지고 있다.

3. 낯선 사람이 바라지 않는데도 당신은 그 사람의 몸을 만지거나 그 사람에게 몸을 비비고 있다.

4. 당신은 누군가에게 수갑을 채우거나 그런 시도를 하고 있다.

5. 당신은 누군가에게 엉덩이 체벌을 당하거나 매를 맞거나 채찍으로 맞고 있다.

6. 당신은 누군가에게 성행위를 강요하고 있다.

7. 당신은 자신의 성별이 바뀐 상상을 하고 있다.

8. 누군가가 당신에게 오줌을 싸고 있다.

9. 누군가가 당신에게 똥을 싸고 있다.

10. 당신이 동물과 섹스를 하고 있다.

위 목록에서 아래로 내려갈수록 점수가 낮아질 확률이 높은데, 당신만 그런 것이 아니다. 나는 이 순서를 2016년의 한 연구에서 나온 결론에 맞추어 나열했다. 이 연구는 대중을 대상으로 이상성욕에 대해 이루어진 대규모 조사 중 하나다. 여기에 소개한 항목들은 연구자 사만다 도슨과 그 동료들이 1,000명 이상의 참가자들에게 던진 질문 40개 중 10개만 추려낸 것이다.[1] 그녀는 대중에게서 이상성욕적 관심paraphilia interest의 출현율이 얼마나 되는지 살펴보고 있었다. 이상성욕적 관심이란 다른 사람들은 성적 흥분을 느끼지 않는 것에 성적 흥분을 느끼는 것을 말한다.

이상성욕paraphilia은 '정상성욕normophilia'과 대비된다. 정상성욕이란 것은 누군가가 정상적인 섹스를 좋아한다는 사실을 다소 웃기게 표현하는 방법이다. 정신 건강을 진단하는 데 사용되는 중요한 기준 자료인『정신 질환 진단통계편람(DSM-5)』에 따르면[2] 정상성욕적 관심은 "성기를 자극하는 행동, 혹은 표현형phenotype이 정상적이고 육체적으로 성숙해 있고 동의를 표시하는 인간 파트너와 본격적인 성행위를 준비하면서 애무하는 행동"을 수반한다. 이 정의에 따르면 정상적으로 보이고, 다 자란 어른이고, 성행위에 동의를 표현하는 누군가의 은밀한 부위를 만지는 경우에만 성적으로 정상에 해당된다. 그렇다면 자신의 선택에 의해서든 유전적 변이에 의해서든 남들과 다르게 보이는 사람에게 끌리는 것은 병적이란 의미일까?

나만 이런 정의를 문제 삼는 것이 아니다. 이상성욕 연구자 크리스티안 조얄은 이 정의를 크게 비판하면서 "이런 유형의 정의

(정상성욕)는 의학적, 과학적 증거보다는 역사적, 정치적, 사회 문화적 요인에 크게 의존하고 있다"라고 주장한다.3 정상에 대한 우리의 정의도 시간이 흐름에 따라 변하기 때문에 비정상적인 것에 대한 정의도 분명 변할 수밖에 없다. 조얄은 이렇게 설명한다. "예를 들어 동성애의 경우 1973년까지 정신 질환 목록에 올라가 있다가 DSM-II에서 지워졌다. (중략) 최초의 킨제이 보고서Kinsey report{미국의 동물학자 킨제이가 조사, 발표한 현대인의 성 보고서. 이를 통해 현대인의 성생활 실태가 밝혀져 큰 반향을 불러일으켰다—옮긴이}가 나올 1948년 당시만 해도 구강성교, 항문 성교, 동성 간 성행위는 미국의 여러 주에서 범죄 행위로 취급당했다. 그렇다면 미래에는 DSM-5에 나와 있는 이상성욕 대해 어떤 평가가 나올까?"

이것이 이 책에서 다루는 주제다. 우리는 무언가를 두고 비정상적이며 악하거나 나쁜 것이라 꼬리표를 붙이곤 하지만 정상적인 것이 실제로 무슨 의미인지 적절히 정의하지 못할 때가 많다. 그렇다면 우리가 성적 일탈이라고 여기는 행위가 실제로 얼마나 비정상적인지 살펴보자.

도슨의 연구에 따르면 남성과 여성 모두에서 성적으로 가장 흥분되는 항목은 관음증voyeurism과 관련이 있었다. 낯선 사람이 누군가 자신을 바라보고 있음을 눈치 채지 못하고 나체로 있거나 성행위를 하고 있는 동안 그 모습을 몰래 바라본다는 생각에 성적 흥분을 느끼는 사람은 남성 중 52퍼센트, 여성 중 26퍼센트 정도였다. 그다음으로 사람들을 흥분시키는 항목은 페티시로 남성 중 28퍼센트, 여성 중 11퍼센트가 신발, 가죽, 레이스 등의 무

생물 물체를 사용하는 것에서 성적 흥분을 느꼈다. 페티시에 대해서만 살펴본 또 다른 연구에 따르면 특히나 신발이 성적인 페티시 목록에서 정상을 차지했다. 이런 성향을 발기호증podophilia이라고 한다.[4] 이런 것에 성적 흥분을 느끼는 사람이 많은 것을 보면 이 판타지가 비정상이라고 말하기는 힘들다.

그다음 자리는 마찰도착증frotteurism이 차지했다. 남성 중 19퍼센트, 여성 중 15퍼센트가 상대방이 모르는 사이에 그 사람의 몸을 만지거나 비빈다는 생각에 성적 흥분을 느꼈다. 일부 사람이 공공장소에서 벌이기 좋아하는 일로는 노출증이 있다. 남성과 여성 모두 6퍼센트 정도가 낌새를 못 차리고 있는 사람에게 자신의 성기를 노출한다는 '생각'을 좋아했다(기존에는 이런 선호도가 여성보다는 남성에서 더 높게 나왔다).[5] 마지막으로 남성 중 4퍼센트, 여성 중 5퍼센트가 음란한 전화 통화를 한다는 생각만으로도 성적 흥분을 느낀다. 이것을 음란전화증scatalogia이라 한다.

가장 지저분한 항목이 성적 흥분도 가장 덜 자극했다. 이 항목은 행위가 끝나고 난 후에 꼭 샤워를 할 필요가 있다. 남성 중 8퍼센트는 누군가에게 오줌을 누거나 누군가 자기에게 오줌을 눈다는 생각에 흥분을 느꼈다. 이것을 오줌성애증urophilia이라고 한다. 이것은 남성들 사이에서는 꽤 인기 있는 아이디어임이 입증된 반면 여성 중에서는 이런 비뇨기과적 행동이 섹시하다고 느끼는 사람이 0.8퍼센트에 불과했다. 대변에 대한 생각으로 성적 흥분을 느끼는 대변성애증scatophilia, 피를 보며 흥분을 느끼는 혈액성애증haematophilia도 목록에 올라 있기는 했지만 이것을 섹시하다고 여기는 사람은 거의 없었다. 이외에도 연구자들이 물어보지 않은 판타지가 많기 때문에 이 목록은 결코 포괄적인 목록이 아니다. 하지만 이런 성적 판타지들이 얼마나 폭넓고 또 놀라울 정도로 흔한지 대략 감은 잡을 수 있을 것이다.

하지만 이 조사를 비롯해 몇몇 다른 연구자들은 대단히 광범위하게 펴져 있는 성적 판타지의 한 유형을 찾아냈다. 워낙 광범위하게 퍼진 것이라 나는 아예 일부를 통째로 그 주제에 할애하기로 했다. 바로 가학피학증, 즉 사도마조히즘sadomasochism의 판타지다.

탈억제의 50가지 그림자

『그레이의 50가지 그림자』라는 책이 커다란 성공을 거둔 것을 보면 '사람들이 성적으로 흥분할 수 있는 대상' 목록에서 가장 인기가 많은 항목 두 개도 아마 별로 놀랍지 않을 것이다. 남성 다섯 명 중 한 명(19퍼센트), 그리고 여성 중 10퍼센트 정도가 잠자리에서 사디즘을 즐긴다. 이들은 상대방에게 해를 가하고 창피를 준다는 생각에 성적으로 흥분을 느낀다고 말한다. 그 반대인 마조히즘masohism은 남성 중 15퍼센트, 여성 중 17퍼센트가 섹시하다고 여겼다. 여성들은 모욕을 당하고, 매를 맞고, 결박당한다는 생각에 남성보다 성적 흥분을 느끼는 경우가 많았다. 하지만 그 차이가 크지는 않았다.

2017년에 벨기에에서 1,027명의 무작위 추출 표본 집단을 대상으로 이루어진 또 다른 연구에서는 BDSM(결박bondage, 지배 dominance, 사디즘sadism, 마조히즘masochism) 선호 비율이 훨씬 높게 나왔다.[6] 거의 절반 정도(46.8퍼센트)가 BDSM과 관련된 활동 중 적어도 한 가지를 수행해본 적이 있다고 했고, 22퍼센트는 그에 대해 공상해본 적이 있다고 진술했다. 12.5퍼센트는 BDSM 관련 활동 중 적어도 한 가지를 정기적으로 한다고 보고했다. 만약 당신이 거친 잠자리를 선호하는 사람이라면 당신만 그런 것 같지는 않으니 너무 걱정할 필요는 없을 것 같다.

연구진은 이런 말로 논문을 마무리하고 있다. "대중에게서 BDSM에 대한 관심도가 높게 나온다. 이는 이런 관심을 병적인 것으로 묘사하며 오명을 씌워서는 안 된다는 것을 강력하게 입증해 보인다." 이들은 수많은 사람이 BSDM 활동에 관심을 갖고 있는 마당에 그런 활동을 일탈로 취급해서는 안 된다고 주장하고 있다. 하지만 BDSM이 주류의 성적 활동으로 받아들여진다면 그것이 사람들에게 호소하는 매력이 어쩌면 반감될지도 모른다.

사람들은 왜 사도마조히즘을 섹시하다고 여길까? 권력에 이끌리는 것이라는 가정이 오랫동안 대세였다. 하지만 사회학자 요리스 라메르스와 롤랜드 임호프는 이런 관련성을 실제로 검증해보기로 결심했다. 이들은 논문에서 이렇게 주장한다. "이런 주장이 문화적으로 자명한 이치로 취급받는 지경에 이르렀지만 권력과 사도마조히즘 사이의 관련성이 진실인지 검증해본 연구는 지금까지 없었다."[7]

상황을 바로잡기 위해 이들은 1만 4,306명의 참가자들에게 권력, 지배, 성적 관심에 관한 짧은 설문지를 작성하게 했다. 그리고 사람들이 매력을 느꼈던 부분은 권력만이 아님을 알아냈다. 저자들은 이렇게 말한다. "흔히들 사도마조히즘에 관한 욕망은 잠자리에서 권력의 역학을 시연하려는 욕망을 반영한다고 믿고 있고, 이런 믿음은『그레이의 50가지 그림자』등의 소설을 통해 강화되었지만 이 연구 결과는 이러한 믿음을 반박하고 있다." BDSM은 숨어 있고 억눌려 있었던 우리의 성격이 잠자리에서 드러난 결과가 아니었다. 예를 들어 여성은 철저한 페미니스트이면서도 결박을 당하거나 재갈을 물린 채 섹스하는 것을 좋아할 수 있다. 왜 그럴까? 권력과 섹스의 관계에 완전히 다른 무언가가 연관될 가능성이 많기 때문이다. 여기서는 권력이 목적이 아니다. 권력은 목적을 위한 수단에 불과하다.

권력은 우리의 탈억제disinhibition를 도와준다. 그리고 탈억제는 우리로 하여금 섹스의 '상황에 따른 압력situational pressure'을 극복하게 돕는다. 인간이라는 존재는 남들 앞에서 어떻게 행동해야 하는지 교육을 받으며 자란다. 우리는 스스로를 억제해 자신의 욕망을 정중하고 공손하고 신중하게 표현한다. 하지만 잠자리에서는 이런 억제가 섹스의 재미를 막아버릴 수 있다. 잠자리에서의 즐거움을 위해서는 긴장을 풀고 제멋대로 행동하고 불안감과 정상적인 사회적 관습을 잠시 내려놓을 수 있어야 한다.

그에 따라 라메르스와 임호프는 탈억제 가설을 제안했다. "권력의 효과는 탈억제 과정을 통해 달성된다. 탈억제는 사람들로

하여금 일반적인 성적 규범을 무시하고, 특히 자신의 성별과 관련된 성적 규범을 무시할 수 있게 해준다." 이들은 우리가 사도마조히즘에 끌리는 이유는 권력 규범을 재연하기 위함이 아니라 주장한다. 권력 규범의 재연이라는 개념은 성차별주의적면서 당혹스럽게도 사디즘적인 것처럼 느껴질 때가 많다. 대신 사조마조히즘은 우리에게 의도적으로 규칙을 깨뜨릴 수 있는 환경을 창조해준다. 누군가가 우리에게 권력을 휘두르고 있거나 우리가 다른 사람을 향해 권력을 휘두르고 있는 동안에는 사회적 규범을 쉽게 내려놓을 수 있다. 이런 때에는 자기가 남들에게 어떤 모습으로 비칠지, 남들이 무슨 생각을 하고 있을지 걱정하게 만드는 내면의 대화를 꺼야 한다. 이 일탈 상황에서는 하고 싶은 것을 마음대로 할 수 있으며 평상시의 생각을 끊어버리고 쾌락을 탐닉할 수 있다.

이런 판타지와 행동에 대한 수용 가능성은 집단마다 크게 달라진다. 특히 종교를 갖고 있는 사람들에게는 이런 불경스러운 생각을 갖는 것만으로도 고해성사를 하고, 그 생각을 절대로 행동으로 옮기지 않게 해달라고 기도할 이유가 될 수 있다. 동성애 판타지에서 결박에 이르기까지 당신에게는 전혀 문제될 것 없어 보이는 것들이 남들에게는 야만적인 사고방식으로 보일 가능성이 크다. 한 국가에서는 문제가 없는 성적 선호도가 다른 나라에서는 중죄가 될 수도 있다.

하지만 다행히도 자신의 더러운 생각이 부적절한 성적 행동으로 이어지지 않을까 걱정하는 사람이 있다면 너무 크게 걱정할 필요는 없을 것 같다. 심리학자 해롤드 라이텐버그와 크리스 헤닝에 따르면 "많은 사람들이 '금지된' 성적 판타지를 갖고 있지만 여러 가지 현실적, 윤리적 이유로 그런 판타지를 실천에 옮기려는 욕망을 실제로 느끼지는 않는다"[8]고 한다. 2장에서 다루었던 살인 판타지의 경우와 마찬가지로 판타지는 외설적이고 은밀한 허구의 이야기로 남아 있을 때가 많다.

지금쯤이면 눈치챘겠지만 나는 난감한 문제를 이해하려면 그 문제에 대해 대화를 나누어야 한다고 확고하게 믿는 사람이다. 우리를 불편하게 만드는 문제가 우리가 제일 심각하게 고심해보아야 할 문제인 경우가 많다. 무시한다고 해서 그 문제가 사라지지는 않는다.

하지만 다음으로 넘어가기 전에 분명히 해둘 것이 있다. 나는 성폭행이라는 문제를 대단히 심각하게 여긴다. 이것은 널리 만연한 악랄한 인간 본성 중 하나이며 많은 사람의 감정을 자극하는 사안이다. 나는 성폭행의 현실을 경시할 생각은 전혀 없다. 여기에 이어서 많은 사람이 갖고 있는 강간에 대한 모순적인 판타지를 살펴보려고 한다. 어떤 사람들은 이런 판타지를 실행으로 옮길 의도가 전혀 없음에도 자기 혼자만 그런 판타지를 갖고 있을까 봐 혼란스러워할 때가 있다.

판타지를 일탈로 정의하려고 들면 상황이 복잡해진다. 라이텐버그와 헤닝은 이렇게 주장한다. "판타지를 일탈로 정의하려면 판타지가 사회적으로 수용 불가능한 행동이 일어날 확률을 크게 높인다는 인과관계를 입증할 필요가 있을까? 아니면 그 행동이 결코 일어나지 않더라도 판타지와 수용 불가능한 행동의 내용의 유사성만으로 판타지를 일탈이라 부를 수 있을까?"

이것을 보면 질베르토 발레 사건이 떠오른다. 발레는 뉴욕시경의 경찰관이었다. 그는 야간 근무를 마치고 나면 종종 온라인 페티시 사이트에 접속한 후 'Girlmeat hunter(여자고기 사냥꾼)'라는 아이디로 정교하게 묘사한 성적 판타지 글을 게시했다. 그가 올린 이야기들은 그림처럼 상세하고도 잔혹했다. 이야기에는 윤간, 시신 훼손, 식인 등의 주제가 담겨 있었다. 그는 자신의 판타지를 실천으로 옮긴 적이 한 번도 없었지만 2013년 10월 현관문을 열고 들어간 순간, 자신의 가슴에 총을 겨누고 기다리는 경찰관들과 마주쳤다.[9] 그의 아내가 그의 이야기들을 발견하고 고발한 것이다.

그는 재판을 받았고 아내와 몇몇 다른 여성들을 잡아먹기 위해 납치, 유괴를 꾀한 혐의로 유죄판결을 받았다.[10] 언론에서 그는 '식인 경찰Cannibal Cop'로 널리 알려지게 됐다. 하지만 2015년 12월에 그는 판타지를 실천에 옮기려고 계획했던 증거가 전혀 없다며 항소심에서 무죄판결을 받았다. 선례가 된 이 판결에서 판사는 이렇게 말했다. "우리는 행동이 아닌 생각을 처벌할 권한을 정부에 부여하기를 원치 않는다. (중략) 여기에는 심기를 불편하게 만드는 제 아무리 비뚤어진 성적 판타지라 할지라도 개인의 판타지를 불법화할 권한은 없다는 의미도 포함된다."[11] 경계를 정확히 어디에 그어야 할지, 어느 지점부터 판타지를 그저 범죄의 서곡이 아니라 범죄 자체로 봐야 할지 결정하기는 대단히 어렵다.

식인 행위를 포함하는 성적 판타지는 지극히 드물지만 강간 등을 비롯한 폭력적인 성적 판타지는 꽤 흔하다는 사실을 알고 나면 이 문제는 훨씬 더 복잡해진다.

앞에서 소개했던 도슨의 성적 선호에 관한 연구에서 남성과 여성 모두 13퍼센트 정도는 동의하지 않는 낯선 사람과 섹스를 한다는(즉 강간) 생각에 흥분을 느꼈다. 강간기호증biastophilia이라고 하는 이 판타지의 대상은 연예인, 포르노 스타, 10년 전 자신의 대학교수, 섹시한 직장 동료, 혹은 상상 속의 낯선 인물이 될 수도 있다. 이 참가자들에게는 자기를 흥분시키는 아이디어에 점수를 매길 것을 요구했을 뿐, 그런 아이디어를 실제로 행동으로 옮긴 적이 있었거나, 옮길 생각이 있는지 물어본 것이 아님을 명심하자.

많은 여성이 권력에 압도당하거나, 자신의 의지에 반해서 굴복하도록 강요받는 성적 판타지를 갖고 있다. 악몽처럼 들릴 수도 있지만 이런 판타지가 성적 흥분을 유발하는 쾌락으로 경험될 수 있다. 2009년에 제비 비보나와 조셉 크리텔리는 연구를 통해 "현재 나와 있는 증거들은 여성이 강간 판타지를 갖는 것이 전혀 비정상적인 일도, 심지어 특이한 일도 아님을 보여주고 있다"[12]라고 밝혔다. 이 연구에 포함된 335명의 여성 중 62퍼센트는 강간 판타지가 있다고 했다. 이 여성들 대부분은 1년에 네 번 정도 강간 판타지를 꿈꾸지만, 14퍼센트는 일주일에 적어도 한 번 정도는 강간 판타지를 꿈꾸었다. 연구진은 이 결과가 그보다 앞선 연구들의 결과보다 조금 높다는 점을 짚는다. 이전 연구에서는 그 비율이 31퍼센트에서 57퍼센트 사이로 추정된 바 있다. 하지만 어느 쪽 연구 결과를 보든 이런 판타지가 흔하다는 점은 변함이 없다.

물론 수수께끼가 아닐 수 없다. 비보나와 크리텔리는 이렇게 묻고 있다. "여성의 강간 판타지는 연구자들에게 특히나 어려운 질문을 던졌다. 말이 안 되기 때문이다. 실제로 당했다면 정신적 상처를 남기는 혐오스러운 사건이었을 강간에 대한 판타지를 꿈꾸는 이유가 대체 무엇일까?" 연구진은 모순인 듯 보이는 이 현상은 다음과 같이 설명할 수 있다고 주장한다. "강간 판타지는 강간을 현실적으로 묘사하지 않는 경우가 많다. 이 판타지는 실제 강간의 일부 측면만을 강조하고 나머지 특성들은 누락하거나 왜곡한, 추상적이고 에로틱한 묘사일 때가 많다."

연구 참가자 중 실제로 성폭력을 당한 경험이 있는 피해자는 더더욱 그랬다. 강간의 현실을 잘 알고 있는 사람이 여전히 강간에 대한 판타지를 갖고 있다는 것이 이상하게 여겨질 수도 있다. 하지만 참가자들 중 78퍼센트는 실제 삶에서 어떤 형태로든 성적 강압을 경험한 적이 있었고, 21퍼센트는 강간이 성립할 만한 상황을 경험한 적이 있었다고 보고했다. 이들은 실제 성폭력이 어떤 것인지 모르는 사람이 아니었다. 여성들이 강간 판타지를 갖고 있는 이유는 분명하지 않지만 성적 지배 행위에는 육체적 강인함과 규칙 파괴라는 요소가 담겨 있다. 이 두 가지 요소 모두 섹시하게 여겨질 수 있다. 특히 그것이 상상 속에서만 발현되는 경우에는 더욱 그렇다.

강간 판타지의 내용을 조사하기 위해 비보나와 크리텔리는 참가자들에게 판타지 일기를 적어보게 했다. 그 결과 묘사된 강간 판타지 중 42퍼센트에서 참가자를 향한 공격적 행위가 포함되어 있었는데, 가장 흔한 공격적 행위는 벽으로 밀치기, 옷을 찢어발기기, 침대 위로 내동댕이치기, 머리채를 잡아채기 등이었다. 이에 더해 세 가지 유형의 이야기가 등장했다. 그중에서 '완전한 에로틱completely erotic'으로 분류된 첫 번째 유형은 전체 판타지 중 45퍼센트를 차지했다. 여기서 가장 흔히 등장하는 주제는 '지금은 안 돼not right now' 시나리오였다.

> 판타지 속에서 내 친구가 다가오더니 나를 벽으로 밀쳐 내 손을 머리 위로 올려붙이고는 열정적으로 키스를 퍼부었다. 이 판타지 속 남자는 지금의 내 남자친구지만 나는 우리가 친구 사이로 각자 다른 사람과 연애를 하던 작년부터 이런 판타지를 꿈꾸기 시작했다. 하지만 판타지에서는 그가 평소처럼 다정하지 않다. 그는 굶주린 사람처럼 보인다. 시작은 항상 그가 한다. 나는 멈추라고, 우리가 이러면 안 된다고 말하지만 그는 상관

없다고 말한다. 그는 1분도 더 기다릴 수 없는 듯하다. 그는 당장에 나를 가져야겠다고 생각하고 있다. 그의 동기는 자신의 성적 굶주림을 충족하려는 것이다. 나는 이래서는 안 된다고 생각하면서도 기분이 좋다. 그가 내 두 손을 머리 위로 붙잡아 둔 채 나머지 손으로는 찢어지든 말든 신경 쓰지 않고 거칠게 내 옷을 벗긴다. 그는 벗은 몸으로 내 몸을 밀어붙이며 혀로 내 입속을 헤집고 들어온다. 그는 나를 갖고 싶어 견딜 수 없다고, 우리 둘 다 각자 애인이 있어도 상관없다고 말한다. 나는 그에게 이것은 나쁜 일이라고, 우리가 이래서는 안 된다고 말한다. 나도 그를 원하고 있다는 것을 안다고 그가 말한다. 그는 우리가 함께 있을 때 내가 그를 바라보는 눈길, 내가 그를 만지는 손길에서 자기를 향한 나의 갈망을 느낄 수 있다고 말한다. 우리는 둘 다 벌거벗었고, 그가 내 온몸에 키스를 퍼붓는다. 그의 동기는 여전히 자신의 욕망을 충족하려는 것이다. 나는 이러면 안 된다고, 언제 들킬지 모른다며 그에게 제발 멈추라고 애원한다. 그가 내 몸을 들어 올려 벽에 대더니 삽입한다. 처음에는 아팠지만 너무 기분이 좋아서 나도 그 느낌을 즐길 수밖에 없다. 섹스가 끝나자 그가 떠난다. 내 남자친구가 곧 오리라는 것을 그도 알기 때문이다. 그가 내게 내 몸을 너무나 사랑한다고, 내가 예전의 그 어떤 여자들보다도 자기를 기쁘게 한다고, 나와 함께할 수만 있다면 무엇이든 포기할 수 있다고 말한다. 나는 이것이 도덕적으로 옳지 못하다는 생각과 쾌락 사이에서 괴로워한다.

이야기에는 이런 식의 장면이 계속해서 등장했다. 연구자들이 설명한 바와 같이 이런 시나리오에 등장하는 여성들은 '잠재적 성관계에 대한 생각에 흥분되기는 하지만,' '들킬지 모른다는 두려움 때문에, 혹은 금지된 파트너와의 섹스는 원치 않는다는 이유 때문에' 섹스에 동의하지는 않는다고 말했다.

하지만 모든 강간 판타지가 성적 흥분만을 유발하는 것으로 인식되지는 않는다. 연구자들은 두 번째 유형의 강간 판타지를 발견했다. 이번 것은 혐오스러운 것이다. 이 연구에 기록된 판타지 중 9퍼센트는 전적으로 부정적인 것이었다(악몽에 가까울 수 있는 것들이다). 이 유형에는 성적 자극을 주는 이미지와 눈물 흘리는 이미지, 취약한 상태에 놓인 이미지가 혼란스럽게 뒤섞여 있었고, 어두운 골목이 배경인 경우가 많았다. 이것은 실제 강간 사례와 제일 가까웠으며 실제로 강간을 경험한 여성들이 정신적 외상과 비슷한 이런 부정적인 판타지를 갖고 있다고 보고하는 경우가 훨씬 많았다. 나머지 46퍼센트를 차지하는 세 번째 유형은 에로틱한 느낌과 혐오감이 뒤섞여 있는 경우였다. 이 판타지에서는 도를 넘어서는 파트너가 등장한다. 이 섹스는 합의하에 시작되지만 합의한 수준을 넘어서는 섹스로 이어지면서 강간으로 변한다.

이렇듯 우리의 판타지는 상당히 혼란스러울 수 있다. 하지만 이런 판타지가 나쁜가? 크리스티안 조얄 연구진은 성적 판타지에 대한 오명을 벗겨야 한다고 주장한다. 2015년에 이들은 어떤 것이 특이한 성적 판타지에 해당하는지 밝히기 위해 다른 접근 방식을 취해보았다.[13] 이들은 1,516명의 성인에게 여러 판타지를 제시하고 성적으로 얼마나 관심이 가는지 평가하게 했다. 그리고 이 결과를 이상해 보인다는 인식을 바탕으로 판단하지 않고 통계를 이용해 판단해보았다.

연구자들은 참가자들의 답변을 바탕으로 참가자 중 2.3퍼센트

이하가 관심을 느끼는 성적 판타지는 '드문 판타지'로 판단했다 (즉 결과가 평균보다 표준편차의 두 배 아래 있으므로 통계적으로 '이상한 것'에 해당한다). 이들은 남성과 여성 모두에서 딱 두 개의 판타지만 드문 판타지임을 발견했다. 동물과 섹스하는 판타지와 만 12세 이하의 아동과 섹스하는 판타지였다. 진정한 이상성욕으로 볼 수 있는 이 두 가지는 뒤에서 살펴볼 것이다.

연구진은 성적 선호도에 악하다는 꼬리표를 다는 것은 물론이고 특이하다는 꼬리표를 다는 데도 신중할 필요가 있다고 결론 내린다. 이들은 이렇게 말한다. "성적 판타지의 내용보다는 그 영향에 초점을 맞추어야 한다." 특이하다 싶은 판타지를 갖고 있는 사람이 그런 판타지가 없는 사람보다 더 크지는 않더라도 비슷한 정도의 성적 만족을 느낄 수도 있다. 어쩌면 판타지를 두고 악하다고 인식할 수 있느냐는 문제에 관해서라면 판타지 그 자체보다는 그 판타지가 실제 생활에 미치는 영향과 결과에 집중해야 할지도 모른다.

그렇다면 무언가에 대해 판타지를 꿈꾸고 난 다음 단계는 무엇일까? 많은 경우 그다음 단계는 해당 판타지가 등장하는 사진이나 동영상을 보는 것이다. 이번에는 포르노 시청의 현실에 대해 이야기해보자.

뇌와 포르노

포르노물 소비에는 강력한 수치심이 뒤따른다. 많은 사람이 포르노를 악이라 낙인찍고 사회악의 근원이라 여기는데, 이것은 도움이 되지 않는다. 어떤 집단에서는 자위를 하면 눈이 멀거나 다른 종류의 문제가 생긴다는 미신이 오래도록 이어져 내려오기도 한다. 하지만 많은 사람이 일상적으로 행하고 있는 무언가에 대해 대화를 나누지 않는다면 이는 포르노의 윤리에 관한 중요한 대화를 억누르고 있는 셈이다. 포르노 소비에 따른 영향이라는 측면이나 포르노 산업 자체의 현실적인 면 모두에서 그렇다.

합의하에 성관계를 하는 성인을 보여주는 포르노를 보는 것은 개인의 성적 취향을 만끽하는 건강한 행동일까? 이것은 정상적인 행동이다. 2007년의 한 연구에 따르면 남성 중 66퍼센트, 여성 중 41퍼센트가 적어도 월 단위로 포르노를 소비하고 있다고 한다.[14]

그럼 더 깊이 들어가보자. 우선 나는 연구에서 분명한 편향을 감지했다. 수많은 연구들이 포르노는 분명 나쁜 것이라는 개념을 전제하는 듯 보이기 때문이다. 이것을 뒷받침해줄 연구들도 있다. 사무엘 페리 연구진은 포르노 소비가 이혼 위험을 두 배로 높인다고 주장한다.[15] 종교에 관심이 있는 사람에게는 아이를 얼마나 종교적으로 키우는지와도 관련 있는 문제이다.[16]

2016년부터 포르노 관람과 성적 공격성의 연관성에 대한 연구를 요약하면서(메타 분석) 폴 라이트와 연구진들도 암울한 그림을 그려냈다.[17] 이들은 일곱 개 국가(미국, 이탈리아, 대만, 브라질, 캐나다, 스웨덴, 노르웨이)에서 나온 22편의 연구를 요약했다. 이들은 "포르노 소비가 성적 공격 행동과 믿을 만한 상관관계가 있는지는 계속해서 논란이 대상이 되고 있다"라고 결론 내렸지만 이들이 요약한 결과를 보면 포르노 소비가 전 세계적으로 남성과 여성 모두에서 성적 공격성과 적어도 어느 정도 연관성은 있다고 나온다. 물리적인 성적 공격성보다는 언어적인 성적 공격성에서 특히나 그랬다. 포르노를 많이 보는 사람은 성적인 상황에서 언어적 공격성을 보일 가능성이 더 높았다는 것이다. 연구진은 공격성과 폭력적 포르노 사이에 강력한 상관관계가 있다는 것도 발견했는데, 이것은 포르노 소비가 사람들을 공격적으로 만든다는 의미가 아니라 폭력적인 포르노를 많이 보는 사람은 그렇지 않은 사람에 비해 일반적으로 공격성에서 점수가 더 높게 나온다는 의미다. 따라서 인과관계가 아니라 상관관계인 것이다.

왜 그럴까? 시모네 쿤과 위르겐 갈리나트는 포르노와 연관되어 있는 뇌 영역을 알아내서 공격성과 포르노 소비 사이에 상관관계가 존재한다면 어디에서 비롯되는지 밝혀내기로 했다. 2014년에 발표된 논문에서 그들은 이렇게 적고 있다. "포르노 소비는 보상 추구 행동reward-seeking behavior, 새로움 추구 행동 novelty-seeking behavior, 중독 행동addictive behavior과 닮은 점이 있다."[18] 이것은 포르노 자체가 태생적으로 보상적이기 때문이다. 그래서 뇌에 짜여진 신경회로에 쾌락이라는 불이 들어온다. 인간은 일반적으로 섹스를 좋아하게 프로그램되어 있다. 그래서 섹스를 하고, 섹스에 대해 생각하고, 섹스를 구경하기를 좋아한다. 그러므로 포르노는 마약과 비슷하게 우리에게 신속한 만족을 가져다준다.

음식이든 마약이든 사랑이든 포르노든 보상은 종류를 불문하고 뇌의 쾌락 시스템pleasure system의 작동 방식을 바꿀 수 있는 잠재력을 가지고 있다. 그리고 뇌의 어떤 부위를 반복적으로 활성화시키면 보상의 효과가 점점 떨어진다. 연구진은 이렇게 적고 있다. "이것이 적응 과정을 유발하는 바람에 포르노에 대한 뇌의 반응성이 떨어질 수 있다." 따라서 포르노를 많이 볼수록 그 효과가 떨어지는 것이다. 기본적으로 포르노는 중독성이 있다. 마약 중독과 마찬가지로 포르노를 많이 볼수록 자기가 바라는 효과를 얻기 위해서는 강도나 양적인 면에서 더 세고 많은 포르노가 필요해진다.

포르노가 뇌와 관계에 대한 가설을 검증하기 위해 쿤과 갈리나트는 평균 나이 30세의 건강한 남성 64명을 MRI 뇌 스캐너로 촬영해보았다. 연구자들은 특히나 중독과 관련 있는 뇌 영역들을 살펴보았다. 그 결과 일주일에 포르노를 관람한 시간과 오른쪽 줄무늬체right striatum 크기에 상관관계가 존재했다. 연구진은 이것이 말이 되는 이야기라고 주장한다. 그 이유를 "줄무늬체는 마약 사용자들이 강박 행동으로 넘어갈 때 습관 형성에 관여하는 것으로 추측되기 때문이다"라고 밝힌다. 포르노 소비량이 늘어나면 오른쪽 줄무늬체(더 구체적으로는 꼬리핵caudate)의 크기

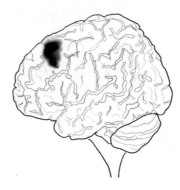

포르노와 뇌 : 왼쪽 등쪽가쪽 앞이마겉질에 있는 오른쪽 줄무늬체의 그림. 이 뇌 영역의 기능성은 일주일 동안 본 포르노의 양과 상관계가 있다.

가 줄어든다. 연구진은 또한 스캐너 안에서 포르노 사진을 보여주었을 때 포르노를 보는 빈도가 높은 사람들은 왼쪽 줄무늬체(조가비핵putamen)의 반응이 약하다는 것도 알아냈다.

왜 이런 일이 일어날까? 연구진은 이렇게 말하고 있다. "포르노에 노출되면서 뇌가 자주 활성화되면 그 밑바탕을 이루고 있는 뇌 구조의 피로와 하향 조절down-regulation(반응 저하)로 이어질 수 있다. (중략) 보상 시스템은 외부 자극을 더 많이 필요로 하고, 새롭고 더욱 극단적인 성 관련 자료를 찾아나서는 경향을 만드는 것이다." 흥분하기 위해서는 더욱 극단적인 프로노가 필요하고, 생산과 소비가 법으로 금지된 포르노를 점점 넘보게 된다는 의미다.

하지만 이런 위험한 주장에는 결함이 있다. 정기적으로 술을 마신다고 해서 헤로인 중독자가 되는 것도 아니고, 당사자 간 합의하에 섹스를 하는 포르노를 정기적으로 본다고 해서 고문 포르노torture porn 마니아가 되는 것도 아니다. 물론 일부는 이런 경로를 따르는 경우도 생길 테지만 대부분은 그렇지 않다. 쿤과 갈리나트는 자기네 표본 집단의 포르노 시청 시간이 일주일에 네 시간 정도임을 알아냈다. 그렇다면 이런 질문이 뒤따른다. 얼마나 봐야 많이 보는 것일까? 네 시간? 열 시간? 스무 시간? 언제부터 문제가 되는 것일까? 언제부터 우리의 뇌가 하향 조절되기 시작할까? 이것은 대답하기가 거의 불가능한 문제다. 그리고 어떤 대답이 나오든 그것만으로 전체적인 내용을 파악할 수 없다.

연구진은 이런 부분을 인정하면서 연구 결과에 대한 대안의 설명을 제시한다. "포르노 시청 시간과 줄무늬체 사이에서 관찰된 상관관계는 잦은 포르노 소비의 결과라기보다는 전제조건일 가능성이 있다." 이것은 중요한 부분이다. 왜냐면 "줄무늬체의 부피가 작은 사람은 쾌락을 경험하려면 더 많은 외부 자극이 필요할 수도 있고, 따라서 포르노 소비를 더욱 큰 보상으로 경험할 수 있다"라고 보기 때문이다. 이것이 핵심일지도 모르겠다. 우리 중에는 애초부터 포르노에 더욱 강력하게 반응하는 사람이 있는 것이다. 포르노가 뇌를 바꾸어 놓을 가능성도 있지만 뇌가 우리가 포르노를 관람하는 방식을 바꾸어 놓을 가능성이 적어도 그에 못지않다.

포르노가 우리 뇌를 바꾸어 놓는 것이든 뇌가 포르노를 관람하는 방식을 바꾸어 놓는 것이든 아니면 둘 다이든 "포르노는 더 이상 소수집단의 사안이 아니라 우리 사회에 영향을 미치는 대중적 현상이다"라고 볼 수 있다. 하지만 이런 부분에 대해서는 대체로 명확히 설명되지 않은 채 남아 있다.

포르노 소비가 사람들에게 어떻게 영향을 미치는지 이제 겨우 이해하기 시작했을 뿐이다. 온라인에서 무엇을 보느냐와 실생활에서 어떤 행동을 하느냐 사이에 상관관계가 존재하기는 하지만 이런 상관관계는 약하고 복잡하다. 우리 중 상당수는 대단히 문제가 많은 성행위를 기꺼이 보려 하지만 실생활에서 직접 경험하려 하지는 않는다. 반면 어떤 사람은 포르노는 맹렬히 비난하는 반면 극악무도한 성행위에는 기꺼이 참여한다.

포르노를 그저 성적인 이유뿐만이 아니라 교육적 목적으로, 그리고 기본적인 호기심 때문에 보는 사람도 많다. 포르노 시청이 비현실적인 성적 기대를 심어주기도 하지만(자신의 성기가 어떻게 보일지 남의 시선을 의식하게 되는 등),[19] 많은 사람에게 긍정적인 영향도 줄 수 있다. 2017년에 나온 연구에서 카산드라 헤세와 코리 페더슨은 다음과 같은 사실을 발견했다. "예상과 달리 노골적인 성 묘사 자료에 자주 노출돼도 성과 관련된 해부학, 행동학, 행동에 대한 부정확한 지식이 늘어나지 않았다. 오히려 그와 반대되는 상관관계가 발견됐다."[20] 이들은 참가자들이 일반적으로 포르노 시청으로 유익한 도움을 받았다고 느낀다는 사실을 알아냈다. 복잡하고 두려운 성인들의 생활을 이해하게 도와주기 때문이다.

지금까지 전적으로 포르노 생산이 아니라 포르노 소비에만 초점을 맞추었다. 포르노의 제작에는 훨씬 더 많은 윤리적 질문이 뒤따른다. 포르노에 출연하는 사람이 합의에 의해 영상을 촬영했는지 어떻게 알 수 있나? 배우가 성인이란 것을 어떻게 확신할 수 있나? 영상을 촬영하는 환경이 강압적이지 않았음을 어떻게 확인할 수 있나? 촬영에 앞서 의무적으로 건강 검진을 하고 배우들도 콘돔을 착용해야 하는 것 아닌가? 하지만 포르노 제작에 관해 연구된 부분은 거의 없다. 포르노 산업의 현실 때문에 거기에 참여하는 사람들을 접하기 어렵다는 점도 이에 한몫하고 있다. 그래서 이런 질문들은 대부분 지적 훈련의 영역에 머무른다.

그렇다면 포르노를 금지해야 할까? 포용해야 할까? 헤세와 페더슨은 포르노를 교육의 기회로 활용해야 한다고 주장한다. "이런 연구 결과들은 성 건강 교육자들이 노골적인 성 묘사 자료를 기존의 프로그램에 포함시킬 필요가 있음을 보여준다. 성행위에서 전형적으로 나타나는 활동과 행동에 더 초점을 맞추어 사람들이 성행위의 현실에 대해 올바로 인식할 뿐만 아니라 자기 혼자, 그리고 자기 파트너와 성에 대해 탐구할 때 자신감을 가질 수 있도록 프로그램을 수정, 보완할 필요성을 암시하고 있다."

사회적으로는 합의에 의해 섹스를 하는 성인이 등장하는 포르노 시청을 더 이상 수치스럽게 생각하지 않아도 된다고 생각한다. 대신 그것을 섹스의 현실에 대해 대화를 나눌 동력으로 활용해야 한다. 예를 들면 다양한 성도착 증상에 대한 논의, 그리고 자신이 불법적인 콘텐트에 성적으로 흥분한다는 것을 알게 됐을 때 무엇을 해야 할지에 관한 논의 등이다. 포르노는 자신의 성적 취향에서 새로운 측면을 발견하고 건강한 성생활에 대해 논의할 수 있는 수단이 될 수도 있다.

커밍아웃

2017년에도 레즈비언, 게이, 양성애자, 트랜스젠더(네 가지를 통칭해 LGBT라 한다)는 사우디아라비아, 파키스탄, 그리고 여러 아프리카 국가들을 비롯한 74개 국가에서 여전히 법적으로 인정받지 못하는 존재로 남아 있었다.[21] 이런 나라에서는 동성 간의 성관계가 항문 성교, 남색 행위(출산과 상관없는 성행위), '자연에 거스르는 행위' 등을 포괄하는 법을 통해 불법으로 규정되어 있다. 이들 국가에서 이런 유형의 성행위에 얼마나 심각한 오명을 씌우고 있는지 강조하는 의미에서 비교해보자면, 이것은 당신이 동물과 섹스를 하여 유죄 선고를 받을 정도의 범법 행위에 해당한다. 이들 국가 중 여덟 곳에서는 동성애를 사형으로 처벌할 수 있다. 동성의 성인 파트너와 합의하에 섹스를 하는 것이 가장 가혹한 처벌을 받아야 할 최악의 범죄 중 하나로 취급받는 것이다.

두 명의 동성 성인이 합의에 의해 사적인 공간에서 성행위를 하는 것을 처벌하지 않는 국가가 많다. 하지만 일부 국가에서 이를 처벌하는 것이 가능하다. 그런 행동을 범죄로 처벌한다는 사실 자체가 그 행위를 반대하는 국가의 입장을 아주 강력하게 전달하고 있다. 이들 국가는 법 집행을 통해 동성애가 악하다고 악을 쓰고 있는 듯 보인다.

성소수자를 보호하지 않는 수많은 국가에서는 심지어 자기네 국경 안에 동성애자가 존재한다는 사실 자체를 부정한다. 러시아 2014년 동계 올림픽에서 소치의 시장이 동성애자 선수의 참가에 대해 질문을 받고 동성애자가 자신의 습관을 타인에게 강요하지만 않는다면 참가를 허용하겠다고 말했던 것은 유명한 일화다.[22] 널리 조롱을 받은 소치 시장은 소치에는 동성애자가 없다는 말도 했다. "우리 시에는 동성애자가 없습니다." 그 당시 소치에 있던 동성애자 클럽의 숫자는 이와는 다른 이야기를 전하고 있지만 비단 소치 시장만 이런 잘못된 믿음을 갖고 있는 것이 아니다.

국가에서 그들의 존재를 인정하든 인정하지 않든 인구 통계와 추정치를 보면 자신을 레즈비언, 게이, 혹은 양성애자라 생각하는 사람의 숫자는 전체 인구 집단 중 1.2퍼센트에서 5.6퍼센트 사이이다. 여기에 덧붙여 0.3퍼센트는 트랜스젠더에 해당한다.[23] 연구는 잘 이루어지지 않고 있지만 자신을 퀴어queer, 간성intersex, 범성애자pansexual, 무성애자asexual, 또는 다른 많은 성적 취향 범주(QIPA+라는 약자로 표기하기도 한다) 중 일부라 여기는 사람들도 추가적으로 존재한다. 눈에 잘 띄지도 않고, 사회에서 인정받지도 못한다고 해서 이들이 존재하지 않는다는 의미는 아니다.

LGBTQIPA+에 해당하는 사람들을 범죄자로 여기고, 더 나아가 아예 존재하지 않는 것처럼 취급한다는 사실에 분노가 치밀어 오르는가? 당신은 이들을 용인하지 않는 자들을 용인할 수 없는가? 타인을 악인으로 취급하는 사람을 악인으로 취급하기는 쉽다. 예를 들어 나 역시 동성애를 혐오하는 사람들을 보면 참을 수가 없다. 하지만 우리가 소중히 여기는 사안을 우리와 뜻이 다른 사람과 함께 논의하는 것 역시 중요한 일이다. 양쪽이 서로를 조금씩만 더 이해하게 되는 일은 인간성을 회복해주고 오명을 벗기는 데 도움을 준다. 특히나 누군가가 이들을 옹호하는 목소리를 내면 소수집단과 소외된 사람들이 그를 통해 혜택을 입을 수도 있다.

사실 나는 혐오자들과 우리가 정말 그렇게 다른지도 확신하지 못하겠다. 공개적인 장소에서 케이티 페리의 'I Kissed a Girl(나는 여자와 키스했어요)'이라는 노래를 힘차게 부르고, 가끔씩 커밍아웃하는 유명인들을 인정해주고, 동성 간 결혼을 합법화하는 것만으로는 자신을 LGBTQIPA+로 여기는 사람들에게 우호적인 환경을 제공하기에 부족하다.

2017년에 국제적으로 성적 지향과 관련된 법과 동성애 혐오증homophobia에 대해 발표한 광범위한 보고서의 저자 중 한 명인 앵거스 캐롤은 "LGBT 사람들이 차별, 오명, 폭력으로부터 안전한 나라는 세상 어디에도 없다"[24]라고 주장한다. 왜 그럴까? 그는 이렇게 덧붙인다. "법적 변화도 아주 느리게 찾아오지만 사회적 태도, 특히 터부를 불러일으키는 사회적 태도의 변화는 고통스러울 정도로 느리게 찾아오기 때문이다."

동성애를 탄압하는 주장 중에는 그런 선택이 일탈이라는 의견도 있다. 이 일탈자들은 결혼의 신성함과 인류의 미래를 위협하는 이기적인 성범죄자의 삶을 선택했다는 것이다. 하지만 이것은 선택이 아니다. 2015년에는 동성애자 쌍둥이 409쌍을 대상으로 대규모 연구가 진행됐다. 연구를 진행한 알란 샌더스와 그 연구진은 동성애가 유전적이라는 것을 보여주는, 현재까지 나온 것 중 가장 강력한 증거를 발견했다. 사람들은 동성애자로 태어난다는 것이다.[25] 참가자 중 한 명인 채드 자위츠는 이런 연구 결과가 담고 있는 의미를 다음과 같이 요약했다.

이 연구 결과는 나와 똑같은 질문을 던졌던 동성애 남성에게 정당화의 근거를 제공해줄지도 모른다. 이 연구는 '왜 하필 내가?'라는 질문을 던졌던, 혹은 사람들에게 외면당하고 편견으로 피해 받고 바보 취급받고 소외되고 악마로 묘사되었던 수많은 남성들의 자존감을 향상시켜줄 수도 있다. 그리고 동성애는 결정되어 있는 것이 아니라 본인의 '선택'이라고 믿는 사람들의 생각도 바꿔 놓을 수 있다. (중략) 더 암울한 측면에서 보면 어떤 사람은 이 연구 결과를 동성애는 고쳐야만 하는, '고장난' 혹은 '일탈적인' 유전자가 만들어낸 결과라는 믿음을 정당화하는 데 사용할지도 모른다. 부모가 아직 태어나지도 않은 아기의 유전자 검사를 요구하는 장면을 상상해보라. 혹은 한술 더 떠서 정부가 아직 태어나지 않은 모든 아동을 대상으로 유전자 검사를 의무화해서 강제 유산으로 유전자 풀을 깨끗이 청소하는 장면을 상상해보라. 세상에는 온갖 혐오가 넘쳐나기 때문에 이런 개념이 생각처럼 그렇게 엉뚱한 얘기만도 아닐 것이다.
그럼에도 나는 세상이 모든 사람에게 더 안전하고 포용적인 곳으로 계속해서 진화하리라는 희망을 여전히 품고 있다. 일부 국가는 여기에 역행하고 있지만 전 세계적으로 동성애에 대해 개방적인 태도가 더 확산되고 있다. 이런 개방성이 과학적 사실과 결합되면 새로운 세대는 인간의 성적 취향을 더욱 잘 이해하게 될 것이다.26

이것은 분명 복잡한 사안이다. 당사자들에게만 복잡한 것이 아니라 동성애 혐오자에게도 마찬가지로 복잡한 문제다. 1996년에 진행된 실험에서 연구자 헨리 아담스와 그 연구진은 64명의 남성을 대상으로 이들이 얼마나 동성애를 혐오하는지 측정하기 위해 설문을 해보았다.27 그리고 다양한 수준의 혐오를 보여준 이 남성들을 음경 변화 측정기에 연결해보았다. 음경 변화 측정기는 음경의 굵기를 측정하는 장치로 성적 흥분을 조사할 때 사용된다. 본질적으로 이 장치는 남성의 음경이 얼마나 딱딱해지는지를 측정한다. 음경 변화 측정기를 연결한 후에 연구자들은 이 남성들에게 성행위를 노골적으로 묘사하는 이성애 남성, 동성애 남성, 동성애 여성의 비디오를 보여주었다.

그 결과 동성애를 혐오하는 남성만 남성 동성애 자극에 음경 발기가 증가하는 것으로 나타났다. 이 결과를 가지고 연구자들은 다음과 같은 결론을 내렸다. "동성애 혐오증은 동성애적 흥분과 연관되어 있고, 동성애를 혐오하는 사람은 그 사실을 인식하지 못하거나 부정하는 것으로 보인다." 동성애자에 대한 혐오를 이것이 부분적으로는 설명할 수 있다. 동성애를 혐오하는 사람은 자신이 동성애자에 의해 타락하거나 동성애자의 유혹을 당할 수 있다고 두려워하는 것일지도 모른다는 것이다. 우리는 자신의 종교나 문화에 반하는 것, 혹은 자신의 내면에서 충분히 탐색해보지 못했던 것을 두려워한다.

하지만 이런 개념들을 탐색하다가 자기가 이성애자가 아님을 깨닫게 되면 받아들이기가 대단히 어려울 수 있다.

지난 10년 동안 강의를 해오면서 나는 수업 시간에 학생들의 성적 지향이 드러나고, 스스로 자신의 성적 지향을 통찰하는 다양한 순간들을 접했다. 이런 통찰의 순간은 보통 성적 지향과 성적 일탈에 대한 주제가 처음 제기되었을 때 일어난다. 나는 대부분의 사람들이 이런 대화를 나눌 기회를 거의 갖지 못한다는 점이 우려스럽다. 나는 한 학생이 다자간 연애polyamorous{두 사람 이상을 동시에 사랑하는 것-옮긴이}라는 용어를 배우고 즉각적으로 동질감을 느끼는 경우도 보았다. 내 이야기를 듣고 사람들은 자기가 동성애자라는 것을 처음으로 깨우치기도 했다. 그리고 한 학생은 자신을 무성애자라고 커밍아웃하기도 했다. 또 한 학생은 자신의 종교적 신념과 어긋나는 일인데도 양성매넘bi-curious{스스로를 양성애자나 동성애자가 아니면서 이성과 동성과의 연애 및 성적 관계에 호기심을 갖는 것-옮긴이}으로 커밍아웃하기도 했다. 성적 지향은 대단히 중요한 것이지만 이런 부분을 논의할 수 있는 개방적인 환경이 아니고는 사회적으로 이성애가 아닌 성향을 드러내기는 어렵다.

1994년에 정신의학자 글렌 와그너는 동성애자가 자신의 성적 지향을 얼마나 잘 받아들이는지 보기 위해 내면화된 동성애 혐오증 측정 도구internalised homophobia tool를 개발했다.[28] 여기에는 다음과 같은 항목들이 포함되어 있다. '나는 내가 이성애자였으면 좋겠다', '내가 동성애자라는 사실에 대한 생각을 할 때마다 우울해진다', '내 성적 지향을 바꿔주는 알약이 있다면 나는 그 약을 먹겠다'. 이런 종류의 질문에서 점수가 높게 나오는 것은 자신의 성적 지향을 받아들이지 못한다는 의미고, 이는 정신 건강 악화와 연결되어 있다.

좀 더 최근에는 이런 종류의 연구들이 형태를 달리해 시행되기도 했다. 예를 들어 2017년에 콘스탄틴 차이와 니콜라스 룰의 연구에서는 내면화된 동성애 혐오증에서 점수가 높게 나온 남성은 자신의 성적 지향을 타인에게 밝힐 가능성도 떨어졌으며, 판에 박힌 남성적인 모습을 하고 있을 확률이 더 높았다.[29] 이것은 동성애자처럼 보이면 사회에서 부정적으로 받아들여질 수 있기 때문에 타인에게 동성애자로 보일 수 있는 모습을 의도적으로 숨기고 있음을 암시한다. 자신을 이성애자로 포장하면 동성애자의 모습은 가려진다. 이것이 핵심이다. 다른 사람들이 자신의 성적 지향에 대해 의문을 갖지 않기를 바라는 것이다. 그들은 이런 말을 듣고 싶어 한다. "그는 남자답잖아. 그러니까 당연히 그는 이성애자지." 자신을 전형적인 여성의 모습으로 포장하는 레즈비언, 혹은 이성애자로 보이려고 하지만 실제로는 그렇지 않은 사람들도 아마 이와 비슷한 경험을 할 것이다.

LGBTQIPA+에 대해 문제 삼지 않는다는 사회에서도 커밍아웃은 쉽지 않다. 나는 LGBTQIPA+ 공동체를 지지하는 사람이지만 내 자신의 성적 지향을 마음 편히 공유할 수 있는 경우는 드물다. 그리고 나는 완전한 이성애자로 나 자신을 포장하기 때문에 사람들이 내 성적 지향에 의문을 제기하는 경우가 절대 없다. 사람들은 내가 당연히 이성애자일 거라 생각한다.

나는 이성애자 공동체에게는 페티시즘의 대상이면서도 또한 스스로 동성애자 공동체에 속한다고도 느끼지 않는 특정 집단에 속한다. 내 경험에 따르면, 그리고 이것을 연구한 두 연구자 밀레인 알라리와 스테파니 가뎃에 따르면 나와 같은 사람들은 남들로부터 그냥 거쳐 가는 단계라거나 너무 욕심이 많다거나 심지어는 남자의 관심을 끌려고 그러는 것이란 얘기를 많이 듣는다.[30] 나는 마치 투명인간과도 같은 집단에 소속되어 있다. 이 성적 지향은 이성애자들이 동성애보다 더 부정적으로 생각하고, 동성애자들도 이성애보다 부정적으로 생각하는 성적 지향이다.[31]

나는 양성애자다. 대부분의 사람들은 내가 양성애자라는 것을 모른다. 나는 수십 년 동안 이중으로 보이지 않는 문제bi-invisibility의 일부였고, 따라서 의도하지 않게 이중으로 지워지는 문제 bi-erasure에 기여해왔다. 이중으로 지워진다는 것은 양성애가 진정한 형태의 성적 지향으로 인정받지 못하는 것을 말한다. 알라리와 가뎃은 "양성애가 평생 이어지는 적법한 정체성이자 생활양식이라는 사실이 잊히거나 그 가능성을 부정당하는 경우가 많다"고 주장한다. 연구자들은 동성애를 받아들이는 젊은이들조차 양성애에 반대하는 입장과 개념을 지지하는 경향이 있음을 발견했다. 이들이 양성애에 관한 젊은 성인들의 담론을 연구한 바에 따르면 "참가자들은 양성애를 보이지 않는 존재로 취급함으로써 무의식중에 성적 이분법을 강화하고 있다"고 한다. 연구자들은 사회가 우리에게 사람의 성은 남자 아니면 여자라고 가르치는 것처럼 성적 지향도 동성애자 아니면 이성애자라고 가르치고 있다고 주장한다. 동성애자이면서 동시에 이성애자일 수는 없다는 것이다.

양성애에 관해 사람들은 원천적으로 불공평하다고 느낀다. 대부분의 경우 우리는 카멜레온이 될 수 있다. 어느 성별과 데이트를 할지 선택할 수 있기 때문이다. 그에 비하면 동성애는 일반적으로 그 사실을 감추기가 더 어렵다. 이는 동성애에 가혹한 법적, 사회적 처벌을 내리는 사회에서는 특히나 파괴적으로 작용한다. 하지만 양성애가 갖고 있는 이 '눈에 띄지 않을 수 있는' 능력이 오히려 불행한 결과를 낳는다. 양성애자가 사람들 눈에 정말로 보이지 않을 때가 많기 때문이다.

내가 앞에서 말했던, 수업 시간에 자신의 성적 지향을 드러낸 학생들은 그들이 얻은 깨달음을 그저 학술적 토론 때문에 밝히게 된 것이 아니었다. 내가 나의 성적 지향을 공개하니까 학생들도 공개한 것이었다. 대부분의 학생들에게 나는 그들이 처음으로 만나 본 '공개적'으로 양성애자임을 커밍아웃한 사람이다. 이에 대한 반응으로 나는 성소수자인 학생들이 내적으로 강해지는 것이 보였다. 그리고 그 학생들 사이에서 공동체 의식과 안전하다는 느낌, 자신의 이야기를 말하고 싶은 욕구가 싹트는 것이 보였다. 어떤 학생들은 이런 느낌을 처음 느껴본다고 했다. 아름다운 일이었다.

물론 커밍아웃이 모두 아름답게 느껴지는 것은 아니다. 주류가 아닌 성적 지향이나 성 정체성을 공개적으로 밝힌 사람은 누구든 이야기를 갖고 있다. 노골적인 혐오의 대상이 되었던 이야기다. 2014년의 한 연구에서는 참가자들이 동성애자와 접촉한다는 생각만 해도 몸을 물리적으로 씻고 싶은 마음이 들었다고 했다.[32] 이와 함께 '아무한테도 말하지 말라'라는 충고가 따라붙는다. 그 사실이 알려지면 동성애자가 갑자기 자기를 성적인 대상으로 바라볼까 두려워 사람들은 물리적으로 그들과 거리를 두기 시작한다. 한 가지 측면에서 성적으로 일탈한 사람은 다른 많은 측면에서도 분명 일탈한 사람일 거라는 편견처럼, 성소수자는 성적으로 문란하다는 편견 역시 너무나 오래됐다.

이런 상황을 바꾸고 싶다면 우리는 서로 대화를 나눌 필요가 있다. 접촉 가설contact hypothesis에 따르면 어떤 집단의 사람들을 더 많이 만나고 그들을 좋아하게 될수록 점점 더 그들을 이해하지 못할 집단의 구성원이 아닌 하나의 인간으로 바라보게 된다고 한다. 이런 태도 변화는 삶의 다른 영역으로도 흘러 들어갈 수 있다. 또 다른 연구에 따르면 동성애자의 인권에 대한 지지를 표현하는 것이 광범위한 파급효과를 낳는다고 한다. 연구진은 "소수집단과 접촉하면서 그들과 관련된 사안에 대해 이야기하는 일은 연쇄적인 의견 변화를 이끌어낼 수 있다"라는 것을 발견했다.[33]

우리는 자기가 알지 못하는 것을 두려워한다. 용기를 내보자. 우리에게 필요한 문화적 변화를 이끌어낼 수 있는 것은 솔직하고 투명한 소통뿐이다. 하늘에 무지개 깃발이 휘날리게 하자.

이번에는 거의 모든 사람이 터무니없는 이상행동이라 여길 만
한 일에 대해 얘기해보자. 이것은 전 세계 대부분의 국가에서 불
법으로 규정하는 성행위다. 이 얘기를 하다 보면 분위기가 빠른
속도로 격앙될 것이다. 준비되었는가?

먼저 동물을 사랑하는 사람들을 소개하겠다. 어쩌면 조금은
지나치게 사랑하는 것인지도 모르겠다. 동물성애자들 얘기다.
동물성애자는 동물에 성적으로 이끌리는 사람을 말한다. 2003
년에 콜린 윌리엄스와 마틴 와인버그는 이 주제를 다룬 몇 안 되
는 연구 논문 중 하나를 발표했다.[34] 이들은 어떤 사람들이 왜 동
물과 성관계를 하는지 그 이유가 궁금했다. 이들은 동물성애자
들의 세계를 이해하기 위해 몇 개월에 걸쳐 온라인 설문 조사로
데이터를 수집했다. 응답자의 수가 놀라울 정도로 많았다. 120명
이 스스로를 동물성애자라고 밝혔는데 이런 종류의 성적 선호도
가 속성상 드물다는 점을 고려하면 (정확히 얼마나 드문지는 아
무도 모르지만) 꽤 많은 숫자다.

동물 권리 옹호 단체에서 동물 복지에 관해 우려하고, 동물성
애 행동이 불법으로 규정되어 있음에도 대부분의 동물성애자들
은 자신의 행위가 동물이나 자기 자신에게 해롭다고 생각하지
않는 듯하다. 윌리엄스와 와인버그의 연구에 따르면 동물성애는
단순히 동물하고 섹스만 하는 것이 아니라고 한다. 동물성애자
는 동물의 복지와 즐거움에도 신경을 쓴다. 그래서 일부 사람에

게는 이것이 완전한 종간 사랑interspecies love에 해당된다.

이들이 인터뷰한 동물성애자 중 한 사람을 보자. 말 농장에서 일하고 있던 19세의 제이슨은 이렇게 말했다. "제가 수간獸姦, bestiality을 하는 이유는 수간을 하지 않으면서 동물과 섹스를 하는 것은 불가능하기 때문입니다. 하지만 나와 동물은 사랑하는 관계예요. 인간과의 사랑과 마찬가지로 여기서도 섹스는 그 사랑의 연장입니다. 그리고 나는 말과 합의 없이는 섹스를 하지 않아요."

물론 법적으로 보면 동물이 합의를 할 수는 없다. 하지만 동물이 다른 동물과 섹스를 원한다는 개념 자체는 터무니없지 않다. 예를 들어 불임 시술을 하지 않은 개는 성교하려고 사람에게 올라타기도 한다. 보통은 그래봐야 소용없지만 말이다. 동물성애자들은 동물이 실제로 사람과 섹스를 하게 내버려 두는 것은 그냥 그다음 단계로 자연스럽게 이어진 것에 불과하다고 주장할지도 모르겠다. 하지만 그런 개념에 반대하는 사람들의 논리가 더 나아 보인다. 만약 어린아이처럼 법적으로 합의할 판단력이 없는 사람이 당신의 다리에 올라타려고 할 때 이것을 성적 호감을 얻으려는 행동이라 해석하고 그 사람과 섹스를 한다면 비난받을 일이 될 것이다. 하지만 동물은 사람이 아니기 때문에 인간과 똑같은 방식으로 보호받지 않고 어쩌면 그럴 필요도 없을 것이다.

마음이 불편해지는가? 좋다. 계속 이어가 보자.

이 시점에서 당신은 이런 의문이 들 것이다. 무엇이 어느 동물을 다른 동물보다 더 섹시해 보이게 만들까? 이 연구에 따르면 우리가 다른 사람을 매력적이라 느끼는 이유와 다르지 않다고 한다. 참가자들은 자신이 특정 동물에게 끌린 이유는 그 동물의 강인함, 우아함, 자세, 세련됨, 쾌활함 등이었다고 말했다. 그리고 수간에 대한 고정관념처럼 동물성애자들이 주로 양하고만 섹스를 하는 것은 아니었다. 이 연구에서 동물성애자들이 제일 많이 사랑을 나누는 대상은 말, 당나귀, 나귀 같은 말과(29퍼센트)나 개(63퍼센트)였지만 고양이, 소, 염소, 양, 닭, 돌고래 등의 다른 동물도 있었다.

아마도 지금쯤은 이런 의문이 들 것이다. 이들은 대체 어떤 사람들일까? 먼저 어떤 사람이 '아닌지'부터 말해보자. 동물성애자들은 대다수가 자신을 육체적으로 매력이 없다고 생각하지 않는다. 이들이 사람과 섹스할 기회가 없는 것도 아니다. 술이나 마약에 취해서 그러는 것도 아니다. 윌리엄스와 와인버그는 동물성애자 모임에 참석했을 때 이들의 정상 상태에 관해 의견을 말했다. "동물성애자들은 어디가 아프거나 위험한 사람이라거나, 교육을 제대로 받지 못하고 사람들과 어울리는 능력이 떨어지는 멍청이들이라는 고정관념이 있는데 실제로 만나 보니 이와 맞아떨어지지 않았다. 오히려 그 모임은 남학생들의 친목 모임을 연상시켰다(다만 차이점이라면 동물성애자들이 덜 소란스러웠다)."

이 표본 집단에서 동물성애자들은 대부분 남성이었고 연령대는 18세에서 70세 사이였다. 그중 64퍼센트는 독신이었지만 아내가 있는 사람도 많았고, 83퍼센트는 적어도 대학 과정까지 마친 사람이었다. 종교적 환경에서 자란 사람도 많았다. 그리고 가장 충격적인 부분은 대부분의 사람이 농촌에 거주하지 않는다는 점이었다. 참가자들 중 3분의 1만 시골에 살고 있었다. 나머지 3분의 2는 크고 작은 도시에 살고 있었다.

이들이 정상적으로 보이고 교육도 제대로 받은 사람들이라면 대체 왜 동물과 섹스를 하는 것일까? 윌리엄스와 와인버그에 따르면 이들에게 동물성애는 그저 섹스만을 위한 것이 아니라고 한다. 참가자들 중 과반에 살짝 못 미치는 사람은 애정affection이 동물성애로 이어진 경우였다. 이들의 정서가 참가자 중 한 명인 36세 로이의 말에 잘 요약되어 있다. "인간은 섹스를 통해 다른 인간을 조종하고 통제하려 합니다. 인간은 당신의 본질을 그대로 받아들이는 것을 어려워합니다. (중략) 사람들은 당신을 바꾸고 싶어 하죠. 하지만 동물들은 당신을 판단하려 들지 않습니다. 동물들은 모든 정치를 내려놓고 그저 사랑하고 섹스의 즐거움을 누릴 뿐이죠." 대부분의 동물성애자들은 자신의 동물과 짜릿하면서도 감정적으로 깊은 관계를 맺을 수 있다고 주장한다. 연구자들은 "이런 유형의 심리적 보상에서 두드러지는 부분은 이것이 일반적인 사람들이 느끼는 심리적 보상과 별다르지 않아 보인다는 것이다"라고 밝힌다. 심리학적으로 말하면 일부 사람에게는 동물과의 성관계가 다른 생명체와 정서적 유대감을 추구하는 한 형태일 뿐이다.

그렇다면 우리가 이 사안에 관심을 갖는 이유가 무엇일까 의문이 든다. 동물의 권리 때문이라고만 할 수는 없다. 우리는 공장식 축산 농장을 운영하고, 키우기 귀찮아진 동물을 보호소에 버리고 가는 등 여러 가지 방식으로 동물을 끔찍하게 대하지만 그런 경우에는 동물성애를 대하는 것처럼 반응하지 않는다. 어쩌면 동물과의 성적 접촉으로 인해 질병에 걸릴 수 있다는 가능성 때문인지도 모른다. 소위 동물 매개 감염 질환zoonotic disease이라는 것이다.35 물론 기생충이나 광견병, 렙토스피라병 같은 병에 감염될 수는 있다. 하지만 솔직해지자. 인간과의 섹스에서도 그보다 훨씬 끔찍한 질병에 걸릴 수 있다.

그렇다면 대체 무엇일까? 나는 역겨움이라는 요소 때문이라고 생각한다. 우리는 사람이 동물과 섹스를 한다는 개념을 좋아하지 않는다. 동물들은 더럽기 때문이다. 게다가 대다수의 인간은 동물에게 성적 흥분을 느끼지 않기 때문에 그러는 사람을 이해하기가 어려울 수 있다. 이 주제를 다룬 연구가 아주 제한적이기는 하지만 그 연구들을 바탕으로 보면 동물성애자들에게서 심리적으로 특별히 비정상적인 부분은 없는 듯하다. 특정 인간이 동물에게 성적으로 끌린다는 것을 보여주는 명확한 심리적 신호는 없다.

자신이 성적으로 흥분하지 않는 대상에 흥분하는 사람들을 보면 이해가 불가능하게 느껴지는 것은 당연하다. 나와는 다른 성의 세계에 살고 있는 사람에게 괴짜다, 역겹다, 비도덕적이다 등의 꼬리표를 붙이기는 쉽다. 어쩌면 거기서 더 나아가 일부 사람들은 자기 자신에게 그와 비슷한 꼬리표를 붙이는 것 같다. 하지만 이것이 악한 것일까? 나는 그렇지 않다고 생각한다.

이제까지 경이로운 성의 세계를 수박 겉핥기식으로만 살펴보았다. 이와 관련해서 더 얘기 나눌 수 있는 주제는 너무도 많다. 이를테면 자기 파트너를 두고 바람피우는 사람, 인간과 흡사한 인형이나 로봇과 섹스하는 사람, 근친상간을 하는 사람, 불법촬영물을 올리는 사람, 애니메이션 포르노나 생명이 없는 물체에만 성적으로 흥분하는 사람, 노인한테만 성적으로 흥분하는 사람, 여성 보디빌더에게만 흥분하는 사람, 동물이나 아기처럼 옷을 차려입는 사람, 전신 변태옷gimp suit을 입는 사람, 성적 쾌락을 위해 자해하는 사람, 나치 유니폼이나 노예 복장을 하는 사람, 다른 사람에게 몸을 문지르는 사람, 팔다리를 절단한 사람에게만 흥분하는 사람 등등. 인간의 성적 취향은 믿기 힘들 정도로 다양하다.

나는 이제 잠자리에서 일어나는 일에 대해서는 성인끼리 쌍방 합의하에 이루어지기만 한다면 타인이나 자기 자신에게 너무 가혹하게 구는 것을 그만둘 때가 되지 않았나 생각한다.

하지만 합의한 두 명의 성인 사이에서 이루어지지 않는 섹스도 있다. 때로는 성인 사이에서 이루어지지 않을 때도 있다. 다음 장에서는 많은 사람이 순수한 악이라 여길 만한 행동을 하는 사람들을 이해해보려 할 것이다. 도저히 용서할 수 없고 상상도 할 수 없는 끔찍한 짓을 하는 사람들이지만 이런 사람은 지구상의 어느 사회에나 존재한다. 소아성애자의 머릿속으로 들어가보자.

"어떤 사람에 대해 다르게 생각해봐야 할 때
우리는 그가 얼마나 불편한 존재인지 강조하며
그 사람을 좋게 보려 하지 않는다"

-프리드리히 니체
『선과 악을 넘어서』

6장

범죄를 막아야 한다 : 소아성애

이해, 예방 및 인간성 회복을 위하여

이 주제는 이 책에 담긴 내용 중에서도 특히나 심각한 부분이라 할 수 있다. 이번 장은 아예 생각하기도 싫은 주제, 악에 관해 이야기할 때 빠지지 않는 주제, 너무도 혼란스럽고 자극적인 내용이라 따로 한 장을 마련해서 다룰 가치가 있는 주제에 관한 것이다. 심지어는 범죄자들 사이에서도 이 범죄는 너무도 끔찍해서 더욱 가혹한 형벌을 받아 마땅하다고 여겨질 정도다.

이번에는 아동에게 성적으로 끌리는 사람에 대해 이야기할 것이다. 그러나 아동 성 학대가 피해자에게 미치는 영향에 관해서는 다루지 않는다. 그것은 매우 중요한 주제지만 여기서는 아동에 대한 성적 끌림이 왜 존재하는지, 그리고 어떻게 하면 충동에 따라 행동하는 것을 막을 수 있는지 이해하는 데 초점을 맞출 것이다. 아동 성 학대가 피해자에게 미치는 영향에 관심이 있다면 앤지 케네디와 크리스틴 프록이 아동 성 학대의 여성 피해자가 자주 경험하는 자책, 수치심, 내재화된 낙인에 대해 설명한 「나는 아직 정상이 아닌 것 같아요I Still Feel Like I Am Not Normal」라는 2016년 논문을 살펴보길 추천한다.[1] 2017년에는 타마라 블랙모어 연구진도 종교, 교육, 스포츠, 거주지, 그리고 가정 외 보육 환경에서의 성 학대가 아동에게 미치는 영향에 대해 훌륭한 논문을 발표했다.[2]

차라리 죽는 게 낫다?

소아성애paedophilia 때문에 현대사회는 말 그대로 공황 상태에 빠져 있다.[3] 사람들은 소아성애자라고 인식되는 사람을 악인으로 지칭하고 낙인을 찍고 배척한다. 소아성애자를 영원히 감금해야 한다거나 거세를 해야 한다거나 죽여야 한다는 등 대놓고 저주를 퍼붓는 것도 비정상적인 일이 아니다. 사라 얀케와 그 동료들은 독일어와 영어를 사용하는 참가자들을 대상으로 이런 인식에 대해 연구하고 그 결과를 2015년에 발표했다.[4] 이들은 반사회적 집단에 씌워진 낙인을 확인하기 위해 참가자들에게 몇 가지 질문을 던졌다. 이들은 소아성애자, 알코올중독자, 성적 사디스트, 반사회적 경향이 있는 사람에 대해 똑같은 질문을 던져 대답을 비교해보았다. 그 결과 소아성애에 대한 반응은 다른 집단에 대한 반응보다 훨씬 더 부정적이었다.

당황스러운 부분도 있었다. 이들이 조사한 참가자 중 독일어 사용자의 14퍼센트, 영어 사용자의 28퍼센트가 소아성애자는 다른 범죄 행위를 한 번도 저지른 적 없는 경우라도 차라리 죽는 것이 낫다는 데 동의했다. 연구자들은 이 연구 결과가 소아성애자로 낙인이 찍힌 집단은 심각한 차별의 표적이 될 위험이 있다는 사실을 강력하게 암시하고 있으며 이것이 아동 학대를 예방하는 데 간접적으로 부정적인 결과를 초래할 수 있다고 결론 내렸다.

따라서 이 문제를 제대로 다루지 않고 그저 악하다고만 인식해버린다면, 알아보려 하지 않고 단지 낙인을 찍기만 한다면 그것은 오히려 아동들을 위험으로 내모는 꼴이다. 소아성애자가 죽기를 바라는 것은 그들을 비인간화하는 것이고, 그렇게 되면 아동 대상 성 학대자를 어떻게 대하고, 이런 종류의 성범죄를 어떻게 예방할 것인가에 대한 중요한 논의가 원천적으로 차단되어버린다. 남성의 6퍼센트, 여성의 2퍼센트가 잡혀서 처벌받지 않는다는 보장만 있으면 아동과 섹스를 할 가능성이 있다고 나온 2014년의 설문 조사 결과가 사실이라면 이는 특히나 큰 문제가 된다.5

소아성애를 이해하려는 노력은 아동 성 학대의 현실을 무시하자거나 그 문제를 용납하고 정상적인 것으로 취급하자는 것이 절대 아니다. 오히려 이해하려는 노력이 있어야 성 학대가 만연한 현실에 더욱 잘 대처할 수 있는 세상으로 나아갈 수 있다. 소아성애는 항상 존재해왔고, 앞으로도 그럴 것이다. 소아성애를 그저 이상행동이라 경솔하게 무시해버려서는 누구에게도 도움이 되지 않는다.

소아성애를 이해하기 위해 우선 알아두어야 할 기본적 내용이 있다. 첫째, 성적 선호도sexual preference와 성범죄sexual predation를 혼동하지 않아야 한다.

소아성애는 아동에게 성적으로 끌리는 사람에게 내리는 진단이지 실제로 아동과 외설적 접촉을 한 사람에게 내리는 죄명이 아니다. 소아성애는 이상성욕이지 그 사람이 선택한 삶의 방식이 아니다. 소아성애자들은 어느 날 아침 눈을 뜨고 일어나서 '이제부터 나는 아동에게 성적으로 끌려야겠어'라고 결심한 사람이 아니다. 이성애자 남성이 자기는 성인 여성에게 성적으로 끌리겠노라고 결심했기 때문에 성인 여성에게 끌리는 것이 아니듯 말이다. 이들은 그냥 원래 그런 것이다. 아동에게 성적으로 끌리게 되는 생물학적 기원에 대해서는 이 장의 뒷부분에서 다루겠다. 아동 대상 성범죄는 그 사람이 자신의 충동에 이끌려 범죄적인 방식으로 행동한 적이 있는지의 여부와 관련 있지만 소아성애는 결국 별개의 사안이다.

둘째, 보통 소아성애자라고 하면 성관계에 대한 법적 합의가 가능한 연령(만 16세나 18세) 이하의 사람에 대해 외설적인 판타지를 꿈꾸거나 그런 사진을 가지고 있거나 성적인 접촉을 한 사람이라고 얘기할 때가 많다. 하지만 이것은 정확한 정의가 아니다. 사회적으로나 심리학적으로 우선 연령대에 대해서는 중요하게 구분해야 한다.

정의에 따르면 소아성애는 주로 혹은 배타적으로 사춘기를 아직 지나지 않은 아동에게만 성적 관심을 갖는 경우를 말한다.6 이 장에서 누군가를 '소아성애자'라고 부르는 것은 모욕적인 표현이 아니다. 이것은 그저 그들의 성적 선호도를 기술하는 표현일 뿐이다. 더불어 성관계에 대한 법적 합의가 가능한 연령 미만인 사람에게 느끼는 성적 관심을 지칭하는 이상성욕의 범주가 두 가지 더 있다.

청소년성애hebephile는 사춘기에 도달한 아동, 일반적으로 만 11세에서 14세 사이의 연령에 도달한 아동에게 주로 혹은 배타적으로 성적 관심을 갖는 것을 말한다. 그리고 사춘기후반청소년성애ephebophile는 청소년기 중기에서 후기, 보통 만 15세에서 19세 사이의 청소년에게 주로 혹은 배타적으로 성적 관심을 갖는 것을 말한다. 이와 대조적으로 완전히 성숙한 성인에게 성적 관심을 갖는 것은 성인성애teleiophilia라 한다. 청소년성애와 성인성애의 특징을 비교한 어느 연구는 이렇게 결론 내리고 있다. "청소년성애자는 소아성애자와 더 비슷하지도, 성인성애자와 더 비슷하지도 않다. 사실 양쪽이 뒤섞여 있다."7

소아성애와 청소년성애와 달리 사춘기후반청소년성애는 사회에서 용인되고 심지어 조장될 때도 많다. 만 15세의 패션모델에게 성적 매력을 부여하고, 만 18세 포르노 스타의 영상을 보는 것은 꽤 흔한 일이다. 나라에 따라 기준 나이가 다 다르지만 사람들 대부분은 만 15세하고 364일 된 사람에게 성적으로 끌리는 것과 만 16세를 딱 채운 사람에게 성적으로 끌리는 것은 도덕적으로 거의 차이가 없다고 생각할 것이다. 사람들 안에서 십 대를 육체적으로 성숙했으니 성적으로 자유롭게 대하려는 관점과 정신적으로 성숙하지 못했으니 보호하려는 관점이 충돌하는 것 같다. 하지만 한 가지는 분명하다. 사회에서는 일반적으로 십 대에게 성적으로 끌리는 사람과 아동에게 끌리는 사람을 다르게 인식한다는 점이다.

그리고 실제로 어느 정도까지는 이들이 다른 듯하다. 심리학자 마이클 베일리와 연구진이 2016년에 연구한 바에 따르면 십대 여성에게 성적으로 끌리는 남성들은 대부분 성인 여성에게도 끌리지만 사춘기 이전의 아동에게는 끌리지 않는다고 한다.[8] 임상 문헌에서도 이런 직관적 차이가 적절하다고 나온다. 세 가지 진단 중 가장 파괴적인 것 두 가지는 소아성애와 청소년성애다. 소아성애 진단을 연구하는 이안 맥페일과 그 연구진은 2017년에 한 논문에서 설명하기를 자신들이 사용하는 '소아청소년성애 paedohebephilia'라는 용어는 소아성애와 청소년성애를 모두 포함한다고 했다.[9] 그리고 더 나아가 범행 위험에 관해서라면 성폭력 이론들은 소아청소년성애적 관심을 아동을 대상으로 하는 성폭력 범행의 주요 위험 요소로 포함한다고 설명한다. 따라서 이 장에서 나는 맥페일이 사춘기 이전의 아동과 사춘기 아동에 성적 흥미를 느끼는 사람들을 지칭하는 용어를 그대로 사용해서 소아청소년성애에 초점을 맞추겠다.

소아청소년성애자가 얼마나 있을까? 그 출현율을 추정하기는 쉽지 않다. 자기가 아동에게 성적으로 관심이 있다는 사실을 받아들이거나 인정하려는 사람이 많지 않기 때문이다. 영국 국가범죄수사국NCA, National Crime Agency에 따르면 영국에서는 무려 성인 남성 35명 당 1명이 아동에게 성적 흥미를 느낀다고 한다. 3퍼센트에 살짝 못 미치는 수치다.[10] 이는 NCA에서 아동에게 성적 흥미를 느끼는 남성이 영국에만 75만 명이 존재하고, 25만 명은 소아청소년성애적 성향을 갖고 있다고 본다는 의미다. 통계적으로 보면 당신은 작년 어느 시점에서는 아동에게 성적으로 끌리는 누군가와 교류했을 가능성이 대단히 높다. 당시에 NCA의 부국장을 맡고 있었던 필 곰리의 진술도 이를 뒷받침한다. "이 수치가 정확하다면 우리 모두는 그중 한 명과 멀지 않은 곳에서 살고 있는 것이 현실이라 볼 수 있다."[11] 이 진술은 이 현상을 효과적으로 보여주는 데는 도움이 되지만 마치 우리 주변에 괴물들이 도사리고 있다는 말처럼 들리기도 한다. 엄청나게 파괴적인 문제가 있다는 메시지를 담고 있다.

다른 나라에도 비슷하게 적용될까? 전 세계적으로 아동에 대해 성적인 생각이나 판타지를 갖고 있는 남성이 얼마나 되는지 연구해본 캐나다의 연구자 마이클 세토는 2014년에 소아청소년성애자의 비율을 2퍼센트 정도로 판단했다.[12] 하지만 그는 이런 수치가 나온 데는 만 11~14세를 대상으로 하는 청소년성애자를 포함시킨 것이 큰 역할을 했으며 소아성애자만 포함시키면 그 출현율은 아마도 1퍼센트 미만일 것이라고 강조했다. 어느 통계치를 받아들이든 간에 아동에게 성적 흥미를 갖는 남성이 대단히 많다는 사실을 알 수 있다.

연구가 훨씬 덜 되어 있고 이해도 부족한 상황이지만 여성, 그리고 성별 이분법에 해당하지 않는 사람 중에도 소아청소년성애 경향을 보이는 사람이 있다. 하지만 그 출현율은 남성에 비해 훨씬 낮은 듯하다.13 소아청소년성애자의 기준을 충족하는 사람이 몇 명이나 될지 알 수 없고, 한 번도 유죄판결을 받지 않는 사람도 많을 테지만 실제로 아동을 성적으로 학대하는 여성은 꽤 많다. 연구자 데이비드 맥러드가 "2010년에 미국에서 아동보호공공서비스child protective service에 사실로 입증되어 보고된 거의 모든 아동 성 학대 사례"를 2015년에 연구해보았더니 20.9퍼센트에 해당하는 사례에서 여성이 1차 가해자로 나왔다.14 (수치가 비교적 높게 나온 데는 남성과 여성이 함께 1차 가해자인 사례들도 한 몫했다.) 이는 소아성애자는 모두 남성이라는 대중의 인식에 의문을 제기하는 놀라운 발견이었다.

　이 연구에서 여성 범죄자들은 피해자의 생부모일 확률이 특히 높았고, 68퍼센트의 사례에서는 피해자 또한 여성이었다. 맥러드는 피해자의 절반 이상이 만 10세 미만(평균 만 9.43세)임을 밝혀냈는데 소아성애적 관심에 의한 것일 가능성이 있어 더 주목할 만하다. 이는 남성 범죄자의 피해자들보다 평균 나이가 더 어리다. 맥러드에 따르면 학술 문헌에서 여성의 범죄가 실제보다 과소평가되어 있는 가장 큰 이유는 사회가 여성을 범죄자로 인식하지 않기 때문이라고 한다. 그 결과 여성들은 범죄를 저질러도 들키거나 고발당하지 않고, 추적, 신고, 법적 처분을 피해 가는 경우가 많다. 사회와 연구자들은 아동 대상 성범죄자 여성을 이해하는 데 더 많은 노력을 기울여야 할 것이다.

소아청소년성애적 관심을 갖고 있는 많은 남성과 여성이 적절한 연령의 배우자를 만나 결혼하고 정상적인 성관계를 갖는다는 사실도 주목할 만하다. 사실 더 넓은 관점에서 보면, 직관에 어긋날지도 모르겠지만 이상성욕은 이상성욕적이지 않은 성 욕망과 양립이 가능하다. 2016년의 연구에서 마이클 베일리와 그 동료들은 아동에게 끌리는 성인들을 대상으로 하는 웹사이트에서 1,189명의 남성을 모집한 후 설문 조사를 해보았다.[15] 연구자들은 이 남성들이 오로지 아동에게만 끌리는지 확인하고 싶었다. 그 결과 여자아이에게 끌리는 남성 중 13.6퍼센트, 남자아이에게 끌리는 남성 중 5.4퍼센트는 성인에 대한 성적 선호도 갖고 있는 것으로 나타났다. 더 넓게 보면 주로 아동에게 성적으로 끌리는 남성 중에도 다양한 연령의 사람들에게 끌리는 남성이 많았는데, 대상이 자신이 선호하는 연령에서 멀어질수록 끌림의 강도도 약해졌다. 예를 들어 열두 살짜리 여자아이에게 가장 끌리는 남성은 열여섯 살짜리 여자아이에게는 그보다 덜 끌리고 스물두 살짜리 여성에게는 살짝만 끌리는 정도였다. 어쨌든 이 결과는 아동에 대한 성적 관심 때문에 꼭 성인에 대한 성적 관심이 배제되는 것은 아니라는 증거다.

또 하나의 흔한 오해는 아동에게 성적으로 끌리는 사람은 그 욕망을 통제하지 못한다는 것이다. 이는 문제적인 주장이다. 누군가가 법적으로, 사회적으로 용인되지 않는 욕망을 가지고 있다는 것과 그 사람이 자신의 욕망을 억누를 수 없다는 것은 다르다. 만약 우리 사회의 법적 체계를 믿는다면, 인간은 자신의 성향과 상관없이 사회적, 법적 규범에 따라 행동하는 판단력을 갖고 있다.

다행히도 NCA에 따르면 소아청소년성애적 욕망을 갖고 있는 남성중 3분의 2가 절대로 그 욕망에 따라 행동하지 않는다고 한다.[16] 이런 경우를 비범법 소아성애자non-offending paedophile라고 한다. 제임스 캔터와 이안 맥페일은 "비범법 소아성애자들은 아동에 대한 성적 관심을 경험하지만 흔한 오해와 달리 아동과 성적 접촉도 하지 않고, 불법적인 아동 성 착취 자료에도 접근하지 않는 독특한 인구 집단이다"[17]라고 말한다.

행여 자신의 성향을 누군가에게 말했다가는 사회적으로 고립되어 더욱 고통 받을 수 있음을 알기에 혼자 마음의 짐을 안고 침묵 속에 괴로워하며 살아가는 것은 분명 어려운 일일 것이다.

아동 대상 성범죄자 모두가 소아청소년성애자는 아니다

불행히도 모든 소아청소년성애자가 자신의 욕망을 통제하지는 않는다. 이런 욕망이 실행으로 옮겨질 경우 막대한 고통을 야기할 수 있다. 하지만 아동에 대한 이상성욕적 관심을 가지고 있는 것과 아동에 대한 성범죄 사이의 관계는 매우 복잡하다. 그리고 이런 중대한 사안에 관한 논의는 수많은 오류와 오해로 점철되어 있는 경우가 많다.[18] 아동 대상 성범죄에 대해 더 발전적으로 논의하기 위해 이해해야 할 몇 가지 내용을 소개한다.

첫째, 모든 아동 대상 성범죄자가 소아성애자는 아니며, 모든 소아성애자가 아동 대상 성범죄자는 아니다.

사회적으로 성범죄라는 용어와 소아성애자(혹은 소아청소년 성애자)라는 용어를 마치 동의어처럼 사용하지 말아야 한다. 둘을 동일시하면 미묘하지만 중요한 차이를 놓치기 쉽고 '다른' 성범죄자들을 돕는 꼴이 되어 범죄와 재범의 예방 전략을 수립하기 더 어려워진다. 또한 아동이 성 학대를 당하는 원인도 제대로 살피지 못하게 된다. 성 학대를 하는 요인은 비단 소아성애 말고도 무수히 많기 때문이다. 간단히 말하자면 소아청소년성애가 있는 사람이라도 절대 아동 대상 성범죄를 저지르지 않을 수 있고, 아동 대상 성범죄를 저지르는 사람도 소아청소년성애자가 아닐 수 있다.

아동에게 성적으로 끌리는 것은 아동 대상 성범죄의 위험 요인이지만, 그보다 훨씬 더 큰 위험 요인은 개인의 신념 체계다. 특히나 두 가지 인지 왜곡cognitive distortion이 아동 대상 성범죄를 저지를 수 있는 잠재적 범죄자의 예측 요소다.

루스 만과 그 연구진이 2005년에 아동 대상 성범죄자에 대해 연구한 바에 따르면 첫 번째 신념은 '아동과의 섹스는 나쁠 것이 없다'이고, 두 번째 신념은 '아이들이 능동적으로 어른을 자극해서 자기와 섹스를 하게 만든다'라고 한다. 이런 신념이 아동 대상 성범죄를 정당화하는 데 이용되며, 주로 아동에게 성적 관심을 갖는 사람과 '기회주의적 범죄자opportunistic offender'가 이런 신념을 갖고 있을 수 있다. 기회주의적 범죄자란 성인에게 성적으로 이끌리지만 가족 내부에서, 혹은 교회나 다른 모임에서 아동의 취약성과 접근 용이성을 이용해 성범죄를 저지르는 사람을 말한다.

이것이 다음의 항목으로 이어진다.

둘째, 아동 대상 성범죄자는 보통 면식범이다.

범죄학자 켈리 리처즈는 아동 대상 성범죄자들에 대한 오해를 요약하면서 이렇게 주장했다. "부모들은 잘 모르는 사람이 자기 자식을 학대할까 봐 두려워할 때가 많지만 대부분의 아동 대상 성범죄자가 피해자와 아는 사이이거나 본 적 있는 면식범임이 밝혀졌다."

관련 논문에 따르면 전 세계적으로 여성 중 18~20퍼센트,[19] 남성 중 7~8퍼센트는 만 18세 이전에 성 학대를 당한 적이 있다고 보고됐다.[20] 그리고 국제 아동학대방지회NSPCC, National Society for the Prevention of Cruelty to Children에 따르면 영국에서 스무 명의 아동 중 한 명은 성 학대를 받은 적이 있다고 한다.[21] 친인척, 이웃, 가족의 친구 등 아이와 알고 지내는 성인이 가장 흔한 범죄자였다. 남자 아동과 여자 아동을 대상으로 하는 가장 흔한 범죄자는 피해자의 아버지를 제외한 남성 친인척이었다.

셋째, 아동 대상 성범죄자의 대부분은 성 학대를 당한 경험이 없다.

아동 성 학대가 돌고 돈다는 믿음은 사실상 하나의 도그마로 받아들여지고 있다. 이 도그마는 아동 성 학대를 경험한 사람이 아동과 성인의 성 접촉이 용인된다는 개념을 내면화하거나, 심리적으로 손상을 입어서 올바른 의사 결정에 방해를 받는 것이라 가정하고 있다.

하지만 이런 주장을 뒷받침할 만한 실증적 증거가 거의 없다.[22] 아동기에 성 학대를 받았던 사람들은 대부분 아동 대상 성범죄자가 되지 않는다. 그리고 아동 성 학대를 저지르는 사람들은 대부분 성 학대를 받은 역사가 없다(여성 범죄자의 경우는 특히 그렇다). 그렇기는 해도 아동기의 성 학대나 신체적 학대, 방치 등은 성범죄를 비롯한 여러 가지 범죄와 비행의 위험을 높이는 요인이다.[23] 이런 맥락에서 보면 피해자가 되는 것과 범죄자가 되는 것 사이의 연관 관계를 이해하는 것은 의미 있는 일이지만, 그것을 과장해서는 안 된다.

넷째, 온라인으로 아동 포르노를 보는 사람 중 다수는 결코 오프라인에서 아동 대상 성범죄를 저지르지 않는다.

관련된 불법 행위 중에 논의하지 않은 것이 있다. 아동 포르노 소비다. 이 부분은 감지하거나 보고하기가 매우 어렵기 때문에 범죄자가 유죄판결을 받기 전이나 받고 난 후에 얼마나 많은 이미지에 접근하는지 정확히 알기가 불가능할 때가 많다. 게다가 아동 포르노의 피해자는 신고를 잘 하지 않기 때문에 아동 포르노 소비와 아동 대상 성범죄의 상관관계를 연구하기가 더 어려워진다. 그렇다면 그 상관관계는 어디까지 알려져 있을까?

2015년에 치안 연구자 켈리 바브치신은 온라인과 오프라인 아동 대상 성범죄자의 특성에 대해 메타 분석한 내용을 발표했다.[24] 유죄판결을 받은 아동 포르노 범죄자 여덟 명 중 한 명은 아동 대상 접촉 범죄contact offence 기록을 갖고 있었고, 물어보았을 때는 두 명 중 한 명이 접촉 범죄를 저지른 적이 있다고 스스로 밝혔다. 접촉 범죄란 아동과 만나서 어떤 종류든 성행위 혹은 성애화된 행동을 한 것을 말한다. 추가적으로 재범률에 관해서는 아동 대상 성범죄자보다 아동 포르노 범죄자가 재범률이 낮은 것으로 나왔으며 포르노 범죄와 접촉 범죄 모두 유죄판결을 받은 사람이 재범률이 가장 높았다.

전체적인 연구 결과를 보면 범죄 행위가 온라인 아동 포르노 범죄로 국한된 범죄자들은 혼합 범죄자(아동 포르노 범죄와 아동 대상 접촉 범죄를 저지른 사람), 그리고 아동 대상 오프라인 성범죄자와 달랐다. 아동 포르노를 보다가 걸렸지만 접촉 범죄는 저지르지 않은 사람들은 피해자에 대한 공감 능력을 갖고 있는 경우가 더 많았다. 이들은 아동을 대상으로 접촉 범죄를 저질렀을 때 자신이 야기하게 될 고통을 이해하고 공감할 가능성이 더 높았다. 연구진에 따르면 피해자에 대한 공감 능력은 성범죄를 막는 가장 큰 보호막으로 알려져 있다.

이것은 대단히 중요한 부분이다. 아동 포르노 소비는 소아청소년성애자임을 말해주는 강력한 지표이지만(그리고 아동 성학대보다는 소아청소년성애로 진단받을 더욱 강력한 예측 요소다)[25] 피해자에 대한 공감 능력이 뛰어난 사람은 아동 대상 성범죄를 저지르지 않는 경우가 많다. 아동에 대한 성욕에 직면했을 때 행동을 억누르는 능력, 잠재적 피해자에게 공감할 수 있는 능력이 소아청소년성애자가 성범죄자가 되지 않게 막아주는 가장 중요한 요소인 듯 보인다.

하지만 애초에 누군가를 소아청소년성애자로 만드는 요인은 무엇일까? 그들은 소아청소년성애자가 되기로 선택한 것일까?

원래 그렇게 태어났다

1886년으로 거슬러 올라가면 '소아성애'라는 용어를 만든 독일의 정신의학자 리하르트 폰 크라프트에빙Richard von KrafftEbing은 소아성애가 신경 질환이라고 주장했다.[26] 그 후로 이를 입증해보일 수 있는 연구가 크게 발전했다. 오랫동안 소아성애자들의 뇌를 연구해온 제임스 캔터는 "소아성애는 본질적으로 타고나는 특성이며 시간이 흘러도 변하지 않는 것으로 보인다. 이것은 다른 성적 지향과 마찬가지로 존재 깊숙이 새겨져 있는 특성이다"[27]라고 밝혔다. 캔터와 그 동료들은 인간적인 접근 방식을 이용해 소아청소년성애적 욕구(그 욕구를 행동으로 옮기는 것은 별개의 문제)로 사람을 비난하기보다는 그것을 확고한 생물학적 틀 안에서 이해하려 했다. 캔터의 주요 연구 맥락을 보면 소아청소년성애와 연관되어 있는 뜻밖의 신체적 특성이 드러난다. 여기에 포함되는 특성은 다음과 같다.

1. 키 : 소아청소년성애자들은 그렇지 않은 사람보다 키가 2센티미터 정

도 작은 것으로 나타났다.[28]

2. 주로 쓰는 손 : 소아청소년성애자들은 왼손잡이일 확률이 세 배 정도 높았다.[29]

3. 아이큐 : 소아청소년성애자들은 일반적으로 아이큐가 낮았다.[30]

4. 뇌의 신경회로 : 소아청소년성애자들은 일반적으로 회백질grey matter의 양이 적고 뇌의 연결 상태가 다르다.[31]

이 특성들의 공통점은 무엇일까? 대체적으로 태어날 때부터 결정되어 있다고 보는 요인이라는 점이다.[32] 이와 마찬가지로 소아청소년성애를 비롯한 사람의 성적 지향도 대체로 태어나기 전에 이미 결정되는 것으로 여겨진다. 캔터는 이렇게 설명한다. "이런 사람들은 아동을 인식했을 때 보호 본능 대신 성적 본능이 촉발되는 것 같다."

이것은 소아청소년성애자를 얘기할 때뿐만 아니라 아동 대상 성범죄자를 더 폭넓게 다른 종류의 성범죄와 비교할 때도 적용된다. 2014년의 메타 분석에서 크리스티안 조얄과 그 동료들은 다음과 같은 사실을 발견했다. "아동 대상 성범죄자들은 성인·또래를 대상으로 한 성범죄자들보다 평균적으로 신경심리학적 결함이 더 많이 나타났다."[33] 이것은 아동 대상 성범죄자의 뇌가 다른 종류의 성범죄자의 뇌와 다르게 작동한다는 의미다. 같은 맥락에서 이 연구자들은 아동 대상 성범죄자가 성인 대상 성범죄자에 비해 일반적으로 지능이 낮다는 것을 발견했다. 좀 더 정확하게 말하면 아동 대상 성범죄자가 똑똑할수록 그 피해자도 나이가 더 많아졌다. 이는 아주 어린 아동을 대상으로 범죄를 저지르는 사람이 일반적으로 아이큐가 매우 낮다는 의미다.

그렇다고 환경은 상관이 없다는 건 아니다. 소아청소년성애자가 저지르는 아동 대상 성범죄는 취약한 대인 기술, 고립, 낮은 자긍심, 거절에 대한 두려움, 자기주장의 결여, 무능하다는 느낌, 성적 지식의 결여 등 여러 가지 사회적 요인과 관련되어 있다.[34] 이것들은 대부분 사회적으로 영향을 받는 특성과 감정이며 양육 과정 및 다른 환경적 요인과 강력한 상관관계가 있다.

하지만 선천성·후천성 논란에서 후천성은 소아청소년성애의 표출(아동 대상 성범죄 저지르기)하고만 관련이 있을지 모른다. 바꿔 말하면 사람이 어떻게 자랐느냐 하는 부분은 자신의 욕구를 어떻게 통제하느냐에는 영향을 미칠지 모르지만 그 사람이 애초에 아동에게 성적으로 이끌리는지 여부와는 상관이 없을 가능성이 높다는 것이다. 캔터는 이렇게 말한다. "어떤 범죄도 저지르지 않는 소아성애자라고 해도 그런 조건을 유지하기 위해서는 평생 욕구를 억제하고 통제해야 한다."[35] 억제하고 통제하는 능력이 생기는 것은 적어도 부분적으로는 더 잘 작동하는 두뇌, 좋은 양육 환경, 후천적인 사회적 뒷받침이 존재한 결과일 것이다.

상대적으로 제한되어 있지만 연구를 바탕으로 보면 소아청소년성애는 타고나는 성향이고, 그 욕구를 치료로 제거할 수는 없는 듯하다. 이는 또한 아동에게 성적으로 끌리는 이상성욕 자체는 양육 방식이나 사회화를 통해 없애기가 힘들다는 의미이기도 하다(그 욕구를 행동으로 옮기는 것은 별개의 문제다). 이것이 소아청소년성애의 치료에 대해 갖는 함축적 의미는 무엇일까?

인간적인 접근의 필요성

　소아성애자가 된다는 것이 어떤 건지 궁금했던 심리학자 제니 하우트펜은 소아성애자들에게 그들의 삶에 관해 물어보고 그 연구 결과를 2016년에 발표했다.[36] 하우트펜은 인터뷰한 소아성애자들 중 상당수가 사춘기 초기에 자신이 소아성애적 관심을 갖고 있음을 인정하기 힘들어했고, 그 결과로 심리적 어려움을 경험했음을 알게 되었다. 더 나아가 하우트펜은 많은 사람이 자신의 성향을 발견해가는 과정이었던 청소년기에 성범죄를 저질렀다는 것도 알게 됐고, 이는 아마도 부분적으로는 초기의 위험 요소들을 인식하지 못해 적절한 개입이 이루어지지 않기 때문일 것이라 밝혔다.

　하우트펜은 자신이 인터뷰한 소아청소년성애자들의 절망적인 상황을 그려내면서 이런 상황에 처한 사람들을 돕기 위해 무언가를 해야 한다는 제안으로 발표를 끝맺고 있다. 우리는 이들을 도와야 한다. 이들은 고통 받는 인간이기 때문이다. 그리고 이들이 타인에게 큰 고통을 야기할 위험을 안고 있는 사람이기에 더더욱 도와야 한다. 하우트펜이 던지는 메세지이다. "소아성애에 대해 더 개방적인 환경을 만들고 소아성애자들에게 사회적 지지와 통제력을 부여하면 범죄의 위험을 줄일 수 있다."

　만약 이런 이상성욕이 개인의 통제를 벗어난 유전적이고 선천적인 뿌리에서 기인한다면 과연 이것을 악이라 부를 수 있을까? 그리고 이런 성적 선호도를 갖고 있는 사람을 어떻게 도울 수 있을까?

　소아청소년성애자가 범죄자가 될 가능성을 줄이기 위한 몇 가지 계획이 있다. 예를 들면 성범죄자 전화 상담 서비스와 심리 치료 등이다. 이 두 가지 방법 모두 치료를 목적으로 하기보다는 욕구의 조절을 돕는 것을 목표로 한다. 아동 대상 성범죄를 예방하기 위해서는 그런 범죄 성향을 갖고 있는 사람들과 피해자가 사실을 공개적으로 밝힐 수 있게 장려해야 한다는 인식이 퍼지면서 익명의 소아청소년성애자 전화 상담 서비스와 공동체 모임이 점점 많아지고 있다. 단지 소아청소년성애자를 피하고 외면하는 것으로는 그들이 욕구대로 행동하는 것을 막을 수 없고, 오히려 역효과를 낳을 수도 있다.

　영국의 '지금 멈추십시오Stop It Now', 미국의 '도덕적 소아성애자Virtuous Paedophiles', 독일의 '암시야 프로젝트Projekt Dunkelfeld' 등의 계획안이 등장했다. 이 프로그램들은 모두 욕망에 따라 행동하는 것을 막을 수 있도록 심리 치료를 지원해주면서 건전한 욕망의 배출구를 제공하는 것을 목표로 하고 있다.

　비록 대부분의 소아청소년성애 치료가 특정 사람이 범죄를 저지른 이후에 이루어지지만 이 문제를 예방적으로 접근하기 위한 계획안도 나와 있다. 아직 드물기는 하지만 일부 클리닉에서는 아동이 등장하는 성적 판타지가 있는 사람, 그 판타지를 행동으로 옮길까 두려워하는 사람들의 심리 치료를 지원하기 시작했다. 하지만 이렇게 하기 어려운 국가들이 많다. 도움을 원하기는 하지만 의사나 치료사가 경찰에 신고할까 봐 두렵기 때문이다.

경우에 따라서는 엄격한 비밀 유지 때문에 오히려 범죄를 예방하지 못할 수 있다는 우려도 타당한 구석이 있다. 하지만 일부 치료사는 이런 시스템이 제대로 작동하기 위해서는 더더욱 엄격한 비밀 유지가 보장돼야 한다고 주장한다.

이런 접근 방식은 논란이 많다. 만약 누군가가 의사에게 자기가 현재 한 아동을 학대하고 있다고 말한다면, 의사는 경찰과 지역 공동체에서 그 사실을 알아야 한다고 생각하는 것이 당연하다. 하지만 장기적인 해악을 줄이자는 관점에서 보면 소아청소년성애자가 완전히 고립되어 있는 것보다는 자신의 욕구나 행동에 대해 누군가와 대화를 나눌 수 있어야 더 나을 것이다. 이런 식이어야 이들도 자신의 욕망에 적절히 대처하고 그 욕망대로 행동하는 것을 피할 수 있을 테니까 말이다.

소아청소년성애자를 위한 상담 전화는 대부분 익명성을 보장한다. 독일의 암시야 프로젝트는 여기서 한발 더 나갔다. 내가 아는 한 전 세계적으로 자신들이 직접 만나는 사람의 익명성을 완전히 허용하는 기관은 여기밖에 없다.[37] 암시야 프로젝트에서 일하는 심리학자 페티야 슈만은 익명 보장 상담 전화를 하는 사람들 중 일부에게 치료에 참석하라고 권유한다. 슈만은 2015년에 자신의 경험에 관해 인터뷰한 적이 있다. 그녀는 이런 프로젝트에 발걸음을 내딛는 사람들은 아주 용감한 사람들이라고 강조하면서 이들이 드디어 누군가와 대화할 수 있게 되어 안도한다고 말했다. 자신이 소아청소년성애자라는 것을 깨닫는 것 자체가 스스로에게 정서적 상처를 주는 경험이 될 수 있기 때문이다.

슈만은 소아청소년성애가 '질병'과 비슷하며 이 프로그램의 목표는 그 밑에 도사리고 있는 이상성욕을 치료하는 것이 아니라 '자신의 성적 욕망과 공존하며 책임감 있게 살아가는 법을 배우는 것'이라고 한다.[38] 이들이 제공하는 심리 치료는 사람들이 자신의 욕망을 통제하고 자신이 갖고 있는 어떤 믿음(이를테면 아이들이 자기에게 성적으로 관심이 있다거나 자기와 섹스를 하고 싶어 한다는 믿음)을 뿌리 뽑는 법을 배울 수 있게 돕는 것이다. 이런 잘못된 믿음을 줄이면 범죄 위험도 줄어든다고 본다.

상담 전화와 치료가 아동 성범죄를 줄일 수 있으리라는 희망을 주고 있지만 장기적 결과는 아직 알 수 없다. 하지만 내 눈에는 적어도 소아청소년성애자들을 인간적으로 이해하려 하고, 그들의 욕망을 억누르거나 그들을 무시하기보다는 그들이 그 욕망을 잘 다스리도록 격려한다는 점에서 긍정적으로 보인다.

암시야 프로젝트 치료에 참가했던 한 소아청소년성애자는 BBC와의 인터뷰에서 이렇게 말했다. "나는 평소에 머리가 떡져 있지도 않고, 뿔테 돋보기안경도 안 쓰고, 누더기 옷을 입지도 않아요. (중략) 사람들이 머릿속으로 상상하는 전형적인 소아청소년성애자의 모습 같은 것은 존재하지 않습니다. 우리 소아청소년성애자들은 제각기 달라요. 그리고 완전히 정상적인 사람이죠. 우리의 단 한 가지 공통점이라면 아동에게 성적으로 이끌린다는 것밖에 없습니다. (중략) 저는 제가 받는 느낌 중에서 성과 관련된 측면을 통제하는 법을 배우고 있습니다."[39]

소아청소년성애자를 다루는 또 다른 방법이 있는데 이것 역시 논란이 많다. 바로 거세다. 물리적 거세는 고환을 외과적으로 제거하는 것이다. 성범죄자를 대상으로 선택적으로 이루어지는 물리적 거세가 독일과 체코에서는 여전히 시행되지만 고문과 비인간적·모멸적 대우 예방을 위한 유럽위원회European Committee for the Prevention of Torture and Inhuman or Degrading Treatment에서는 이것을 크게 비난해왔고, 화학적 거세가 도입된 1940년대 이후로는 거의 사용되지 않고 있다.[40]

화학적 거세는 소아청소년성애자 남성을 위한 방법이다. 보통 이미 성범죄를 저지른 사람을 대상으로 이루어지며 항안드로겐 약물을 정기적으로 주사 맞는다. 이 약물은 임시로 성욕을 제거해 발기가 거의 불가능하게 만든다. 일부 국가에서는 화학적 거세가 선택적인 반면 어느 국가에서는(폴란드, 인도네시아, 체코, 호주, 한국, 미국 일부) 유죄 선고를 받은 성범죄자에게 의무적으로 시행할 수 있다. 이 약물을 의무적으로 사용하는 부분에 대해서는 인도주의적으로 폭넓은 비판이 있다. 더군다나 정신의학자 돈 그루빈과 앤서니 비치의 말처럼, 의사가 사회적 통제social control의 대리인 역할을 해서는 안 된다는 주장도 있다.[41]

하지만 기본적으로 거세가 효과가 있기는 할까? 물리적 거세와 화학적 거세 모두를 연구한 바에 따르면 실제로 전도유망한 결과를 보여주고 있다. 독일과 체코의 의사들은 물리적 거세를 자발적으로 선택한 사람은 긍정적인 결과를 얻어 욕망을 통제하기가 더 쉬워진다고 주장했다.[42] 화학적 거세를 옹호하는 사람들도 마찬가지로 긍정적인 결과를 얻었다고 주장한다.[43] 하지만 알렉산드라 루이스를 비롯한 일부 연구자들은 이런 연구 결과에 신중해야 한다고 조언한다. 2017년에 성범죄자의 화학적 거세를 다룬 문헌들을 검토한 루이스의 연구 결과를 보면, 전체적으로 이득은 있으나(욕망이 감소하고, 욕망에 따른 행동이 감소한다) 확실한 결론을 이끌어내기에는 연구의 질이 충분히 좋지 못하다고 한다.[44]

의사 프레드 베릴린에 따르면 소아청소년성애증이 있는 사람 중 일부는 화학적 거세로 효과를 볼 수 있다. 하지만 베릴린은 이런 경고도 곁들인다. "현재의 증거로 보면 이것은 자발적으로 약을 투여하는 경우만 해당된다." 더불어 이런 점을 상기시킨다. "현재는 성적 지향을 바꿀 수 있는 약물이 존재하지 않는다. 약물 치료는 용납할 수 없는 성욕의 강도를 낮추어줄 뿐이다. 소아성애 자체를 처벌하거나 법으로 금지할 수는 없다. 이것은 형사법의 문제이면서 공중 보건의 문제이기도 하다."[45] 이상성욕은 성기나 호르몬이 아니라 뇌 속에 자리 잡고 있다. 약물은 소아청소년성애를 치료하지 못한다. 그저 욕망의 강도를 줄여줄 뿐이다.

소아청소년성애의 해악을 줄이기 위한 또 다른 접근 방식으로는 진짜 아동 대신 그 대용물을 이용하는 것이다. 이 방식도 논란이 많긴 하지만, 만약 소아청소년성애 경향이 있는 사람이 아이에게 해를 끼치지 않고도 자신의 욕망을 충족할 수 있다면?

이런 방법이 몇 가지 나와 있는데 하나같이 많은 사람들이 대단히 불편하게 여길 만한 방식들이다. 마치 아동이나 청소년처럼 보이게 꾸민 성인이 등장하는 포르노를 생산하는 방법도 있다. 그리고 사람이 아예 등장하지 않는 다른 접근 방식도 있다. 컴퓨터로 만들어낸 아동이나 헨타이(일본의 포르노 애니메이션), 또는 현실감 있는 아동 섹스돌, 멀지 않은 미래에 등장할 아동 섹스 로봇 등이다.

현재는 대부분의 국가에서 외설적인 이미지에 대한 법률을 제정해 이런 자료들의 합법적 유통을 제한하거나 금지하고 있다. 실제로 2017년에는 영국의 한 남성이 아동 섹스돌을 수입하려고 했지만 판사가 외설적인 물품으로 판단해 수입을 금지한 바 있다.46

아동 모조품fake children은 실제 아동의 대체물로 작용해 사회에 가해지는 해악을 줄이고 소아청소년성애자가 더욱 의미 있고 윤리적인 삶을 영위할 수 있게 해줄 잠재력을 갖고 있다. 하지만 이것은 동시에 이런 자료를 소비하는 사람들이 자신이 겪는 고통을 정상적인 것으로 생각하게 만들어 더 많은 성범죄 행위를 이끌어낼 잠재력도 갖고 있다. 아동 섹스돌을 사용하는 것도 마찬가지고, 어떤 측면에서는 아동 포르노 관람도 그렇다. 그리고 앞선 연구에서도 살펴보았듯이 아동 포르노 관람은 아동을 대상으로 한 접촉 범죄를 저지르게 만드는 위험 요소다. 따라서 아동 섹스돌은 소아청소년성애자들을 탈억제시켜 범죄를 저지를 가능성을 더 높일 수도 있다. 세 번째로 생각해볼 수 있는 가능성은 이런 자료들이 아무런 차이도 만들어내지 못할 가능성이다. 지금까지 알려진 내용을 바탕으로 보면 이 세 가지 대안 모두 가능성이 비슷비슷하기 때문에 어떤 것이 적절한 대응 방안인지 판단하기가 어렵다. 그래서 이 사안에 대해 서둘러 연구를 진행할 필요가 있다.

심리 치료든 거세든 헨타이든 아동 섹스돌이든 단순한 사후적 처벌이 아니라 실질적인 해악 감소에 초점을 맞추어야 한다. 새로운 기술과 치료 선택지 등장에 이어 사회가 소아청소년성애의 실태에 잘 대처하려면 어떻게 해야 하는지에 관한 윤리적 논의가 반드시 이루어져야 한다. 아동에게 성적 관심을 갖고 있는 사람에 관해 우리가 한 명의 개인이자 사회 구성원으로서 어떻게 해야 하는지 맞춰나가는 과정에서 공포에 휘둘려서는 안 된다. 소아청소년성애는 인간 사회에서 영원히 사라지지 않을 고정된 요소이고 우리 생각보다 훨씬 큰 부분을 차지하고 있다. 소아성애자들은 우리의 친구이자 동료, 이웃, 친척, 아버지, 아들이다 (그리고 가끔은 엄마, 딸, 이모일 때도 있다). 이런 부분을 인정해야 피해를 줄이는 데 초점을 맞출 수 있다. 범죄를 저지르는 성인을 최대한 줄이기 위해 노력하는 것이다.

많은 이들이 소아청소년성애자의 행동을 악하다고 하겠지만 그들은 괴물이 아니다. 그들은 인간이다. 소아청소년성애자는 사회가 용납할 수 없는 성적 성향을 안고 태어났다. 그들이 그런 성향을 선택한 것이 아니다. 따라서 이것에 반하는 믿음과 정책, 치료법 들을 멈추어야 한다.

지금까지는 사회에서 악하다고 여기는 사람들에 주로 초점을 맞췄다. 이제는 우리가 끔찍한 일을 더 쉽게 저지르게 만드는 시스템으로 범위를 넓혀 살펴볼 때가 됐다. 이번에는 사람을 타락시키는 돈의 영향력과 많은 사람들이 직장에서 매일 겪고 있는 도덕적 딜레마로 관심을 돌려보자.

7장

정장 속에 똬리 튼 뱀 : 군중심리

역설, 노예, 윤리적 맹목성에 관하여

돈은 우리가 생각하는 도덕성 개념에 변이를 일으키곤 한다. 복잡한 산업과 유통 과정에서 돈은 완충제로 작용하여 소비자와 제품을 연결해준다. 그런데 여기서 돈은 인간이 매우 비윤리적인 행동을 하게도 할 수 있다.

지금 증명해 보일 수 있다. 당신에게 세 가지 항목을 제시할 테니 당신은 그것이 악한지 아닌지 판단해보라. 그 세 가지는 매춘, 아동 노동, 동물 고문이다. 그렇다면 다음 세 가지는 어떤가? 포르노, 저렴한 물건, 공장식 축산 농장.

매춘이 불법인 나라는 많지만 포르노는 대개 불법이 아니다. 이것은 정말 위선적인 행태로 보인다. 포르노는 카메라를 이용한 매춘으로 볼 수 있기 때문이다. 만약 누군가에게 돈을 주고 자기(혹은 다른 누군가)와 섹스를 하게 하면 그것은 매춘이다. 그리고 대부분의 국가에서 이것은 불법이다. 하지만 만약 누군가에게 돈을 주며 자신과 섹스를 하게 하고 그것을 동영상으로 촬영한다면 그것은 포르노다. 그리고 많은 국가에서 이것은 합법이다. 포르노는 오히려 문제가 더 많으면 많았지 덜하지는 않는데 말이다.

더 저렴하고 편리한 물건을 구매해 사용함으로써 때때로 우리는 노동자에 대한 가혹한 처우를 허용하고 심지어는 아동 노동 같은 것을 간접적으로 옹호할 때도 많다. 현시대의 소비문화가 낳은 파괴적인 결과를 우리는 종종 목격한다. 전화기를 만드는 공장에 자살 방지용 그물망을 설치해야 하는 상황, 적절한 안전 조치가 이루어지지 않아 의류 공장이 붕괴하면서 수백 명이 깔려 죽는 사건 등이 그 예다. 하지만 똑같은 사안이라도 해석의 프레임을 새로 짜거나 거기에 가격표만 붙여 놓으면 덜 불쾌하게 느껴진다. 끔찍한 일들을 내 눈으로 직접 보지 않으니 나와는 상관없는 일처럼 느껴지는 것이다. 눈에 보이는 것은 가격표밖에 없으니 말이다.

육식도 우리 사회에서 논쟁이 많은 사안이다. '전투적 채식주의자militant vegetarian'라는 용어까지 등장했다. 비건vegan{고기와 생선은 물론 우유, 달걀도 먹지 않는 엄격한 채식주의자—옮긴이}이라고 하면 으레 후무스hummus{병아리콩 으깬 것과 오일, 마늘을 섞은 중동 음식—옮긴이}나 먹는 지루한 히피 같은 부정적인 이미지를 떠올리는 사람도 많다(하지만 요즘에는 엄격한 채식주의가 크게 확산되고 있는 듯하다. 좋은 일이다). 하지만 자발적으로 고기를 먹지 않는 사람들을 대놓고 폄하하는 사람들이 아직도 많고 육식을 줄일 생각조차 없는 사람은 더 많지만 그런 사람들도 동물 고문은 비도덕적이라고 생각한다.

축산업은 전 세계적으로 가장 큰 고통의 원천 중 하나다. 매년 식용으로 길러지는 동물은 700억 마리 정도로 추정되고 있으며 이 가축들은 거의 공장식 축산 농장에 있다.1 대부분의 가축은 열악한 환경에서 태어나 결국 그 환경에서 죽는다. 우리가 먹는 닭, 소, 돼지, 기타 많은 동물들이 이런 환경에 붙잡혀 살며 크나큰 고통을 겪는다. 물고기는 통증을 느끼지 못하지만(적어도 우리가 생각하는 방식의 통증은 느끼지 못한다) 우울증에 빠질 수는 있다. 물고기의 우울증은 인간의 우울증과 무척 비슷하기 때문에 과학자들이 물고기를 이용해 항우울제의 효과를 연구할 정도다.2 양식한 생선을 먹는 사람이라면 슬픔에 빠진 생선을 먹고 있다는 양심의 가책을 느낄 수도 있다. 동물의 고통 말고도 이 산업이 환경에 미치는 영향 또한 엄청나다. 공장식 축산은 기후 변화에도 막대하게 기여한다. 가축이 방귀를 낄 때마다 기후에 영향을 미친다.

하지만 이런 일들을 알고 있으면서도 우리는 계속해서 신나게 고기를 즐긴다.

우리는 대체 뭐가 잘못된 것일까?

호주에서 이 주제를 가지고 연구 중인 심리학자 브록 바스티안과 스티브 로난에 따르면 우리가 고기를 먹는 이유를 이해하면 마음속 깊이 간직하고 있는 도덕적 원리와 충돌하는 다른 형태의 행동들도 이해할 수 있다고 한다.[3]

이들이 만든 '고기의 역설meat paradox'이라는 용어는 '사람들이 육식에 대한 선호와 고통 받는 동물에 대한 도덕적 반응 사이에서 느끼는 심리적 갈등'을 말한다. 이들은 이렇게 주장한다. "다른 존재에게 해를 가하는 행동은 자신을 도덕적 인간으로 바라보려는 관점과 모순된다. 그래서 고기 소비는 고기를 먹는 사람에게 부정적인 영향을 낳는다. 자신에 대한 비판적인 관점과 마주하기 때문이다. 고기를 먹으면서 어떻게 내가 좋은 사람일 수 있을까?"

이런 도덕적 갈등은 고기를 먹는 즐거움뿐만 아니라 우리의 정체성도 위협한다. 나의 정체성을 보호하기 위해 우리는 마음을 편안하게 해줄 습관과 사회 구조를 만들어낸다. 육식을 사회 관습과 엮는 것이다. 예컨대 휴일을 가족, 친구와 함께 고기를 먹는 날로 정의한다. 또한 육식이 사람을 진정한 인간으로 정의하는 데 도움을 준다거나 인간은 육식을 하도록 운명 지워진 초포식자super-predator라 말한다. 그리고 육가공물이 온갖 건강상의 해로움과 직결되는데도 누군가 비건을 지향한다고 하면 혀를 차며 이렇게 말한다. "그러면 단백질은 어디서 얻으려고?" 그리고 친구들은 저녁 파티에 채식하는 친구를 초대하는 것을 '까먹기' 시작한다.

어떤 일이든 집단으로 행하면 위선일지라도 덜 나쁘고 덜 위협적으로 느껴진다. '모두 나쁜 일을 하고 있으면 그 일은 사실 그렇게 나쁜 행동은 아닐 거야. 그렇지 않아?' 바스티안과 로만은 "육식이 계속되는 이유는 고기를 먹는 사람에게 이득이 되기 때문이다. 그리고 사람들은 자신의 이득을 지키기 위해 이런 이기적인 행동을 합리화할 방법을 찾게 된다"고 말한다. 사람들은 인간이 먹는 육류의 양이 자기 자신, 환경, 동물에게 안 좋은데도 육식을 자제하지 않는다. 사람들은 먹는 동안 즐겁기 때문에 육식을 한다. 그리고 장기적으로 발생하는 부정적인 결과는 쉽게 무시한다. 사람들이 내미는 변명은 대체적으로 전후 관계가 뒤바뀌어 있다. 먼저 육식을 즐기기로 결심하고 나면 그런 행동을 해도 괜찮은 이유, 그리고 그런 행동을 계속해도 괜찮은 이유를 정당화할 필요가 생긴다. 사람들에겐 변명이 필요하다. 아니면 나쁜 사람이 된 것 같기 때문이다.

자신이 하는 말과 행동이 서로 다를 때, 혹은 서로 모순되는 믿음을 갖고 있을 때 심리학자들은 이것을 인지 부조화cognitive dissonance라고 부른다. 이 용어는 레온 페스팅거가 1957년에 처음 사용하면서 만들어졌다.[4] 이 분야의 고전적 실험은 1959년에 페스팅거와 제임스 칼스미스가 진행해 발표했다.[5] 이 실험에서 두 사람은 이렇게 물었다. "어떤 사람에게 자신의 개인적 의견과 반대되는 말이나 행동을 하게 하면 그 개인적 의견에 어떤 일이 일어날까?" 실험에서 이들은 41명의 남성에게 두 가지 과제를 완수하게 했다. 첫 번째는 이 남성들에게 12개의 둥근 목재 실감개를 쟁반 위에 담고 그 쟁반을 비운 다음 실감개를 다시 쟁반에 담는 행동을 30분 동안 반복하게 했다.

그다음에는 참가자들에게 48개의 정사각형 목재 핀이 들어 있는 보드게임을 주었다. 그리고 30분 동안 각각의 핀을 시계방향으로 4분의 1 바퀴 돌린 다음 다시 또 4분의 1 바퀴 돌리는 일을 반복하게 했다. 연구자들은 일부러 지겨운 과제를 준 것이었다. 정말, 정말 지겨운 일이었다. 사람들이 이 일을 하는 동안 연구자들은 그 상황을 관찰하며 기록했다.

참가자들은 자신의 수행 성과를 측정하는 것이라 생각했지만 사실 연구자들이 정말로 관심 있는 부분은 그다음 과정이었다. 두 가지 지겨운 과제를 한 후에 참가자들을 다시 대기실로 보냈다. 그리고 그 대기실에서 기다리고 있는 사람이 다음 참가자라고 말해주었다. 참가자 중 3분의 1에게는 특별한 언급을 하지 않았고 따라서 그들은 그냥 앉아만 있었다. 하지만 나머지 3분의 2의 참가자들은 연구자들로부터 다음 참가자에게 거짓말을 하겠느냐는 제의를 받았다. 거짓말을 하면 돈도 받을 수 있었다. 절반에게는 거짓말을 하는 대가로 1달러를 주겠다고 했고 나머지 절반에게는 거짓말을 하면 20달러(1950년대만 해도 꽤 큰돈이었다)를 주겠다고 했다. 그러겠다고 하는 사람에게 연구자들은 종이 한 장을 건네주며 종이에 적힌 대로 다음과 같이 얘기하라고 지시했다. "아주 재미있었어요", "엄청 재미있었어요", "재미있는 시간을 보냈네요", "아주 흥미로운 일이었어요", "굉장히 흥미진진했어요".

연구자들이 정말로 알고 싶었던 것은 이 거짓말, 그리고 그에 대한 보상이 참가자의 과제 평가에 미치는 영향이었다. 연구자들은 참가자가 다른 사람에게 이 과제를 재미있다고 말했다는 이유만으로 본인도 실제로 이 지겨운 과제를 즐거웠다고 생각할지 궁금했다. 그리고 거짓말의 보상으로 돈을 받은 것이 여기에 어떤 영향을 미칠지도 궁금했다.

누가 이 실험을 제일 재미있다고 평가했을까? 거짓말을 하도록 요청받지 않은 대조군은 이 과제를 지겨웠다고 평가하면서 두 번 다시는 하지 않겠다고 말했다. 그리고 20달러를 받은 참가자도 이 과제를 부정적으로 평가했다. 하지만 1달러를 받은 참가자들은 나머지 두 집단에 비해 이 실험을 훨씬 더 재미있다고 평가했고 나중에 비슷한 실험이 있으면 참가하겠다고 답하는 비율도 훨씬 더 높았다.

어떻게 된 일일까? 아마도 참가자들에게 1달러는 거짓말을 하는 것에 대한 보상으로 충분치 않았을 것이다. 그래서 인지 부조화를 경험한 것이다. "내가 왜 실험이 즐겁지 않았는데 즐겁다고 얘기한 거지? 얼마 되지도 않는 1달러 때문에 그럴 리는 없잖아?" 시간을 거슬러 올라가서 행동을 달리하거나 실험에 참가하지 않을 수는 없는 노릇이기 때문에 참가자에게 남은 옵션은 자신의 신념을 바꾸는 것밖에 없다. 사실은 실험이 재미있었다고 말이다. 20달러를 받은 경우에는 그럴 필요가 없었다. 자신의 거짓된 행동이 쉽게 벌 수 있는 두둑한 돈 때문에 나온 결과라 설명할 수 있으니까 말이다. 이 실험은 자신의 행동을 설명하기 위해 신념을 거기에 끼워 맞출 때가 많고 이런 방식이 돈에 좌우될 수 있음을 보여준 수많은 실험 중 첫 번째 실험이었다.

1962년에 페스팅거는 자신의 개념에 한층 형식을 더했다.[6] 그가 말하길 인간은 자신이 행동, 신념, 태도 등에서 전반적으로 일관성이 있다고 믿지만 사실은 제멋대로 굴 때가 있다는 것이다. 그는 이런 일관성 결여를 부조화dissonance라 부르고, 일관성은 조화consonance라 불렀다. 그는 자신의 인지 부조화 이론을 다음과 같이 요약했다.

1. 부조화는 심리적인 불편을 야기하기 때문에 사람에게 부조화를 줄이고 조화를 달성하려 노력할 동기를 부여한다.
2. 부조화가 존재할 때 사람은 그 부조화를 줄이려는 노력에 덧붙여 부조화를 증가시킬지 모를 상황이나 정보를 능동적으로 회피하려 든다.

더 나아가 그는 이렇게 설명한다. 배고픔이 우리에게 배고픔을 줄이기 위해 먹을 것을 찾도록 동기를 부여하듯이 인지 부조화는 우리로 하여금 부조화를 줄일 수 있는 상황을 찾아 나서도록 동기를 부여한다는 것이다. 육식의 경우 두 가지 방법이 있다. 행동을 바꾸거나 신념을 바꾸는 것이다. 그래서 육식을 멈추거나 아니면 육식이 도덕적으로 괜찮은 이유를 만들어내게 된다.

사람들은 스스로도 육식을 합리화하려 노력하지만 기업들도 사람들이 더 쉽게 합리화할 수 있도록 발 벗고 나선다. 회사 측에서는 사람들이 너무 깊이 생각하지 말고 돈을 쓰기를 바란다.

　사회학자 리즈 그라우어홀츠가 대중문화 속에 등장하는 동물 이미지에 대해 연구한 바에 따르면 육식을 수용 가능한 행동으로 보이게 만드는 한 가지 방법은 고기를 그 고기가 나온 원천인 동물과 분리하는 것이라고 한다.7 그라우어홀츠는 인간은 필요한 경우에 동물을 고기로 탈바꿈시켜 '동물'과 '고기'의 개념이 서로 별개의 것으로 보이게 하는 방식으로 이런 분리를 완수한다고 주장한다. 사람들은 고통 받는 아기 소 대신 '빌veal(송아지고기)'로 부르고 돼지 대신 '햄ham'으로 부르며, 사냥 당하는 야생 동물은 '게임game(사냥감)'이라 부른다. 이런 표현 방식은 사람들을 음식의 실제 기원으로부터 물리적, 언어적, 개념적으로 멀어지게 만든다.

　그라우어홀츠는 상업적으로 고기가 어떻게 탄생하는지 조사해본 후 이것이 두 가지 서로 다른 방식으로 이루어진다는 것을 알아냈다. 첫 번째는 고기를 조각으로 잘라 위생적으로 비닐 포장된 형태로 보여주어 이 고기가 동물에서 나온 것이라는 생각이 아예 들지 않게 만드는 방법이다. 두 번째는 '귀엽게 만들기cutification'와 관련이 있다. 말 그대로 동물을 실제보다 더 귀엽게 보이게 만드는 것이다. 일본 등의 아시아 지역에서는 다른 어느 곳보다도 이런 전략이 널리 실행되고 있다. 이 지역의 광고에서는 생태학자 콘라트 로렌츠가 '아기도식Kindchenschema'이라 부르는 방식을 활용한다. 즉 아동용 책에 나오는 큰 눈과 귀엽고 둥글

둥글한 얼굴 생김새를 이용하는 것이다. 이런 전략은 고기가 행복한 가상의 동물로부터 나온 것이라는 인상을 심어주려는 의도를 갖고 있다. 두 가지 모두 동물이 처한 잔혹한 현실로부터 눈을 돌리게 만드는 역할을 한다.

육식하고만 관련된 것이 아니다. 사람들은 소비재 생산 뒤에 고통이 숨어 있음을 알고 나면 마음이 불편해지지만 동물이나 사람을 사물화해서 그런 불편한 마음을 덜어내고 나면 아주 쉽게 잔인해질 수 있다. 육류 소비에서 보이는 것과 똑같은 과정이 도덕적으로 용납은 안 되나 흔히 이루어지고 있는, 돈과 관련된 인간의 온갖 행동에서도 그대로 나타난다.

사람들은 가난이 커다란 고통을 야기한다는 것을 알면서도 자신의 부를 나누기보다는 비싼 신발을 한 켤레 더 산다. 또한 아동노동 혹은 열악한 작업환경에서 이루어지는 성인 노동에 근본적으로 반대하면서도 계속해서 할인 판매점에서 물건을 산다. 사람들은 자신의 연약한 정체성을 보호하기 위해, 자신이 윤리적으로 일관성 있는 사람이라는 환상을 유지하기 위해 어둠 속에 머문다.

인지 부조화를 줄이려고 이렇게 끊임없이 노력하는 과정에서 우리는 도덕적으로 의문이 있는 행동을 다른 사람들에게도 전파할 수 있다. 우리는 사회를 다듬어 자신의 불편한 마음을 최소화하고, 자신의 일관성 없는 모습을 상기시키지 않는 사회로 바꾼다. 우리는 자신의 모순을 끝없이 떠올리게 하는 사회를 원하지 않는다. 바스티안과 로만은 이렇게 주장한다. "부조화를 감소시키는 과정을 통해 어떤 행동의 부도덕성이 사라지는 것처럼 보일 수 있다."[8]

따라서 사회적, 문화적 환경에 따라 위선이 득세할 수 있다. 사회적 습관을 통해 어떤 행동을 정상으로 보이게 만들고, 혹은 눈에 보이지 않게 만들고, 변화에 저항하게 만듦으로써 우리의 도덕적 갈등을 숨길 수 있다.

비즈니스 영역은 특히나 이런 일이 발생하기 쉬운 토양이다. 하지만 기업의 세계에서 비윤리적 판단을 내리는 사람들에 대해 이야기하기 전에 먼저 거래 그 자체에 대해 이야기해보고 싶다. 우리가 돈으로 교환할 수 있는 것은 무엇이고 교환할 수 없는 것은 무엇인가? 그리고 어째서 때때로 사람들은 금지된 거래를 하기로 결심할까?

생각조차 할 수 없는 일

내가 당신의 시간을 한 시간 사려면 얼마나 많은 돈을 제시해야 할까? 1년을 사려면 얼마나 필요할까? 이것은 꽤 정상적인 거래다. 시간을 돈과 교환할 때가 많으니까 말이다. 우리는 그것을 일이라 부른다. 마찬가지로 당신의 집, 옷, 노트북 같은 것을 사려면 얼마나 많은 돈을 지불해야 하는지 묻는 것도 비교적 정상적이다. 우리는 이런 것을 보통 돈과 교환하며, 이런 것들은 대부분 가격을 확인할 수 있다.

하지만 인생에는 이런 식으로 수량화할 수 없는 것도 많다. 내가 전국 TV 방송에 내보내기 위해 당신을 발가벗겨서 소 등에 태우고 동영상을 촬영하려면 돈이 얼마나 필요할까? 당신의 아이가 끔찍하게 아끼는 테디 베어 인형을 사고 싶다면 돈이 얼마나 필요할까? 당신의 아기 혹은 남편을 사려면 돈이 얼마나 필요할까? 당신의 왼쪽 콩팥을 사고 싶다면? 당신의 자유를 사고 싶다면? 여기에 돈으로 가치를 매기는 일은 대단히 부적절해 보인다. 사실 이런 것들을 산다는 이미지 자체가 자신의 영혼을 악마에게 파는 종교적 이미지를 떠올리게 한다. 하지만 이런 거래에 참여하는 것이 악한가?

1997년에 앨런 피스케와 필립 테틀록은 이런 종류의 상황에 대한 사람들의 반응을 이해하고자 했다.[9] 이들의 연구에 따르면 "터부시되는 거래는 어떤 관계가 갖고 있는 고귀함, 더 나아가 신성함에 관한 심오한 규범적 직관을, 그리고 그런 관계를 떠받치는 도덕적·정치적 가치관을 위반한다"고 한다. '신성한' 가치라 여겨지는 것을 돈 같은 '세속적' 가치와 교환하는 것은 부적절하다는 의미다. 이런 신성한 가치는 너무도 중요해서 무한히 보호해야 하기 때문이다.

돈으로는 사고팔 수 없거나 적어도 돈으로 사고팔아서는 안 된다고 분명하게 여겨지는 것들이 존재한다. 논의를 시작하기 위해 어떤 것을 사고팔 수 있는 것이라 여기는지 당신의 사고방식을 확인해볼 간단한 테스트를 하나 해보고 싶다. 이 테스트를 진행하는 방법은 다음과 같다. 이것은 2000년에 테틀록과 그 동료들이 발표한 과학 논문에서 가져온 것이다. "아래 나열된 각각의 거래에 대해 그 거래의 허용 가능성과 도덕성을 판단할 권한이 당신에게 있다고 상상해보자. 당신이라면 사람들에게 어떤 형태의 거래를 허용하겠는가? 당신은 그런 거래를 도덕적으로 찬성하는가, 반대하는가? 그리고 이런 거래 제안이 당신에게 어떤 감정 반응을 유발하는가?"[10]

1. 누군가에게 돈을 주고 내 집 청소를 맡긴다.
2. 의사에게 돈을 주고 나나 내 가족을 진료하게 한다.
3. 변호사에게 돈을 주고 법정에서 형사고발에 대해 나를 변호하게 한다.
4. 돈을 주고 고아를 데려온다.
5. 돈을 주고 인체의 일부를 산다.
6. 돈을 주고 대리모를 시킨다.
7. 돈을 주고 공직 선거에서 내게 투표하게 한다.
8. 돈을 주고 성 접대를 시킨다.
9. 누군가에게 돈을 주고 내가 법정에서 받은 징역형을 대신 살게 한다.
10. 누군가에게 돈을 주고 나의 의무적 군복무를 대신하게 한다.

당신은 이 중 몇 개에 부정적인 반응을 보였는가? 처음 나온 세 가지는 '일상적인' 거래(일반적으로 받아들일 수 있는 거래)로 여겨지는 반면 나머지 일곱 가지는 터부시되는 거래로 여겨질 때가 많다. 참가자들은 터부시되는 거래들을 나머지 거래보다 도덕적으로 훨씬 나쁘다고 평가했다. 이들은 속이 상하고 불쾌하고 고통스럽고 미칠 것 같고 분노와 슬픔이 느껴진다고 했다. 그리고 높은 비율로 이런 거래를 금지해야 한다고 말했다. 일반적으로 이런 것들은 생각조차 할 수 없는 일로 여겨졌다.

테틀록과 연구진은 이러한 도덕적 분노가 터부시되는 거래에 대한 첫 반응이라고 밝혔다. 부도덕한 일에 대해 생각하면 사람들은 더럽다는 느낌이나 오염되었다는 느낌을 받는다. 그리고 도덕적으로 스스로를 씻어내려고 한다.

이 연구에서 밝혀낸 바에 따르면 이런 시나리오에 대해 생각해본 후에 거기에 분노를 느낀 사람들은 도덕적으로 자신을 씻어내려고 시도하는 경우가 훨씬 많았다. 아기 인신매매를 금지하는 캠페인에 참여하는 것이 그 사례였다. 이상할 정도로 정확히 맞아떨어지는 사례라고 할 수 있다. 연구진의 주장에 따르면 사람들은 이런 끔찍한 일들에 대해 생각하는 것만으로도 도덕규범을 위반한 기분을 느껴 이를 신속하게 보상하고 싶어 한다고 한다.

하지만 우리가 생각조차 할 수 없는 일이라 여기면서도 가격표를 매겨야 하는 상황이 있다. 테틀록은 "자원이 유한하기 때문에 때로는 적어도 암묵적으로는 여러 가지 것에 돈으로 가치를 매겨야 할 때가 생긴다. (중략) 예를 들면 사람의 목숨(의료 서비스의 가격은 얼마인가?), 정의(법적 대리인을 구하는 가격은 얼마인가?), 자연환경 보호(멸종 위기 종의 가격은 얼마인가?), 시민의 자유와 권리 등이다"[11]라고 주장한다.

받아들이고 싶지 않겠지만 우리 몸은 부위마다 가격이 매겨져 있다. 사람이 손상을 입었을 경우 민사법원(미국 같은 국가에서는 배심원)에서 '감정에 입은 손상', '통증과 고통', '사별' 등 다양한 사항에 가격표를 매겨야 한다. 우리가 누군가의 부주의로 사망했을 경우 우리의 잠재적 수입을 바탕으로 부양가족이 받을 보상액을 계산한다. 잠재적 수입은 우리가 사망할 당시의 수입, 우리가 생존했을 경우 예상되는 승진 내역, 우리가 운영하던 스타트업 회사가 실제로 수익을 낼지의 여부, 우리의 소비가 증가할지의 여부, 우리가 사고를 당하지 않았다면 몇 살에 죽었을지 등등을 다 고려해서 계산된다. 우리의 인생 전체가 그저 계산표 한 장에 적어놓은 숫자들로 요약될 수 있는 셈이다.

영국을 비롯해서 세계 여러 국가에서는 타인의 부주의한 행동이나 의도적 행동으로 신체에 손상이 일어났을 경우 각 신체 부위의 값을 계산할 수 있는 공식 지침이 마련되어 있다. 이런 지침은 '통증, 고통, 편의의 상실loss of amenity'에 대한 보상액을 계산하는 데 이용된다.[12] 영국에서는 한쪽 눈을 완전히 상실한 경우에는 4만 8,000~5만 8,000파운드, 양쪽 팔을 다 상실한 경우에는 21만~26만 3,000파운드를 보상받는 반면 집게손가락을 상실한 경우의 보상액은 겨우 1만 6,000파운드다. 도살된 가축이 각각의 부위별로 시장 가치를 갖고 있는 것처럼 우리의 몸도 다양한 가격으로 쪼갤 수 있다.

미국은 시스템이 살짝 다르다. 배심원에 의해 결정된다는 점에서 경제학자 대니얼 카너먼과 그 연구진의 말처럼 더 변덕스럽다. 1998년에 이들은 참가자들이 일련의 손상 사례에 대해 얼마나 많은 도덕적 분노를 느끼는지, 그리고 그에 대한 보상으로 얼마나 많은 돈을 주어야 한다고 생각하는지에 관한 연구 결과를 발표했다.[13] 이들은 에어백에 결함이 있는 자동차로 인한 손상, 유독한 매연이 나오는 작업 현장에서 입은 손상, 술에 취한 보안 요원에게 총을 맞는 손상에 대해 피해자에게 얼마나 보상해주어야 하는지 참가자들에게 물어보았다. 연구진이 알아낸 바에 따르면 사람들은 이런 행동이 도덕적으로 얼마나 문제가 있는지, 얼마나 심한 처벌이 필요한지에 대해서는 의견이 일치했지만 얼마나 많은 돈을 보상해야 하는지에 관해서는 의견이 대단히 다양했다. 어떤 사람은 100달러나 1,000달러의 벌금으로 그 고통을 적절히 보상할 수 있다고 여기는 반면 어떤 사람은 똑같은 고통에 대해 100만 달러 정도는 지불해야 한다고 생각했다.

하지만 누군가가 겪은 고통을 취소하거나, 잃어버린 팔이나 목숨을 새로 붙여줄 수는 없기 때문에 그 손실을 원래대로 되돌려줄 방법은 존재하지 않는다. 우리의 사법 체계는 일종의 '대체성fungibility'을 요구한다. 대체성은 경제학 용어로, 두 가지 대상이 똑같은 가치를 가지고 있어서 서로 교환하거나 대체가 가능한 상태를 지칭한다. 하지만 여기서 살펴보는 손실은 그 무엇과도 교환이 불가능하다. 그래서 적절한 배상금을 두고 사람들의 의견이 크게 엇갈리는 것이다.

그렇다면 애초에 왜 인간은 혹은 기업은 사람들을 위험한 상황으로 밀어 넣는 것일까? 로이 바우마이스터가 말하는 수단으로서의 악instrumental evil은 개인이나 조직이 돈을 위해 나쁜 일을 하는 경우를 말한다. 조직의 악organisational evil의 토대에 대해 연구한 카롤 유르키위츠에 따르면 "수단으로서의 악이 발생해 가장 널리 논의되었던 사례 중 하나는 포드 핀토라는 소형 자동차에 관한 것이었다"고 한다.

1970년대에 핀토는 인기 많은 자동차였지만 치명적인 공학적 결함이 있었다. 기름 탱크의 위치 때문에 저속으로 후방 충돌이 일어나도 자동차 폭발이 발생할 확률이 높았던 것이다. 제조사에서도 일련의 자동차 충돌 검사를 해보았기 때문에 이 위험을 알고 있었다. 하지만 어쨌거나 이 차는 시장에 출시됐다. 이들의 계산에 따르면 1년에 180명의 목숨을 구하기 위해 추가적으로 들어가는 비용이 자동차 한 대당 11달러였다. 포드는 이 문제를 해결하지 않기로 했다. 이 문제를 해결하는 데 들어가는 비용이 민사소송과 나빠지는 평판으로 인해 발생할 수 있는 손실보다 높다는 계산이 나왔기 때문이다. 포드는 이 계산에 인명 손실도 포함시켰다. 당시 미국 기준으로 한 사람의 목숨을 대략 20만 달러의 가치로 전제한 계산이었다. 이런 판단을 내린 이들은 차량 결함으로 사람이 죽으리라는 것을 알고 있었다(결국 이 문제로 인한 사망자는 27명에서 180명 사이로 추정됐다). 하지만 어쨌거나 그들은 자동차를 시장에 내놓았다.

이런 행동은 악한 것일까? 원래 비즈니스란 것이 이런 건가? 사업에서나 생활에서나 돈은 가치를 계산하는 편리한 방법이고, 심리적 이득과 손실에 대해 생각하는 것보다는 금전적인 이득과 손실에 대해 생각하는 쪽이 훨씬 쉽다. 물론 이런 식으로는 평판에 관한 비용을 간과하기 쉽다. 대중의 비판 여론도 최종 순익에 지대한 영향을 미칠 수 있다.

하지만 어느 누군가를 다른 누구보다 경제적으로 더 가치 있다고 말하거나 생각하면, 가치가 덜하다고 여겨지는 사람을 비인간화하거나 차별하기가 더 쉬워진다. 인간이라는 존재에 가격표를 매김으로써 우리는 인간적 경험의 복잡성, 그리고 누군가에게는 유리하고 누군가에게는 불리한 구조적 불평등을 잊어버리게 된다. 공감도 없고 인간애도 없이 사람을 대할 위험이 커지는 것이다.

빼앗긴 삶

노예 사업만큼 사회규범이 왜곡되는 곳도 없을 것이다. 자유, 권리, 인간성을 모두 박탈당한 노예들은 인간으로 대접받지 못하고 돈벌이 수단으로 취급된다. 노예들은 키, 힘, 외모 등에 따라 값이 매겨져 팔려나간다.

케빈 베일스는 현대판 노예제에 대해 연구하는 인권 변호사다. 그는 최근 인간 노예의 평균 가격이 90달러 정도라는 것을 알아냈다. 그 어느 때보다도 싼 가격이다.[14] 아마도 인구가 폭발해 착취할 수 있는 취약한 사람들의 수가 전 세계적으로 크게 늘어났기 때문일 것이라 그는 주장했다. 법률적인 맥락에서는 노예라는 용어가 훨씬 폭넓은 의미를 담고 있지만 베일스는 현대의 노예를 '폭력의 위협 아래 보수 없이 강제로 일하면서 달아날 수도 없는 사람'으로 정의하고 있다.

그렇다면 이런 노예가 몇 명이나 될까? UN의 국제노동기구In-ternational Labour Organisation에 따르면 지구상의 모든 국가에서 노예를 불법으로 정하고 있지만 오늘날 전 세계적으로 일종의 노예 생활을 하고 있는 사람은 줄잡아 적어도 2100만 명 정도라고 한다.

나는 노예, 특히 성노예에 대해 이해하기 위해 최대한 노력하고 있다. 인간에게서 자유, 건강, 품위, 삶까지 모두 송두리째 빼앗아가는 것만큼 잔인한 일이 또 있을까? 누군가가 얼마나 눈 깜짝할 사이에 납치되어 노예가 될 수 있는지 상상하기가 그리 어렵지는 않을 것이다. 파티에 갔다가, 친근하게 구는 낯선 사람과 함께 차에 올라탔다가 수렁에 빠지기도 한다. 혹은 베일스가 말하듯 속아서 노예로 팔려가는 가장 흔한 사례는 직장을 구해주겠다는 말을 믿고 따라가는 경우다.

정상적인 삶을 살다가도 삶이라고 할 수 없는 나락으로 얼마나 쉽게 빠질 수 있는가. 여러 사건들을 보면 매우 충격적이다. 그 범죄자는 대가로 무엇을 얻을까? 돈? 설마 그깟 돈 때문에 그런 일을? 나는 정말 이해하기 힘들지만 결국은 돈 때문이다. 베일스는 "사람들은 그 사람에게 못되게 굴고 싶어서 납치하는 것이 아니다. 금전적 이득을 위해 납치하는 것이다"[15]라고 말했다.

노예제는 사업이다. 아주 큰 사업이다. 노예경제학자 싯다르트 카라가 말하길 "오늘날의 노예 사업은 내가 상상했던 것보다 훨씬 큰 수익이 남는 사업으로 밝혀졌다"고 한다. 카라는 51개 국가에서 15년에 걸쳐 수입한 자료를 요약하고, 5,000명 이상의 노예제 피해자를 대상으로 인터뷰를 진행했다. 그는 노예 한 명당 벌어들이는 수익이 1년에 몇 천 달러에서 몇 십만 달러에 이르며 노예제에서 발생하는 1년간 총 수익이 많게는 무려 1,500억 달러 정도로 추정된다는 것을 알아냈다.[16] 그는 피해자들이 만들어내는 연간 평균 수익을 3,978달러로 계산했고, 전체 노예 중 약 5퍼센트를 차지하는 성매매 피해자의 경우 연간 평균 3만 6,000달러를 벌어다 주는 것으로 계산했다.

노예의 수익성을 따지는 것은 무자비한 일이다. 하지만 이 장에서 제일 중요한 것은 돈이다. 여기서는 돈이 사람을 타락하게 만드는 핵심적인 힘이다. 수익성이 없었다면 기업의 부패나 착취도 생기지 않았을 것이고 대부분의 인간 노예도 사라졌을 것이다.

노예 소유주들은 자신이 이런 산업에 몸담고 있는 것을 대체 어떻게 정당화할까? 로이 바우마이스터에 따르면 어떤 사람과 행동을 순수 악pure evil으로 인식할 수 있는 경우가 있는데 이는 여덟 가지 특징으로 정의된다.[17] 케빈 베일스는 노예제를 이해하기 위해 바우마이스터의 원래 개념을 더 자세하게 설명하고 거기에 자신의 기본 틀을 적용해보았다. "순수 악은 여덟 가지 속성을 특징으로 하며, 그 속성들 대부분은 노예제에 대한 대중의 인식에서도 발견된다." 이 속성은 다음과 같이 요약할 수 있다. 베일스가 제공한 노예제의 사례는 괄호로 표시했다.

1. 악한 사람은 의도적으로 사람에게 해를 가한다(노예주는 걸핏하면 자기 노예들을 잔인하게 다룬다).

2. 악은 오직 쾌락을 위해 해를 가한다(노예주는 가학적으로 노예에게 채찍질하는 것을 즐긴다).

3. 피해자는 선량하고 착한 사람이다(노예는 노예가 되어 마땅한 짓을 전혀 하지 않았다).

4. 악은 타인, 적, 외부자, 외집단이다(노예주는 우리와 닮지 않고, 우리가 절대 속할 수도 없고, 속하지도 않을 집단에 속한다).

5. 악은 태곳적부터 늘 그래왔다(노예제는 항상 폭력적 통제와 침해라는 기본적 형태를 취했다).

6. 악은 질서, 평화, 안도의 정반대다(노예화는 폭력, 방해, 가족의 파괴, 안도의 완전한 결여를 의미한다).

7. 사악한 성격은 대개 자기중심적 사고egotism로 특징으로 한다(노예주는 자기가 노예들보다 우월하다고 믿는다).

8. 악한 인물은 자신의 감정, 특히 분노를 잘 조절하지 못한다(노예주의 분노는 노예들이 참고 견뎌야 할 공포 중 하나다).

하지만 여기에는 문제점이 있다. 위 내용을 읽으면서 여덟 가지 기준을 모두 충족하는 일은 불가능할지도 모른다는 생각이 드는가? 당신이 옳다. 이 여덟 가지 요인, 특히나 처음 나온 여섯 가지가 바우마이스터가 말하는 순수 악의 미신에 해당한다. 개별적으로 보면 이들 속성 중 일부는 사회에서 '악'으로 낙인찍은 성격으로 고려할 수 있지만 이것들을 모두 단순히 하나의 개념으로 볼 수는 없다. 이런 인식은 타인에게 해를 가하는 사람에게서 거리를 두려다 보니 만들어진 지나친 과장이자 지나친 단순화다. 바우마이스터와 베일스의 주장에 따르면 우리는 어떤 사람이나 행동을 순수 악이라 생각할 수는 있지만 이것은 사실 유용하지도, 합리적이지도 않은 개념이라고 한다. 사람과 행동은 그보다는 더 복잡하고 미묘한 뉘앙스를 가지고 있다.

노예 문제도 마찬가지다. 베일스는 사악한 노예주에 대한 고정관념이 우리의 마음을 편하게 해준다고 말한다. 그들이 우리와는 근본적으로 다른 인간이라는 느낌을 주기 때문이다. 하지만 "이성적인 사람이라면 누구나 다른 사람을 노예로 만드는 행위를 악하다고 정의하겠지만 사실 오직 악을 행하기 위한 이유만으로 사람을 노예로 만드는 노예주는 없다"고 할 수 있다. 나는 누군가를 노예로 삼는 것이 인간이 또 다른 인간에게 저지를 수 있는 최악의 행위 중 하나라고 생각한다. 하지만 노예제를 악이라 부르는 것은 오히려 노예주들을 궁지에서 풀어주는 것처럼 느껴진다. 노예제는 탐욕이며 이기심이고 해악이다. 하지만 이것은 노예주 내면의 어떤 수정 불가능한 근본적 문제가 만들어낸 결과가 아니라 붕괴된 시스템, 그리고 개인의 붕괴된 가치관이 만들어낸 결과다.

더 나아가 베일스는 이렇게 주장한다. "우리는 그들이 스스로를 어떻게 정의하는지도 반드시 조사해보아야 한다(그 정의를 받아들일 수는 없지만). 그리고 그들이 자신의 사업을 어떻게 정당화하는지도 조사해봐야 한다. 내가 만나서 인터뷰해본 실제 노예주들은 거의 모두가 '가정적인 남성'이었고 스스로를 사업가라 생각했다." 베일스에 따르면 노예를 거느리는 것은 그저 경제

방정식에 들어 있는 수많은 요인 중 하나에 불과했다.

노예주들은 대체 어떻게 그럴 수 있을까? 누군가를 납치, 감금, 착취하면서 동시에 자신을 좋은 사람이라고 믿으려면 인지 부조화가 분명 엄청날 텐데 말이다. 여기서 노예주들은 자신의 행동을 바꾸기보다는 자신의 신념을 수정하는 경우가 많은 것처럼 보인다.

베일스는 이들이 질서 유지에는 자신의 역할이 필수적이라거나, 혹은 노예들의 행위나 상황으로 자신의 역할을 정당화할 수 있다거나, 자기가 태어날 때부터 속해 있던 계급 때문에 자신의 역할이 이미 운명처럼 정해져 있었던 것이라 생각한다고 주장했다. 이들은 자기가 피해자들로부터 빼앗아오는 것도 있지만, 먹을 것, 잘 곳, 기본 편의 시설 등 제공하는 것도 있다고 생각한다. 이런 믿음은 사회의 불평등을 유지하는 데 도움이 된다. 사람에 따라서는 자기에게 제공된 것 이상은 가질 자격이 없다는 함축적 의미를 담고 있기 때문이다. 그래서 노예주들은 노예들이 뭐 하나라도 자기 것이 있다는 것 자체를 고맙게 생각해야 한다고 여긴다.

그와 동시에 이런 신념은 노예를 인간 이하의 존재로 개념화해 이들을 짐승이나 범죄자처럼 사회적 지위와 인간적 권리를 부여받을 자격이 없는 범주로 옮겨 놓는다. 베일스는 노예주의 핵심적 역할 중 하나가 노예가 자신의 역할을 받아들여 노예제를 더 이상 악한 것으로 보지 않고 세상 질서의 정상적인 일부로 바라보게 하는 것이라 설명한다. "악이 바라보는 사람의 관점에

달린 것이라면 노예는 범죄자나 노예주의 관점을 그대로 받아들이기를 강요받는다." 일단 노예주와 노예 모두 노예제를 악이라 여기지 않으면 그 상황을 쉽게 유지할 수 있다.

현대판 노예제는 정당화할 수 없는 범죄지만 여기서도 돈을 위해 인간을 극단적으로 착취하는 다른 환경과의 유사점을 볼 수 있다. 자신이 속한 공동체 내부에서 더 빈번히 이루어지는 부정한 사업적 관행을 직시하기보다는 타인을 바라보며 손가락질하는 편이 훨씬 쉽다. 대부분의 집단이나 회사에는 돈을 덜 받고 일은 더 많이 하는 사람들이 존재하기 마련이다. 화학물질, 석유, 다이아몬드 등을 추출하고 발굴하는 일에 파견되는 사람들이 있다. 이들은 적절한 안전 조치가 이루어지지 않는 위험한 근무 환경에 노출된다. 그리고 폐업 당할 위험을 무릅쓰고 밀입국 노동자를 쓰는 회사도 있다. 이런 회사는 이 노동자들에게는 임금을 덜 주어도 정당하다고 느낀다. 어쩌면 이런 사업가 중 일부는 노예주와 별반 차이가 없는지도 모른다.

공정한 세상?

현대판 노예제에서 다른 형태의 착취로 넘어가보자. 노동자들을 함부로 대하거나 쥐꼬리만 한 임금을 주는 것을 어떻게 정당화할 수 있을까? 예를 들어 우리는 어째서 청소부, 간병인, 쓰레기 수거인에게는 다른 사람에게 주는 임금의 일부만 주어도 괜찮다고 생각하는지 그 이유를 반드시 자신에게 물어보아야 한다. 이 임금은 기본적인 의식주를 감당하기에도 충분하지 않은 액수일 때가 많다. 언급한 일들은 인간의 삶에 필수적이지만 우리 대부분이 하고 싶어 하지 않는 더러운 일이기도 하다. 그렇다면 이런 일을 하는 사람에게는 더 높은, 아니면 적어도 동등한 수준의 임금으로 보상해주어야 마땅하지 않은가? 사회란 원래 그렇게 돌아가는 것이니 그런 사람에겐 임금을 적게 주어도 괜찮다고 생각하는가? 아니면 대학 학위가 있거나 교육을 받은 적이 있거나 성장 배경이 좋은 사람은 더 많은 임금을 받을 자격이 있으며 그렇지 않은 사람들에게는 임금을 적게 주어도 괜찮다고 생각하는가?

스스로 세상이 공정하다고 믿는지 잘 모르겠다면 내가 확인할 수 있게 도와주겠다. 여기서 가장 중요한 질문 중 하나는 "사람들이 일반적으로 자기가 받아야 할 보상이나 처벌을 저승이 아닌 이승에서 받는다"라고 생각하는지 여부다.[18] 만약 그렇다고 생각한다면 당신은 당연히 '결과와 배분의 공정성'을 믿는 사람이다.[19] 바꿔 말하면 착한 사람은 좋은 대접을 받을 자격이 있고 열심히 일하는 사람은 부자가 될 자격이 있다고, 혹은 역으로 일하지 않는 사람은 굶어죽어도 싸다고 믿을수록 세상은 공정한 곳이라 믿게 된다. 그렇다면 열심히 일하는데도 굶주리는 사람을 보고 그 현실을 어떻게 이해해야 할지 더 난감해질 것이다.

심리학자 멜빈 러너는 '공정한 세상 가설just-world hypothesis'이란 것을 처음으로 연구한 사람 중 한 명이다. 그는 어째서 그토록 많은 사람들이 피해자의 고통을 자업자득이라 탓하는지 알고 싶었다. 1966년에 캐롤린 시먼스와 함께 발표한 연구를 비롯한 일련의 실험을 통해 연구진은 사람들이 누구나 자기가 당할 만한 일을 당하게 되어 있다고 믿으며, 어떤 일을 당했으면 원래 그런 일을 당할 만한 사람이라는 믿음을 유지하기 위해 자신의 인지를 조정한다는 것을 보여주었다.[20] 공정한 세상에 대한 믿음이 존재하는 이유는 우리가 자신의 운명을 통제할 수 있다고 생각하고 싶고, 그렇지 않은 세상은 위험하다고 느끼기 때문이다. 이에 관해 러너와 시먼스는 "사람들은 적절한 행동을 수행함으로써 자기가 원하는 것은 얻고 자기가 싫어하는 것은 피할 수 있다고 믿지 못하면 무기력해진다"라고 말했다.

우리는 스스로 바로잡을 수 없을 것만 같은 이 불평등한 세상을 이해하기 위해 공정한 세상에 대한 믿음을 들이댄다. 공정한 세상을 개인적으로 믿는 것은 긍정적일 수 있다. 우리의 자율성을 키워주고 자신의 삶을 통제할 수 있다는 느낌을 주기 때문이다.[21] 하지만 공정한 세상에 대한 믿음이 전반적으로 퍼져 있으면 그 함축적 의미가 사회적으로는 파괴적으로 작용할 수 있다. 공정한 세상에 대한 전반적 믿음은 가난한 사람들을 향한 태도,[22] 강간 등의 범죄 피해자를 향한 태도[23] 등을 비롯해 수많은 부정적 태도와 관련되어 있다. 이것은 술에 취해 강간을 당한 여성이나 지하철에서 구걸하는 홈리스 남성 등을 바라보는 관점에도 당연히 영향을 미친다.

거리에서 가난한 사람을 보면 많은 사람이 더럽다고 피하며 심지어는 일자리를 구하라고 참견까지 한다. 이런 반응은 그 사람이 가난해도 싸다는 인식에서 나오는 것일 수 있다. 열심히 일하지 않았거나, 잘못된 판단을 내려서 가난해졌다고 생각하는 것이다. 하지만 이것은 사실 자기 자신을 보호하기 위한 방법이다. 우리는 자기한테는 가난이 찾아올 리 없다고 믿고 싶어 한다. 자기는 가난해도 싼 사람이 아니라고 말이다. 범죄의 피해를 입은 타인에게도 비슷한 논리가 사용된다. 우리는 오히려 피해자를 비난한다. 자기도 쉽게 그런 범죄의 표적이 될 수 있다고 생각하는 것보다는 피해자가 그런 일을 당해도 싼 사람이니까 당한 것이라고 생각하는 편이 더 안전하게 느껴지기 때문이다.

인간은 질서와 통제를 좋아한다. 우리는 착한 사람에게도 나쁜 일이 생길 수 있다는 개념을 선호하지 않는다. 하지만 그런 일은 항상 일어난다. 이를 받아들이면 밑바탕에 깔려 있는 불평등에 대처하고, 그 문제를 해결하기 위해 노력하는 데 도움이 된다. 예를 들면 노예제를 없애고, 극단적인 가난을 줄이고, 폭력적 범죄를 예방하기 위해 발을 벗고 나설 수도 있다. 이런 것들은 공정한 세상을 믿는 일부 사람들이 가정하듯 사회의 '필요악'이 아니기 때문이다.

나쁜 사람, 규칙을 따르지 않고 타인을 착취하는 사람에게도 좋은 일이 생길 수 있다는 사실을 받아들이는 것 역시 공정한 세상 가설에 배치된다.

사기꾼의 탄생

인간의 고통을 이용해서 이득을 챙기는 가장 노골적인 사례 중에는 생명을 구하는 의약품을 터무니없이 비싼 가격에 내놓는 것도 있다.

2015년에 튜링 제약회사의 최고경영책임자 마틴 슈클레리는 에이즈 약 다라프림daraprim의 판권을 사들이자마자 알약 하나당 가격을 13.5달러에서 750달러로 인상했다.[24] 환자보다는 수익을 중시한 행동의 사례로 보인다. 그는 환자의 생명권을 짓밟은 결과 '미국에서 가장 미움 받는 인간'이라는 별명을 얻었다.

2017년에 그는 여러 건의 사기 혐의로 고발당했다. 하지만 이미 그에게 대중적으로 엄청난 비난이 쏟아진 후였기 때문에 중립적인 배심원단을 꾸리기가 무척 어려웠다. 여기 역사상 가장 기이한 배심원 선정 과정을 소개한다. 이 과정을 통해 200명 이상의 배심원이 자신의 임무를 '면제'받았다.[25]

> 판사 : 배심원 선정의 목적은 이 사건을 확실히 공정하고 불편부당하게 처리하기 위함입니다. 만약 자신이 공정하고 불편부당할 수 없다고 생각하면 당신은 저에게 그 사실을 말할 의무가 있습니다. 좋습니다. 1번 배심원.
>
> 1번 배심원 : 저는 피고인이 누구인지 알고 있고 그를 싫어합니다.
>
> 벤자민 브라프먼(슈클레리의 변호사): 유감입니다.
>
> 1번 배심원 : 저는 그가 탐욕스러운 인간이라 생각합니다.

판사 : 배심원은 오직 증거에 입각해서 이 사건을 판단할 의무가 있습니다. 동의하십니까?

1번 배심원 : 그게 가능할지 모르겠네요. 저라면 저를 이 배심원 자리에 선정하지 않겠어요.

판사 : 1번 배심원을 면제하겠습니다.

(잠시 후)

10번 배심원 : 저는 이 남자를 어느 교도소로 보내야 하는지 판단하는 부분에 대해서만 공정할 수 있을 것 같습니다.

판사 : 좋습니다. 당신을 면제하겠습니다. 28번 배심원, 당신도 하실 말씀이 있습니까?

28번 배심원 : 저는 이 사람을 절대 좋아하지 않습니다. 그가 왜 에이즈 환자들에게 필요한 항생제를 가져다가 5,000퍼센트나 가격을 인상하는 멍청한 짓을 저질렀는지 대체 이해할 수가 없습니다. 솔직히 말씀드리면 저도 지쪽으로 가고 싶은 마음이 굴뚝같네요.

판사 : 감사합니다.

28번 배심원 : 그 사람은 멍청한 겁니까, 욕심이 많은 겁니까? 이해할 수가 없네요.

(잠시 후)

59번 배심원 : 존경하는 판사님, 그는 전적으로 유죄이고, 저는 결코 그가 어떤 혐의든 빠져나가게 둘 수가 없습니다. 왜냐하면…….

판사 : 알겠습니다. 선생님께서는 유죄가 입증되지 않은 범죄로 기소된 모든 사람에 대해 그런 입장을 갖고 계십니까?

59번 배심원 : 이것은 그 사람의 전체적인 행실에 대한 제 입장입니다. 그가 사람들에게 저지른 일에 대해서요.

판사 : 알겠습니다. 당신을 면제하겠습니다.

59번 배심원 : 그리고 그는 우탱클랜에게도 무례한 짓을 했어요.

(잠시 후)

77번 배심원 : 제가 뉴스에서 보고, 읽은 모든 것을 바탕으로 생각할 때 저는 피고인이 미국 기업의 탐욕을 대표한다고 믿습니다.

브라프먼 : 이의 있습니다.

77번 배심원 : 그가 죄 없는 무고한 사람이라고 어디 저를 한번 설득해보세요.

59번 배심원이 한 말은 슈클레리가 우탱클랜(멤버들이 대부분 전과자로 구성된 힙합 그룹—옮긴이)의 미발표 앨범 판권을 구입해놓고 그 음악을 누구에게도 공개하지 않아 우탱클랜의 멤버 한 사람이 그를 '똥대가리'라 부른 것을 두고 나온 말이다. 그에 반응해서 슈클레리는 그 래퍼를 중요하지도 않은 늙다리 인간이라고 부르고 앨범을 지워버리겠다고 위협하면서 이렇게 말했다. "내가 없으면 넌 아무것도 아냐."[26]

편견을 갖고 있는 배심원들을 걸러냈는데도 슈클레리는 몇 건의 혐의에 대해 유죄를 선고받았다. 재판을 받고 있는 동안, 그리고 재판을 받은 후에도 그는 말발이 좋았고, 처신이 가볍기 그지없었으며, 소셜미디어에 관심을 끌기 위한 게시물을 올렸고, 반복적으로 거짓말을 했다. 심지어 그는 컬럼비아대학교 졸업생이라는 거짓말까지 했다. 그 대학교의 한 행정관리인이 그가 학교에 다닌 기록이 없다고 보고하는 바람에 이 사실도 재판 과정에서 밝혀지게 됐다.[27] 그날 저녁 집으로 돌아온 슈클레리는 소셜미디어로 라이브스트리밍 방송을 진행하며 컬럼비아대학교 티

셔츠를 입고, 무릎 위에는 고양이를 올려놓은 채 자기를 비판하는 사람을 공격했다. 그는 사람들과 이런 식으로 지저분하게 싸우고, 악한 캐릭터로 인식되는 것을 즐기는 듯 보였다. 하지만 2018년에 그가 증권 사기와 공모로 7년의 징역형을 받게 되자 세상은 처음으로 드러난 그의 감정을 목격하게 됐다. 한때는 자신을 그 누구도 건드릴 수 없는 사람이라 여겼던 그가 법정에서 울음을 터트린 것이다.[28]

그는 어쩌다 이 지경까지 왔을까? 그를 사이코패스나 암적인 존재 혹은 악당 등의 무가치한 존재로 말하기는 쉽다. 사실 원래 여기에서 나는 로버트 헤어에 대해 얘기할 생각이었다. 그는 사이코패스 체크리스트를 개발하고, 사이코패스를 '정장 속에 똬리 튼 뱀snakes in suits'이라고 지칭한 연구자다. 냉담하고 사람을 교묘하게 다루는 데 능한 사이코패스가 되는 것은 비즈니스 환경에서 도움이 되는 특성일 수 있다. 공감이 아니라 돈을 바탕으로 의사 결정을 내릴 수 있기 때문이다.

그러다 나는 마음을 고쳐먹었다. 기업의 부정한 행위가 사이코패스인 리더 때문에 생기는 일이라고 설명하는 프레임을 이용하면 악이란 나와는 다른 사람들이 저지르는 일이라 여기는 오류에 다시 빠지기 때문이다. 그렇게 되면 악을 논할 때 성공과 기여를 전적으로 금전적인 척도로만 판단하도록 만들어진 시스템이 아니라 특정 사람의 근본적인 결함이 만들어낸 결과라 생각하게 된다.

슈클레리는 여러 면에서 내가 나쁜 상사나 기업 최고경영자의 전형이라 생각하는 모습을 갖고 있다. 정장 속에 똬리를 틀고 있는 추잡하고 자기 밖에 모르는 뱀인 것이다. 하지만 우리는 조심해야 한다. 그는 돈을 미화하고, 타인을 희생시켜서라도 비즈니스에서 성공을 거둔 사람에게 보상을 주는 세상에서 자랐다. 수많은 경영자들이 생필품의 가격을 인상하고 노동자들을 홀대하면서 자신은 높은 임금을 받아갔다. 인간은 자신이 사는 시스템에 기꺼이 적응하는 법이고, 슈클레리는 과도하게 적응한 덕에 비즈니스 게임에서 뛰어난 성적을 올리는 것을 즐긴 사람들 중 한 명이다. 그의 행동을 옹호하려는 것이 아니다. 다만 우리 모두와 같이 슈클레리도 그의 환경이 만들어낸 산물에 불과하다는 것을 말하고 싶다. 물론 어둠의 성격 4총사(자기도취증, 마키아벨리아니즘, 사디즘, 사이코패스)가 그로 하여금 합리적인 윤리를 더 쉽게 무시하고 돈과 명성에만 초점을 맞추게 만든 면도 있을 것이다.

하지만 그래도 우리는 타인을 비인간화하는 사람들을 똑같이 비인간화해서는 안 된다. 수익만 최고로 여기는 구조야말로 우리 모두를 괴물로 만들 잠재력을 안고 있는지도 모른다.

윤리적 맹목성

우리는 직장 밖에서 하는 일들을 직장에서도 많이 한다. 우리는 하고 싶지 않은 일에서 빠지려고 거짓말을 하고, 더 좋은 사람으로 보이려고 성격이 좋은 척하기도 하고, 동료들에게 악의적으로 굴기도 하고, 질투하는 사람의 불행을 고소하게 여기기도 하고, 자신의 이익을 위해 무언가 훔치기도 하고, 직권을 남용하기도 하고, 앞서가려고 부정행위를 하기도 한다. 이러한 일들은 인간이니까 저지르는 인간적인 행위에 불과하다. 그저 가끔은 그런 일을 직장에서도 하고 있을 뿐이다. 여러 면에서 비즈니스는 인간이 경험하는 세상의 축소판에 불과하다. 하지만 기업이라는 장막을 걷어내고 그 회사를 구성하고 있는 사람들을 살펴보면 우리가 직장에서 행동하는 방식에 특히나 영향을 미치는 몇 가지 행동이 눈에 들어온다.

우리는 그저 돈을 벌 목적으로만 출근하지는 않는다. 우리는 스스로 내 삶에서 무언가 의미 있는 일을 하고 있다는 느낌을 갖고 싶어 한다. 자신의 역할이 의미 있다고 느껴지면 그 역할에 강력한 동질감을 가질 수 있다. 나는 과학자이다. 내가 연구를 하고, 과학에 대해 글을 쓰는 것은 그냥 일이니까 하는 일이 아니다.

윤리적 행동과 관련해서 대단히 중요해 보이는 것이 있다. 자기가 일하는 회사를 얼마나 가치 있게 여기고 거기에 동질감을 느끼는가 하는 부분이다. 자기 회사나 자기가 그 안에서 맡은 역할을 가치 있게 여기지 않는 사람이라면 자기한테는 이롭지만 회사에는 해로운 일을 할 수도 있다. 이것은 비윤리적이고 이기적인 행동이다.

하지만 자신의 동료들과 직장을 가치 있게 여기고, 그 조직의 일부라는 것이 자기 정체성의 일부로도 자리 잡고 있는 경우라면 그 조직을 이롭게 하기 위해 비윤리적인 행동을 하기도 한다. 고용주로부터 훔치는 것이 아니라 고용주를 위해 훔치고, 상사에게 거짓말을 하는 것이 아니라 상사를 위해 거짓말을 하고, 자신을 위해서가 아니라 동료들을 위해 실수를 눈감기도 하는 것이다.

심리학자 엘리자베스 움프레스와 존 빙햄은 이것을 '비윤리적인 친조직적 행동'이라고 부른다. 이들은 이렇게 말한다. "자신의 고용주에게 강한 애착과 동질감을 느끼는 개인은 비윤리적인 친조직적 행동에 참여할 확률도 대단히 높다. 이는 피고용인이 정당한 이유로 나쁜 짓을 할 수도 있음을 암시한다."29 움프레스와 빙햄은 이것이 사회교환이론social exchange theory과도 일맥상통한다고 주장한다. 사회교환이론은 호의나 자원의 교환에 관한 이론이다. 저자들은 다음과 같이 요약한다. "상호 보답은 자발적으로 이루어지는 것이지만 적절한 보답을 하지 않는 사람은 불신, 평판 저하, 장래의 혜택으로부터의 소외, 기타 제재 등의 처벌을 받을 수 있다. 반면 보답을 잘하는 사람은 상호 신뢰, 인정, 존경 같은 혜택을 교환하는 자발적 선순환에 참여하게 된다."

때때로 우리는 알지도 못하는 사이에 비윤리적인 방식으로 행동할 때가 있다. 비즈니스 윤리학자 구이도 팔라조와 그 동료들에 따르면, 우리는 모두 윤리적으로 맹목적이 될 수 있다.30 "윤리적 맹목성ethical blindness은 의사 결정자가 위태로운 결정에 따라오는 윤리적 차원의 문제를 일시적으로 보지 못하는 것이라 정의할 수 있다." 이것을 나타내는 다른 용어로는 '행정 악administrative evil', '악의 두 번째 얼굴the second face of evil', '윤리적 맹점ethical blind spots' 등이 있다. 이런 윤리적 맹목성은 누구에게나 일어날 수 있다. 특히나 비즈니스 환경에서는 더욱 그렇다. 우리가 사람을 수익으로, 안전을 비용으로, 윤리 검증ethical clearance을 성가신 서류 작업 등으로 사안을 재구성해버리면 자신의 행동에서 비롯될 수 있는 현실의 해악을 금방 잊어버릴 수 있다. 외부에서 바라보면 대체 사람들이 무슨 생각으로 그런 위험한 결정을 내렸을까 의문이 들지만 내부에서 바라보면 그런 문제의식이 전혀 없을 수 있다. 나중에 돌아보면 나쁜 결정이었음을 쉽게 알 수 있지만 당시에 결정을 내리던 사람은 그것을 옳은 결정이라 생각했던 경우가 많다.

엄청난 해악을 끼치는 또 다른 치명적인 문제들이 많은 회사에 횡행하고 있다. 암묵적 편견implicit bias(무의식적 편견이라고도 한다)이란 우리가 그에 대해 딱히 생각하지는 않지만 타인에게 해로울 수 있는 믿음을 말한다. 우리 대부분은 자기가 인종차별주의자, 성차별주의자, 노인차별주의자가 아니라고 말하지만 자신의 행동을 관찰해보면 생각이 달라질지도 모른다. 편견과 연상association을 떨쳐버리기는 힘들다. 하지만 그런 연상이 존재한다는 사실을 자각함으로써 암묵적 편견에 대처할 수는 있다. 일단 그것이 존재한다는 것을 알고 나면 거기에 맞서 싸울 전략을 능동적으로 세워볼 수 있다.

응당 받았어야 할 관심을 이제야 받게 된 암묵적 편견의 영역이 있다. 바로 직장 내 괴롭힘과 차별이다. 이것은 회사에서 이루어지는 비윤리적 행동 중에서도 특히나 흥미로운 형태다. 많은 사람들이 이런 문제점 자체를 인식하지 못해서 자신은 그런 문제의 일부일 리가 없다고 가정하기 때문이다. 우리는 그런 행동은 자기가 아닌 남들이 하는 행동이라고 생각해버린다.

하지만 사실은 우리 한 사람 한 사람 모두 여기서 나름의 역할을 하고 있다. 당신이 일을 하고 있는 여성을 방해할 때마다, 당신이 피부색이 다른 사람에게 어디 출신이냐고 물을 때마다, 혹은 자기는 축구를 좋아하지 않는다는 한 남자의 말을 듣고 충격 받은 표정을 지을 때마다 당신의 암묵적 편견이 빛을 발하고 있는 것이다.

우리는 자기가 다른 집단의 구성원들을 차별하지 않는다고 생각하지만 우리의 행동을 보면 사실은 특정 믿음이나 고정관념을 옹호하고 있음을 알 수 있다. 이런 암묵적 믿음을 제멋대로 내버려두면 어떤 사람에게 불이익을 주거나 누군가를 배척하는 문화에 일조하게 된다. 아마도 우리 대부분은 성별, 피부색, 종교가 다르다는 이유만으로 사람을 차별하는 것은 나쁘다고 주장할 것이다. 그런데 이미 우리는 그렇게 하고 있다. 그리고 이 때문에 우리 문화는 막대한 대가를 치르고 있다.

2017년에는 직장에서 성별과 관련된 암묵적 차별이 낳은 결과에 사람들의 관심이 집중된 바 있다. 다양한 분야의 여성들이 직장 내에서 수십 년에 걸쳐 자행된 성희롱을 트위터, 주류 언론, 법정 소송 등을 통해 폭로한 것이다. 미투 운동 같은 캠페인은 어둠 속에 묻혀 있던 성희롱과 성폭행 문제를 공론화하고 논의하기 위해 시작됐다. 이런 일이 일어나자 겁에 질린 수많은 남성과 화난 여성들, 그리고 겁에 질린 많은 여성과 화가 난 남성들이 나타났다. 뿌리 깊은 문제들이 끝없이 딸려 나왔다.

성희롱 등의 괴롭힘이 전 세계적으로 대단히 널리 퍼져 있는 것을 보면 이것은 직장 문화에서 아주 근본적인 문제 중 하나임에 틀림없다. 우리가 다른 사람들을 괴롭히는 것은 단지 우리가 나쁜 사람이라서가 아니라 부분적으로는 문화와 사회가 그것을 용인하기 때문이다.

나는 이런 형태의 직장 내 괴롭힘에 아주 관심이 많다. 내가 2018년에 심리학자 카밀라 엘픽, 라시드 민하스와 함께 진행했던, 직장 내 괴롭힘과 차별에 대한 연구에서 우리는 괴롭힘이 대부분 절대 보고되지 않는다는 것을 알게 됐다.[31] 깜짝 놀랄 일이다. 대부분의 회사가 직장 내에서 어떤 종류의 괴롭힘이 얼마나 일어나고 있는지 전혀 모른다는 의미기 때문이다. 왜 사람들은 괴롭힘의 피해자가 되거나 괴롭힘을 목격했는데도 알리지 않을까? 직장을 잃을까 두렵고, 자신의 조직의 다른 사람들에게 비난을 받을까 무섭고, 지금보다 더 큰 불이익을 받게 되지 않을까 두렵기 때문이다. 사람들이 괴롭힘에 대해 목소리를 높였을 때 생길 문화적 결과를 너무도 두려워하기 때문에 이런 잘못된 행동들은 대부분 알려지지 않고 넘어간다.

자신의 직장을 윤리적으로 만들고 싶다면 기업 문화부터 바꾸어야 한다. 2018년 2월에 내 동료들과 나는 차별과 괴롭힘에 대한 기록과 보고에 도움이 될 온라인 도구를 발표했다. 스팟

(talktospot.com)이라는 것으로, 직장에서 부적절한 순간을 경험했을 때 함께 채팅해주는 봇을 이용한다. 이것은 문자메시지하고 비슷하게 작동하는데 다만 차이라면 친구와 문자를 주고받는 대신 당신에게 올바른 질문을 던지도록 완벽하게 훈련된 챗봇과 문자를 주고받는다는 것이다. 거기에 더해 친구나 회사의 인사 담당자와 달리 이 봇은 당신을 도덕적으로 판단하거나 평가할 수 없다. 이 도구는 그저 당신이 목소리를 낼 수 있게, 그리고 행여 나중에 이 사실을 다른 누군가와 공유하고 싶을 때, 혹은 당장 고용주에게 알리고 싶을 때를 대비해 그 기록을 보존할 수 있도록 돕고자 존재한다. 이 챗봇은 괴롭힘과 차별을 상사에게 알릴 수 있도록 용기를 북돋아주며, 행동으로 옮기는 경우에는 보고의 정확도를 향상시켜준다. 스팟은 또한 문제 제기 과정을 지원해줌으로써 조직에서 이런 일이 생겼을 때 더 잘 대처할 수 있게 도와준다. 우리는 노동자들이 목소리를 낼 수 있게, 조직이 더 나은 직장 문화를 구축할 수 있게 돕고 싶다.

회사에 의한 행동, 그리고 회사 내에서 일어나는 행동이 갖고 있는 윤리적 함축에 대해 생각하도록 장려하는 것이 직장 문화 개선에서 결정적인 단계다. 건강한 회사, 윤리적인 회사를 원한다면 문제가 생겼을 때 서로 대화를 나누어야 한다. 우리는 자신의 관심사와 우려가 무시되지 않고 받아들여질 것이라 믿을 수 있는 문화를 확립할 필요가 있다. 우리는 내부 고발을 하고, 차별과 괴롭힘을 보고하면 목소리를 낸 사람이 고립되는 것이 아니라 그를 통해 집단이 이로워지리라는 신뢰의 틀을 짤 필요가 있다. 비윤리적 행동은 몇몇 암적인 존재가 만들어낸 결과가 아니라 비뚤어진 기업 문화가 빚은 결과인 경우가 많기 때문이다.

사람을 돈이나 수치로 바라보게 만드는 기업 환경에서는 특히나 그렇다. 우리는 그럴 때마다 늘 한 발짝 뒤로 물러나 그 수치에 가려진 인간성을 기억해야 한다. 우리는 자기 자신이 사이코패스처럼 행동하지 않게 막아야 한다. 우리는 복잡한 문제들을 단순한 돈 문제로 환원하려는 유혹에 늘 휩싸이기 때문이다.

기업 문화는 바뀌어야 한다. 우리가 할 수 있는 것이 무엇인지, 얼마나 많은 돈을 벌 수 있는지뿐만 아니라 우리가 '해야 할' 일은 무엇인지에 관한 질문도 던질 필요가 있다. 이것은 아주 절박한 문제다. 괴물 같은 포식자 기업corporate cannibal이 되지 않으려면 기업이 인간, 동물, 지구를 대하는 방식에 혁명적인 변화를 시도해야 한다.

문화가 나쁜 행동에 미치는 영향은 회사가 아닌 다른 곳에서도 느낄 수 있다. 이제 우리는 한 바퀴를 완전히 돌아 다시 출발점으로 돌아왔다. 아마도 역사상 가장 악명 높은 악인인 히틀러의 이야기다. 그가 탄생시킨 사회에 대해 얘기하고, 사람들이 그런 비인간적인 행동에 얼마나 쉽게 휩쓸릴 수 있는지 얘기해보려고 한다. 그리고 자신의 정체성을 잃고, 다른 사람이 대신 정해준 윤리에 휩쓸렸을 때 어떤 파괴적인 일이 일어날 수 있는지도 살펴볼 것이다.

"개인의 광기는 드물다.
하지만 집단, 당파, 민족, 연령 집단에서는
광기가 원칙이 된다."

-프리드리히 니체
『선과 악을 넘어서』

8장

그리고 나는 아무 말도 하지 않았다 : 순응의 과학

나치, 강간 문화, 테러리즘에 관하여

히틀러가 권좌에 오르자 많은 지지자가 그를 따랐다. 그중에는 거침없는 입담의 소유자인 반유대주의 신교도 마틴 니묄러Martin Niemöller 목사도 있었다.[1] 하지만 시간이 흐르면서 니묄러는 히틀러가 야기하는 해악을 깨달았고 1933년에는 성직자들로 구성된 목회자 비상연맹Pfarrernotbund이라는 저항 집단의 일원이 되었다. 이 때문에 결국 니묄러는 체포되어 다른 강제수용소 두 군데로 보내졌다. 그리고 두 수용소를 거치면서도 그는 역경을 딛고 살아남았다.

전쟁이 끝난 후 그는 홀로코스트에서 사람들이 공모했던 것에 대해 공개적으로 언급했다. 가장 널리 알려진 그의 저항시 중 하나를 쓴 것이 바로 이 시기였다. 이 시는 정치적 무관심의 위험을 경고하는 시였다. (이 시의 정확한 문장이 무엇인지에 관해서는 역사가 복잡하다는 점에 유의하자. 니묄러가 최종 버전을 결코 쓴 적이 없고, 듣는 대상에 따라 다른 집단의 이름을 댔기 때문이다. 아래 소개하는 버전은 아마도 수정된 버전일 것이다.)

> 처음에 나치가 사회주의자들을 덮쳤을 때 나는 침묵했다.
> 나는 사회주의자가 아니었기 때문이다.
> 그리고 그들이 노동조합원들을 덮쳤을 때 나는 침묵했다.
> 나는 노동조합원이 아니었기 때문이다.
> 그리고 그들이 유대인을 덮쳤을 때 나는 침묵했다.
> 나는 유대인이 아니었기 때문이다.
> 그리고 그들이 나를 덮쳤을 때
> 나를 위해 말해줄 사람이 아무도 남아 있지 않았다.[2]

아주 신랄한 글이다. 이 시는 사회의 문제를 자기와 상관없는 다른 누군가의 문제로 치부했을 때 생기는 위험을 잘 드러내고 있다. 이 시는 아무것도 하지 않는 것 역시 공모에 해당한다는 점을 말한다. 왜 사람들은 주변의 타인들이 고통 받고 있는데도 아무것도 하지 않을 때가 많을까?

우리는 가상의 윤리적 딜레마에 대해서는 도덕적으로 불같이 반응할 수도 있다. 만약 외국인 혐오증이 있는 폭력적인 지도자가 권좌에 오른다면 물러서지 않고 맞서 싸우리라 생각한다. 자기가 유대인, 이슬람교도, 여성, 혹은 다른 소수집단에 대한 체계적인 차별에 관여하는 일은 절대 없으리라고, 역사가 다시 반복되게 보고만 있지는 않을 것이라 생각한다.

1백만 명의 공범들

역사학과 과학 모두 이 부분에 질문을 던져보았다. 2016년에는 66년 동안 이어진 침묵의 맹세를 깨고 105세가 된 요제프 괴벨스의 전직 비서가 이렇게 말했다. "요즘에 자기였다면 나치에 반기를 들고 일어섰을 거라고 말하는 사람들이 있죠. 진심으로 하는 말이라고 믿습니다. 하지만 장담하는데 그 사람들 대부분 막상 그 상황에서는 그렇지 않았을 겁니다."³ 요제프 괴벨스는 히틀러의 제3제국에서 선전 장관을 맡았고, 나치의 전쟁 활동에 크게 기여했다. 보편적으로 악이라 여길 만한 행동도 쉽게 이루어질 수 있게 한 그는 제2차 세계대전의 패배가 분명해지자 청산가리로 여섯 명의 자녀를 독살한 후 아내와 함께 자살했다.

이데올로기에 사로잡힌 사람들이 저지른 끔찍한 행동도 있었지만 '정상적인' 독일인들이 홀로코스트에 공모한 이유는 그 누구도 이해하기 힘들어 보였다. 이 부분을 이해하기 위해 과학자들은 인구 집단 전체를 공포로 몰아넣는 것이 어떻게 가능한지 조사했다. 그 유명한 밀그램의 복종 실험(3장에서 이미 얘기했던 실험이다)은 최종적 해결Final Solution(나치에 의한 계획적인 유대인 말살-옮긴이)의 창시자 중 한 명인 SS 무장친위대 중령 아돌프 아이히만의 1961년 재판이 동기가 되어 이루어졌다. 아이히만은 몇 년 앞서서 있었던 뉘른베르크 재판에서 다른 상급 나치 장교들이 항소할 때 자신이 유대인들을 죽음으로 내몬 것은 그저 명령을 따른 것일 뿐이라고 주장한 것으로 유명하다. 밀그램은 이런 질문을 던졌다. "아이히만과 1백만 명에 이르는 그의 홀로코스트 공범들은 그저 명령을 따르고 있었던 것일까? 우리가 그들을 모두 공범이라 부를 수 있을까?"[4]

이 '1백만 명의 공범'은 누구였을까? 정말 1백만 명밖에 없었을까? 나치 독일의 복잡성에 대해 얘기할 때는 그런 잔혹 행위가 일어나는 데 필요했던 서로 다른 행동들을 잘 풀어서 이해해야 한다. 홀로코스트가 일어날 수 있게 했던 사람들 중 대다수는 방관자들이다. 이들은 이데올로기도 믿지 않고 나치당에 참여하지도 않았지만 그 잔혹 행위를 목격하고 그에 대해 알고 있으면서도 개입하지 않은 사람들이다. 이런 방관자들은 비단 독일뿐만 아니라 전 세계에 있었다.

그다음으로 자기가 인종 '청소'를 통해 세상을 더 좋게 만드는 데 일조하고 있다고 믿고 자신의 신념과 행동을 거기에 맞추었던 사람들이 있다. 마지막으로 나치의 이데올로기를 믿지는 않았지만 나치에 합류하는 것 말고는 다른 선택이 없다고 생각하거나, 나치에 합류하는 것이 개인적 이득이 되리라 믿은 사람들이 있다. 자신의 신념과 어긋나게 행동했던 이 사람들 중 일부는 '명령에 따라' 사람들을 죽이고 있었지만 나머지 대부분은 직접적으로 사람을 죽이기보다는 행정가로, 선전물 작가로, 일반적인 정치 활동으로 나치 독일의 뒤에서 보이지 않게 일했다.

밀그램은 이 모든 유형 중에서 제일 마지막 유형에 가장 흥미를 느꼈고, 어떻게 '평범한 시민이 그저 명령을 받았다는 이유로 다른 사람에게 해를 가할 수 있는지' 이해하고 싶었다.[5] 3장에서 설명했던 실험 방법을 간단하게 다시 말해보면, 이 실험의 참가자들은 그들이 또 다른 참가자라 믿고 있는 다른 방 사람에게 전기 충격을 가하라는 말을 들었고, 충격의 강도를 점점 높여 나중에는 그 사람이 죽었다고 믿게 만들었다.[6]

대중 심리학 서적에서 우려먹을 대로 우려먹은 주제인 밀그램의 실험을 굳이 여기에도 포함시킨 이유는 과학자와 사람들이 인간의 순응 능력을 바라보는 관점을 심오하게 바꾸어놓은 실험이기 때문이다. 이 실험, 그리고 현대에 와서 이것을 다시 재현해본 실험들은 권위적인 인물이 우리에게 얼마나 심오한 영향력을 미칠 수 있는지 보여준다. 하지만 이 연구를 향한 비판도 없지 않다. 이 연구는 너무 현실적이라는 이유로, 또 충분히 현실적이지 못하다는 이유로 비판을 받아왔다. 한편으로는 일부 참가자가 너무도 현실적인 실험 때문에 자신이 실제로 누군가를 죽였다고 믿고 정서적 외상을 입었을지도 모른다. 또 다른 한편으로는 일부 참가자는 자신이 실험에 참여하고 있는 것이기 때문에 상대방이 느끼는 고통이 가짜일 것이라고 추측하고 실제 상황이었을 경우보다 더 과한 행동을 했을지도 모른다.

이 문제에 대처하기 위해 연구자들은 밀그램의 연구를 부분적으로 재현하는 시도를 되풀이해서 성공을 거두었다. 그리고 순응 부분에서 매번 원래의 연구와 비슷한 결과를 얻었다.[7] 요즘 사람들은 이런 실험을 통해 교훈을 얻었으니 위험한 명령에 저항하는 능력이 높아졌을 것이라 생각한다면, 안타깝지만 틀렸다.

2015년에 밀그램의 연구 중 강압적인 요소를 부분적으로 재현해본 신경과학자 패트릭 해가 드에 따르면 그런 행동을 하도록 지시를 받은 사람들은 실제로(그냥 흉내만 내는 것이 아니라) 다른 참가자에게 전기 충격을 가할 확률이 더 높았다.[8] "우리의 연구는 명령에 복종하는 사람은 실제로 자신의 행동에 따른 결과에 책임을 덜 느낄 수 있음을 보여준다. 사람들은 지시를 따를 때는 자신의 행동이 낳은 결과와 일종의 거리감을 경험하는 것으로 보인다."[9] 인간이 갖고 있는 권위에 대한 무한한 복종심과 순응을 이해하면 대규모로 벌어지는 파괴적 행위를 설명하는 데 도움이 될 수 있다. 그렇다고 이것이 변명이 될 수는 없다.

우리는 자신의 도덕성을 외부에 위탁하지 않도록 조심해야 하고, 부적절해 보이는 일을 지시하는 권위에 대해서는 들고 일어서야 한다. 누군가가 당신에게 옳지 않아 보이는 일을 지시하면 우선 자신이 하려는 일이 무엇인지 생각해보고, 만약 명령을 받지 않은 경우에도 그 행동을 스스로 적절한 것이라 여겼을지 고려해보기 바란다. 그와 마찬가지로 자신이 특정 집단만을 골라 심각한 불이익을 주는 문화에 순응하고 있음을 깨달을 때마다 그 문제에 대해 목소리를 내고, 남들이 다 하는 행동을 따라하고 싶은 욕구에 저항하기 바란다.

하지만 다시 순응의 문제로 돌아가 보자. 이런 경험은 너무 추상적으로 보이기 때문에 나는 다른 종류의 순응에 대해 얘기해

보고 싶다. 한 인간 집단 전체를 대상으로 이루어지는 체계적인 차별에 대한 순응이다. 이 집단의 사람들은 다른 집단과 똑같은 권리, 똑같은 존중, 똑같은 임금을 받지 못하고 있다.

이제 여성혐오에 공모하는 데 따르는 파괴적인 영향에 대해 이야기해볼 때가 됐다.

강간 문화

앞에서 살펴보았던 다양한 성적 일탈, 페티시, 성적 판타지와 달리 성폭행을 저지르는 사람들은 이상성욕 때문에 저지르는 것이 아니다. 외설적인 말을 내뱉고, 다른 사람을 더듬고 강간해야만(그리고 다른 여러 가지 성폭행을 저질러야만) 성적으로 흥분할 수 있어서 그러는 것이 아니다. 절대 그렇지 않다. 성폭행이 일어나는 부분적인 이유는 우리 사회의 많은 사람들이 공유하는 근본적인 관점 때문이다. 이런 관점을 갖고 있으면 마치 성폭행이 어느 정도 이해하고 받아들일 수 있는, 아니면 적어도 참아줄 만한 행동으로 보인다. 근본부터 비뚤어진 이 사회가 해롭기만 한 여성혐오적 가치관을 지속시키고 있다.

우리 사회는 남성을 성범죄자로 만드는 데 일조하고 있다. 특히 더 비난받아야 할 사람이 있기는 하지만 사실 우리도 비난에서 자유로울 수 없다. 어째서 그럴까? 사람을 물건 취급하는 문화, 괴롭힘, 성폭행이 만연하는 문화는 아주 작은 것에서 비롯된다. 바로 일상생활에서의 성차별이다. 여성과 남성 모두 여성을 홀대해도 괜찮아 보이게 만드는 일련의 행동에 참여하고 있다.

예를 들면 여성에게 재미있다거나 똑똑하다는 말보다는 섹시하다는 말이 먼저 나오는 경우, 학교나 직장에서 앨리스는 걸레고 아만다는 창녀라는 등의 암시를 담은 농담에 낄낄거리고 웃는 경우, 혹은 여성이 섹스를 거부할 때 화를 내며 같이 잘 생각도 없으면서 꼬리만 치는 여자라고 욕하는 경우, 혹은 여자는 섹스를 원하지 않기 때문에 남자가 적극적으로 꾀어야 한다고 가정하는 경우, 여성이 자기를 그냥 친구라고 선을 그어버려 짜증을 내는 경우, 저녁 식사나 술 한잔, 혹은 선물 등을 사주면 섹스를 할 권리가 생기는 거라고 멋대로 생각하는 경우 등이다.

하지만 이런 것들이 어떻게 강간으로 이어진다는 것일까? 사회는 남성들에게 여자가 화장하는 것은 남자에게 잘 보이기 위한 것이라고 가르친다. 여자들이 옷을 입는 것도, 여성의 몸도 남자들을 위한 것이라고 은연중에 혹은 노골적으로 가르친다.

강간 신화rape myth라고도 하는 이런 믿음은 성폭행의 전조가 될 수 있기 때문에 광범위하게 연구가 이루어져왔다. 2011년에 사라 맥마흔과 로렌스 파머는 '강간 신화 수용 척도'를 만들었다. 이것은 노골적인 강간 신화와 미묘한 강간 신화를 모두 포함하고 있다.[10] 이들에 따르면 강간 신화의 주요 범주는 다음과 같다. 첫째 '피해자가 요구해서 한 것이다', 둘째 '범죄자도 그럴 생각은 없었다', 셋째 '그것은 사실 강간이 아니었다', 넷째 '피해자가 거짓말을 했다'. 이것들 모두 강간범의 행동에 대해 변명하면서 그 책임의 일부라도 피해자의 행동으로 돌리려는 것이다.

사회에 강간 신화가 얼마나 만연한지 잘 보여주는, 내가 좋아하는 사례가 미란다 호르바트의 2011년 연구에 등장한다.[11] 그녀는 젊은 남성들을 표적으로 하는 남성용 잡지들이 극단적인 성차별적 관점을 주류 매체에 게시함으로써 그런 관점을 정상적인 것으로 둔갑시키고 있는게 아닌지 의문이 들었다. 이 연구에서 연구자들은 참가자들에게 남성용 잡지에서 따온 인용문과 유죄판결을 받은 강간범의 인터뷰에서 따온 인용문을 보여주었다. 연구자들은 참가자들이 이 둘 사이의 차이점을 알아볼 수 있는지, 그리고 그 인용문들을 얼마나 용납 가능하다고 여기는지 알아보고 싶었다.

'남성용 잡지일까, 강간범일까?' 문제는 다음과 같다.

1. "현행범으로 붙잡히고 싶지는 않으니까 공원 벤치에서 그 여자를 덮친다. 그것이 내가 사용하는 방법이었다."

2. "가끔 꼬리만 치는 여자들을 보면 분통이 터진다. 그런 여자들은 남자를 잘 리드하다가 갑자기 입 닦고 나 몰라라 해버린다."

3. "미니스커트나 핫팬츠를 입고 다니는 여자들은 그거 해달라는 여자들이다. (중략) 그 여자들은 자기 몸을 과시하고 다닌다. (중략) 스스로 깨닫고 있든 아니든 이 여자들은 이렇게 말하고 있는 거다. '이봐, 난 아주 아름다운 몸을 갖고 있어. 원하면 가져.'"

4. "여자의 뺨 위로 마스카라가 흘러내린다는 것은 방금 울었다는 의미다. 아마도 당신의 잘못 때문일 것이다. (중략) 하지만 방아질만 조금 해주면 이 가엾은 미인의 기분을 살려줄 수 있다."

차이를 알겠는가? 참가자들은 남성용 잡지 인용문은 56.1퍼센트의 확률로, 유죄판결을 받은 강간범의 인용문은 55.4퍼센트로 맞혔다. 그냥 찍는 것보다 살짝 높은 점수를 받는 데 그친 것이다. 여기서 내가 좋아하는 부분이 등장한다. 연구진은 "참가자들은 남성용 잡지에서 가져온 인용문이 유죄판결 받은 강간범의 인용문보다 여성을 더 비하하고 있다고 평가했다"고 밝혔다. 맞다. 실제 잡지에 반영된 믿음들은 실제 강간범들이 공유하는 믿음보다도 전체적으로 더 문제가 많은 것으로 나타났다. 저자들은 그 의미를 다음과 같이 해석한다. "남성용 잡지의 콘텐츠에 담긴 프레임을 접하면 젊은 남성들이 이를 정상적인 것으로 판단할 수 있다." 아, 위 문제에서 1번과 4번은 남성용 잡지에서 가져온 것이고, 2번과 3번은 강간범 인터뷰에서 가져온 것이다.

피터 헤가티와 연구진의 추적 조사가 2018년에 발표됐다.[12] 이들은 사안이 조금 더 복잡해졌음을 알아냈다. 이번에는 참가자들이 성차별적 인용문에 반감을 느끼고, 적대적이라 평가했기 때문이다. 그리고 적어도 영국에서는 사람들이 여성혐오를 담고 있는 잡지들을 멀리하는 변화가 일어났다는 사실도 파악할 수 있었다. 하지만 이들은 이 연구가 함축적 의미를 갖고 있으며, 성적 폭력에 대한 이야기를 정상적인 것으로 간주하는 마초적 남성 문화를 바꾸는 데 이 연구를 이용할 수 있다는 말로 결론 내렸다. "몇 년 전에 비해 슈퍼마켓 진열대에 올라온 마초적 잡지는 줄어들었을지 몰라도 온라인과 오프라인에, 그리고 학교 캠퍼스에는 이런 콘텐츠가 분명하게 남아 있다. (중략) 우리 연구 결과는 여성을 남성과 동등하게 대하는 것이 사회규범으로 자리잡은 환경에서 젊은 남성들에게 비판적 사고를 불러일으키려 할 때는 유용할 수도 있다. 하지만 젊은 남성들의 성적 사회화 과정 sexual socialization(사회의 구성원으로서 필요한 성역할을 학습하는 과정—옮긴이)에서는 성차별이 여전히 중요한 자리를 차지하고 있다."

성차별을 옛날이야기라 느끼는 나라가 많다. 그래서 우리 사회가 성폭력 이야기를 받아들이기 망설이는 건지도 모르겠다. 우리는 그런 짓을 하지 않기 때문이다. 우리는 진보적이다. 우리는 강간범의 처벌을 요구하고, 남성용 잡지에 나오는 말들은 공개적으로 비판하면서도 성희롱이나 성폭력 사실을 폭로한 사람이 대화의 주제로 등장하면 이런 말이 튀어나올 때가 많다. '피해자가 거짓말을 하고 있어', '과장하고 있는 거야', '가해자의 인생을 망쳐놓기로 작정을 한 거야(어떻게 그 여자가 그 남자한테 이럴 수 있지?)' 안타깝지만 강간 미신은 여전히 건재하다.

피해자를 비난하는 것이 '공정한 세상에 대한 믿음'과 맞아떨어져서 강간 신화를 옹호하는 것일까? 바꿔 말하면 이런 일이 나 혹은 내 아내, 내 딸에게는 일어나지 않을 것이고, 성폭행은 만취하도록 술을 마시고 뒷골목에서 시간을 보내는 헤픈 여자들한테만 일어난다는 믿음, 집에 일찍 들어가고 단정하게 옷을 입고 술에 만취하지만 않으면 성폭행을 당할 일이 없으리라는 믿음 말이다.

그렇다면 성폭행은 실제로 얼마나 흔할까? 공식적인 범죄 통계를 살펴보는 것은 이 의문을 해결하는 데 별로 도움이 안 된다.

강간을 비롯해서 가장 극단적인 형태의 성폭행조차 대부분은 절대 신고되지 않기 때문이다. 많은 사람들에게 이런 일을 보고하는 데 이르기까지의 역치가 대단히 높다. 이 역치는 사람마다 제각각이다. 어떤 사람은 누가 자기 몸을 더듬기만 해도 당장 나설 준비가 되어 있고, 어떤 사람은 반복적으로 강간을 당하고 나서야 나선다. 그리고 역치를 넘어서는 일이 발생한 경우에도 자신이나 가해자에게 일어날 부정적인 결과에 대한 두려움, 자책, 문화적 요인 때문에 피해자가 폭로를 주저하는 경우가 많다. 심지어는 성폭력을 정의하는 것조차 쉽지 않다.

그래서 얼마나 많은 사람이 성폭행을 당했느냐는 질문에 대답하기는 사실상 불가능하지만 보고되지 않은 사건의 수가 막대할 것으로 예상된다. 게다가 다음과 같은 상황 때문에 문제가 더 복잡해진다. "출현율 수치에 초점을 맞춘다는 것은 인생을 바꿀 만큼 파괴적인 정서적 상처를 남긴다고 할 수 있는 성폭행, 그리고 보통 그냥 넘어갈 수 있는 사소한 일로 여겨져 조사 없이 지나갈 때가 많은 경험 사이에 명확한 구분이 존재한다는 암시를 담고 있다."[13] 사실 누군가가 한 여성의 엉덩이를 성적으로 만졌든 그 여성을 강간했든 일반적으로는 성폭행이라는 동일한 범주에 해당한다. 하지만 대부분의 사람은 이 둘이 서로 다른 범죄라는 데 동의할 것이다(법적으로도 그렇다).

하지만 이런 문제점이 얼마나 광범위하게 일어나고 있는지 최소한 감이라도 잡기 위해 연구자들은 자기 보고 측정self-report measure 방식에 의존할 때가 많고, 단순화된 수치를 도출하려 한다. 예를 들어 2017년에 샬린느 뮬렌하르트와 그 연구진이 이러한 문헌을 살펴본 바에 따르면 미국에서 여성 다섯 명 중 한 명 정도가 대학교에 다니는 4년 동안에 성폭행을 당한 적이 있었다고 했다.14

대학 캠퍼스에서의 성폭력에 관해서는 꽤 잘 알려져 있다. 연구자들이 비교적 접근하기 쉬운 인구 집단이라는 것이 가장 큰 이유다. 하지만 뮬렌하르트와 그 동료들은 고등학생과 학교에 다니지 않는 같은 연령대의 여성에서도 같은 비율이 나온다고 주장한다(하지만 후자가 더 높아서 대학에 다니지 않는 여성의 경우 25퍼센트가 나온다고 주장하는 사람도 있다).15

그리고 성폭행의 대상이 젊은 여성에만 국한되는 것은 아니다. 욘 용지에와 연구진이 메타 분석을 통해 전 세계의 만 60세 이상 여성을 대상으로 자기 보고된 성 학대를 조사한 바에 따르면 매년 노인 중 평균 2.2퍼센트가 성폭행을 당하는 것으로 나온다.16 아무 여성이나 붙잡고 물어보라. 누구에게서나 원치 않았던 성적 접촉, 심지어 강간에 대한 많은 이야기를 들을 수 있을 것이다. 이것은 유행병에 가깝다. 그리고 사람들은 늘 비난할 대상을 찾아다닌다. 물론 그 대상에 자기는 포함시키지 않는다.

이런 점은 2017년 3월에 영국에서 판사 린제이 쿠시너가 담당했던 법정 사건에 반영되어 있다. 쿠시너는 강간범에게 형을 선고하고 있었다. "여성들은 과음을 할 수 있는 완전한 권리가 있지만 잠재적인 강간 범죄 피고인들은 술을 마시는 여성에게 끌린다는 사실을 인식해야 할 것입니다."17 언뜻 보면 자애로운 말 같다. 하지만 나는 여기에서 피해자를 향한 비난의 기미가 보인다. 사실상 이 말에는 만약 여성들이 술을 그렇게 많이 마시지 않았다면 강간을 그렇게 많이 당하지 않았으리라는 암시가 들어 있다. 그녀는 또한 다음과 같은 비유를 들었다. "저는 이 사건을 이렇게 바라봅니다. 밖에는 절도범들이 있고 누구도 절도가 괜찮은 행동이라 말하지는 않죠. 하지만 우리는 이렇게 말합니다. '밤에 뒷문을 열어두지 마세요. 스스로를 보호하기 위한 조치를 하세요.'" 이것을 보면 린제이 쿠시너처럼 강간 희생자들을 돕고 강간범에게 유죄를 선고하는 일로 자기 경력의 상당 부분을 보낸 사람도 강간 신화를 옹호한다는 것을 알 수 있다. 이런 신화는 너무도 만연해서 우리 사회의 모든 계급에 스며들어 있다.

강간 신화를 옹호하는 일은 통제의 착각을 불러일으킨다. 강간을 당한다는 것은 생각만 해도 끔찍하기 때문에 우리는 그것을 예방할 수 있을 거라는 착각에 매달린다. 하지만 이렇게 되면 강간의 진짜 원인에 대응하지 못한다. 여성의 치마 길이를 재느라 귀한 시간을 다 허비하기 때문이다.

하지만 성폭행을 하는 사람들은 절대적으로 악할까? 안타까운 일이지만 우리가 알고 있는 사건들로만 보아도 성폭행은 너무도 자주 일어나기 때문에 만약 모든 성폭행범을 외딴 섬에 가두어 놓는다고 하면 극적인 인구 감소를 목격하게 될 것이다. 성폭행하는 범죄자들은 대부분 보통 사람들이다. 우리의 형제, 아버지, 아들, 친구, 배우자 그 누구도 될 수 있다. 하지만 강간 신화가 곳곳에 스며든 현실이 범죄 행동에 대한 변명이 될 수는 없다.

우리가 할 수 있는 일은 무엇일까? 나는 강간 예방의 핵심은 성적 사회화 과정을 개선하는 것이라 믿는다. 우리는 일상에서 성차별, 강간 신화, 부적절한 행동을 볼 때마다 그 부분을 지적해야 한다. 다행히도 성희롱에 대해 목소리를 높이도록 여성들의 용기를 북돋아주는 미투 운동 등을 통해 마침내 여성을 향한 폭력을 정상으로 간주하던 문화에 대해 대화가 시작된 것 같다.

혁명이 시작되었다. 이미 오래전에 이루어졌어야 할 혁명이다. 이 혁명에는 모든 딸과 아들, 형제자매, 엄마와 아빠 모두의 참여가 필요하다. 인류 역사상 처음으로 이 세상의 여성들을 능력 있는 인간, 복잡한 존재, 그 자체로 존중받아야 할 인격이자 남성과 평등한 존재로서 마주할 때가 온 것이다.

키티 살인사건

나쁜 행동에 능동적인 주체로 나서지는 않지만 나쁜 행동에 공모한다는 개념을 계속 살펴보자. 만약 누군가가 다리에서 뛰어내리려고 하는 모습을 본다면 당신은 어떻게 하겠는가? 아니면 누군가 고층건물 옥상 난간에 서 있는 모습을 본다면? 달려오는 기차 앞으로 뛰어들려는 사람을 본다면? 당신은 기꺼이 그 사람을 도우러 나설 것이다. 우리는 당연히 그런 사람들을 만류하려 들 것이다. 실질적인 폭력이나 폭력에 대한 위협이 사회적으로 표출되었을 때 우리가 거기에 대응하는 방식을 보면 인간성에 대해 많은 것을 알 수 있다.

2015년에 인류학자 프란시스 라슨은 강연을 했다. 그 강연에서 라슨은 주로 공개 참수에 초점을 맞추어 공개적인 폭력 행위의 발달 과정을 연대순으로 살펴보았다.[18] 그는 정부에 의한 공개 참수, 좀 더 근래에 들어서는 테러 조직에 의한 공개 참수가 어떻게 오래전부터 공공의 구경거리가 되었는지에 대해 이야기했다. 구경꾼들은 이 사건에서 수동적인 역할을 담당하고 있으며 자기는 아무런 책임도 없다고 착각한다. 스스로는 이 일과 아무 상관이 없다고 느끼지만 사실 이런 폭력적 행위를 하는 사람에게 그들이 원하는 관심을 제공하고 있는 것이다.

극장 공연도 관객이 없다면 의도했던 효과를 낼 수 없듯이 공개적인 폭력 행위도 구경꾼을 필요로 한다. 수십 년 동안 테러리즘을 연구해온 범죄학자 존 호건은 "이것은 심리전이다. (중략) 순수하게 심리적인 전쟁이다. 이들은 그저 우리를 겁주어 과잉 반응을 이끌어내려는 것이 아니다. 이들이 원하는 것은 언제나 사람들의 의식을 장악하여 우리가 할 수 있는 일은 아무것도 없다고 믿게 만드는 것이다"[19]라고 말한다.

연쇄적으로 이어지는 사슬에서 뒤로 갈수록 그 책임은 줄어들지만 어느 고리 하나라도 빠지면 사슬이 이어지지 않는다. 테러리스트가 관심을 끌겠다는 구체적인 목표를 가지고 악행을 동영상에 담았다고 해보자. 이들이 그 동영상을 언론에 흘리면 언론은 그 영상을 대중에 공개한다. 그러면 구경꾼인 우리는 링크를 클릭해 들어가서 테러리스트가 전하는 메시지를 관람한다. 만약 동영상 중 어떤 특정 지점이 특히 관심을 끌면 그 영상을 만든 자들은 이런 유형이 가장 효과적인 방법이고, 이것을 이용하면 대중의 관심을 더 많이 끌 수 있음을 알게 된다. 따라서 그들은 대중의 관심을 끌기 위해 이런 행동을 더욱 많이 저지른다. 그 행동이 비행기를 공중 납치하는 것이든, 사람들이 모인 공공장소로 트럭을 몰고 돌진하는 것이든, 분쟁지역에서 폭력을 과시하는 것이든 말이다.

이런 영상을 온라인에서 구경하는 당신은 악한가? 아마도 아닐 것이다. 하지만 당신은 테러리스트들이 원하는 바를 달성하도록 일조하게 될 것이다. 그들이 원하는 것은 자신의 정치적 메시지를 널리 퍼뜨리는 것이다. 우리는 테러리즘을 다루는 언론매체에 대해 의식 있는 소비자가 되어야 한다. 특정 동영상의 시청 횟수를 올리는 것이 현실에 더 큰 영향을 미칠 수도 있음을 깨달아야 한다. 해로운 행동을 예방하거나 막는 데 실패하는 것은 그런 행동을 직접 저지르는 것만큼이나 나쁜 행동일 수 있다.

이와 직접적으로 관련 있는 것이 방관자 효과bystander effect다. 이 계통의 연구는 1964년에 일어난 키티 제노비스 사건으로 인해 시작됐다. 제노비스는 자신이 거주하던 뉴욕의 아파트 건물 밖에서 약 30분에 걸쳐 칼에 찔려 사망했다. 언론에서는 이 살인사건을 비중 있게 다루면서 38명의 목격자가 그 공격을 눈과 귀로 목격하였음에도 누구도 나서서 그녀를 돕거나 경찰에 신고하지 않았다고 주장했다. 이로 인해 '제노비스 증후군Genovese syndrome' 또는 방관자 효과를 설명하기 위한 연구가 촉발됐다.[20] 이 이야기를 다룬《뉴욕 타임스The New York Times》는 나중에 목격자의 수와 목격자들이 인식한 내용들을 엄청나게 과장해서 내보냈다는 비난을 받았다.[21] 하지만 이 사건은 흥미로운 의문으로 이어졌다. 왜 '착한' 사람들이 때로는 비도덕적인 일을 멈추려는 행동을 전혀 하지 않을까?

이 주제로 나온 첫 번째 연구 논문에서 심리학자 존 달리와 비브 라타네는 이렇게 적었다. "종교인, 교수, 시사 평론가들은 아무도 사건에 개입하려 나서지 않은 이 비양심적, 비인간적 현상을 설명할 이유를 찾으려 했다. 그리고 그들은 '도덕적 타락'에서 '도시 환경이 만들어낸 비인간화', '인간 소외', '사회적 무질서', '실존주의적 절망'에 이르기까지 다양한 결론을 내렸다."[22] 하지만 달리와 라타네는 여기에 동의하지 않고 무관심과 냉담함이 아닌 다른 요소가 관여하고 있다고 주장했다.

만약 당신이 이 중요한 실험에 참가했다면 다음과 같은 과정을 거쳤을 것이다. 당신은 이 연구의 본질이 무엇인지는 까맣게 모른 채 긴 복도에 도착한다. 이 복도 양쪽으로는 작은 방으로 이어지는 문들이 열려 있다. 연구 보조자 한 명이 당신을 그 방 중 한 곳으로 데려가 탁자 앞에 앉힌다. 그리고 당신에게 헤드폰과 마이크를 주며 헤드폰으로 들리는 지시에 귀를 기울이라고 한다.

헤드폰으로 연구자가 대학생들이 직면하는 개인적 문제에 대해 알아보려 한다고 설명하는 소리가 들린다. 참가자들은 익명성 보장을 위해 분리되어 있고 헤드폰을 통해 상대의 이야기를 들을 수 있다. 당신의 반응을 녹음한 테이프는 연구자가 나중에 들어볼 것이라고 한다. 그리고 연구자가 자리에 함께하지 않기 때문에 참가자들이 순서대로 대화를 진행해야 한다고 말한다. 자신의 차례가 되면 2분 동안 마이크가 켜지고 그 시간 동안 다른 참가자들은 말을 할 수 없다.

당신은 다른 참가자들이 공유하는 뉴욕 적응기를 듣는다. 그리고 당신도 자신의 이야기를 공유한다. 다시 첫 번째 참가자의 차례가 온다. 그런데 그 참가자가 몇 마디 하다가 목소리가 커지면서 못 알아들을 소리를 하기 시작한다.

> 나… 나 지금… 누가… 어… 여기 와서… 좀… 어… 도와… 그게… 어…
> 내가 지금… 어… 지금 문제가… 누가 나 좀 도와주면… 도와… 좋겠는
> 데… 그게… 내가… 발작… 누가 나 좀 도와주… 누가 나 좀… (숨이 막히
> 는 소리) 나 죽을 거… 도와… (숨이 막히고 조용해짐)

그 사람의 마이크만 켜진 순서이기 때문에 다른 사람에게 무슨 조치를 취했는지 물어볼 수도 없다. 당신 스스로 판단해야 한다. 그리고 당신이 모르는 사이에 시간이 측정되고 있다. 여기서 측정하려는 것은 당신이 방을 나와 그 사람을 도우러 가는 데 걸리는 시간이다.

지금 이 실험에 참가하고 있는 사람이 자신과 발작을 일으킨 그 사람밖에 없다고 믿은 사람 중 85퍼센트는 발작이 끝나기 전에 가서 그 사람을 도왔고 도우러 나서는 데 걸린 평균 시간은 52

초였다. 그리고 한 명의 참가자가 더 있다고 생각한 사람들의 경우에는 발작이 끝나기 전에 도우러 나선 사람이 62퍼센트였고 도우러 나서는 데 평균 93초가 걸렸다. 그리고 총 여섯 명의 참가자가 있다고 믿은 사람의 경우에는 너무 늦기 전에 도우러 나간 사람이 31퍼센트였고 소요된 평균 시간은 166초였다.

이 상황은 믿기 어려울 만큼 사실적이었다. (이 실험의 윤리적 문제 때문에 승인받는 것이 얼마나 까다로웠을지 상상이 가는가?) 연구자들은 "실험 참가자들은 개입을 했든 안 했든 그 발작이 진짜고 심각한 상황이라 믿었다"고 했다. 하지만 일부 참가자들은 그래도 그 상황에 대처하지 않았다. 이것은 무관심 때문이 아니었다. "오히려 이 사람들은 응급 상황임을 알린 참가자보다 감정적으로 더 흥분해 있었던 것으로 보인다." 연구자들은 이들이 행동에 나서지 않은 것은 일종의 판단 마비decision paralysis와 더 관련이 있다고 주장했다. 과도한 반응으로 실험을 망쳐 버릴 가능성과 행동에 나서지 않는 죄책감, 이 두 가지 나쁜 선택 사이에서 오도 가도 못하게 갇혀버린 것이다.

2년 후인 1970년에 라테네와 달리는 이 현상을 더욱 잘 설명해줄 수 있는 5단계 심리 모형을 제안한다.[23] 이들은 방관자가 개입해 나서기 위해서는 다음의 조건이 충족돼야 한다고 주장했다. 첫 번째, 위태로운 상황을 알아차려야 한다. 두 번째, 응급 상황이라고 믿어야 한다. 세 번째, 개인적 책임감이 있어야 한다. 네 번째, 자기에게 그 상황에 대처하는 데 필요한 능력이 있다고 믿어야 한다. 다섯 번째, 돕겠다는 판단을 내려야 한다.

우리가 행동에 나서지 못한 것은 염려하는 마음이 없어서가 아니다. 이것은 세 가지 심리 과정의 결합으로 나타난다. 첫 번째는 책임감 분산이다. 이것은 다른 사람도 있는데 왜 하필 내가 도와야 하는가 하는 심리다. 두 번째는 평가 근심evaluation apprehension이다. 이것은 우리가 공개적인 자리에서 행동에 나섰을 때 타인이 나를 어떻게 판단할까에 대한 두려움, 망신을 당하지 않을까 하는 두려움이다(영국 같은 곳에서는 특히나 그렇다). 세 번째는 다원적 무지pluralistic ignorance다. 이는 한 상황의 심각성을 평가할 때 다른 사람들의 반응을 보고 판단하려는 성향이다. 만약 아무도 돕는 사람이 없으면 아마도 도움이 필요하지 않은가 보다 하고 생각하는 경우를 말한다. 일반적으로 방관자가 많을수록 도움이 필요한 사람을 도울 가능성이 낮아진다.

2011년에 피터 피셔와 연구진은 이와 관련한 50년간의 연구들을 검토해보았다. 이 연구에는 변형된 버전의 실험에 참가했던 7,700명 이상의 참가자로부터 수집한 자료가 포함되어 있었으며, 이 변형 실험은 실험실에서 이루어진 것도 있고 자연스러운 상황에서 이루어진 것도 있었다.[24] 첫 번째 실험 이후로 50년이 지났는데도 우리는 여전히 방관자의 숫자에 영향을 받고 있다. 범죄 현장 주변에 돕지 않고 구경만 하는 사람이 많을수록 우리가 고통 받는 피해자를 무시할 가능성이 높아진다.

하지만 연구자들은 범죄자가 여전히 현장에 남아 있는, 물리적으로 위험한 응급 상황에서는 방관자가 많은 상황이라도 사람들이 도우러 나설 가능성이 높다는 것을 알아냈다. 그에 따라 연구자들은 이렇게 말했다. "현재의 메타 분석에 따르면 방관자의 존재가 도움 반응을 줄인다는 것을 알 수 있지만 종래에 가정되었던 것처럼 상황이 그렇게 절망적이지만은 않다. 위험한 응급 상황에서는 방관자 억제 현상이 덜 나타난다는 사실은 곤경에 빠져 있는 것을 목격한 사람이 한 명 이상이어도 정말로 위급하고 도움이 필요한 경우에는 도움을 받을 수 있으리라는 희망을 보여준다."

키티 제노비스 사건과 마찬가지로 방관자들에게는 사건에 휘말리지 않고자 하는 여러 가지 이해할 만한 동기가 있을 수 있다. 하지만 아무것도 하지 않는 것은 나쁜 짓을 하는 것만큼이나 문제적일 수 있다. 당신이 만약 잠재적 응급 상황을 목격하게 된다면 행동을 취하라. 그 일에 개입해서 조치를 취하지 못한다면 적어도 신고하자. 내가 안 해도 다른 누군가가 하리라 생각하지 말자. 그들도 똑같은 생각을 하고 있을지 모르고, 그렇다면 치명적인 결과가 나올 수도 있기 때문이다. 일부 국가에서는 범죄를 신고하지 않는 것 자체가 범죄가 될 수 있다. 나는 신고를 의무화하는 법률을 뒷받침하는 판단은 방향을 제대로 잡은 것이라 생각한다. 범죄가 저질러지고 있음을 알게 된 경우 목격자도 책임을 면할 수는 없다.

이제 주제를 바꿔보자. 인간은 언제 그저 방관자가 아닌 범죄자가 되는 것일까? 가장 폭력적인 공격 유형을 보이게 되는 것은 언제일까?

잘못된 질문

텔레비전에서 또 다른 테러 공격이 있었다고 방송될 때마다 드는 의문이 있다. 사람들은 대체 왜 테러리스트가 되는 것일까?

테러리스트라는 단어는 꽤 흥미로운 역사를 갖고 있다. 이 단어는 18세기 후반에 프랑스에서 처음 사용됐다. 이때 테러리즘 terrrorism이란 단어는 자코뱅 정부가 정치적인 동기 때문에 자국민을 대상으로 저지른 폭력을 기술하는 용도로 사용했다.[25] 19세기 유럽에서는 이 의미가 뒤집혔다. 정부가 저지르는 폭력적 위협에서 정부를 향한 폭력적 위협으로 바뀐 것이다. 이렇게 테러리즘의 의미가 새로이 정의되어 결국에는 요즘 우리가 알고 있는 그 이미지로 굳어졌다.

테러리즘이란 공포와 폭력을 정치적 무기나 정책으로 이용해서 상대방을 위협하거나 예속시키는 행위다. 미국 국무부의 정의를 비롯한 많은 정의에서는 테러리스트를 '국가 하부 집단이나 비밀 단체'로 국한하고 있지만[26] 많은 이들이 이런 정의에 문제를 제기하면서 국가를 테러리즘의 행위 주체로 보아야 할 필요성을 강조하고 있다.

이제 우리도 적어도 하나는 분명하게 알고 있다. 사람들이 그저 살인을 즐기는 사이코패스라서 테러리스트가 되는 것은 아니라는 점이다. 훨씬 더 넓게 살펴보면 사람을 테러리스트가 되기 쉽게 만드는 특별한 성격적 특성들의 집합은 존재하지 않는 듯 보인다. 심리학자 앤드류 실케는 2003년에 자신의 책 『테러리스트, 피해자, 사회Terrorists, Victims and Society』에서 이렇게 요약하고 있다. "간단히 말해서 엄밀하게 실증적으로 진행된 연구들을 살펴봐도 테러리스트들이 특별한 성격의 소유자라거나 이들의 심리가 정상적인 사람으로부터의 일탈을 보인다는 암시는 전혀 찾아볼 수 없다."27

2017년 아르만도 피치니와 그 연구진의 연구에서도 이 주장이 깊은 반향을 얻었다. 이들은 다음과 같은 사실을 발견했다. "대중 사이에서는 테러리스트는 분명 미쳤거나 사이코패스일 거라는 의견이 여전히 널리 퍼져 있다. 하지만 테러리스트의 행동이 기존의 정신 질환이나 새로운 정신 질환 혹은 사이코패스로 인해 야기된다는 증거는 존재하지 않는다. (중략) 더군다나 이런 이론들 대부분은 그토록 많은 사람이 동일한 사회적 요인에 노출되거나 동일한 심리적 특성을 나타내는데도 그중 소수만이 테러 집단에 합류하는 이유를 설명하지 못한다."28 테러리스트들을 악으로 묘사할 수도 있지만 테러리즘의 더 적확한 정의를 찾아내기 위해 노력해온 철학자 앨리슨 재거는 정작 테러리스트들은 스스로를 "주어진 수단만을 가지고 고귀한 대의를 위해 싸우는 전사"로 바라볼 가능성이 크다고 주장한다.29

하지만 테러리스트가 되는 그 '소수'는 누구일까? 아미르 같은 사람이다. 아미르에 대해서는 별로 알려진 것이 없지만 지금까지 나온 내용으로 보면 그는 터키에 사는 평범한 십 대였다. 그는 고등학교를 졸업한 후에 대학에 갔지만 중퇴했다. 그의 부모는 그에게 아내와 직장을 구해서 제대로 살라고 압박하고 있었는데 쉬운 해결책이 등장한 듯 보였다. 테러리스트 집단 ISIS에서 그에게 집, 아내와 함께 한 달에 50달러를 지급하겠다고 약속한 것이다. 아미르는 시리아로 넘어가 그들과 계약했다. 그가 2015년에 NBC와 인터뷰했을 때 사회자가 그에게 물었다. "어떻게 그런 조직에 가입할 수 있습니까?"[30] 아미르는 눈물을 터트리며 이렇게 설명했다. "제 인생은 팍팍했고, 누구도 나를 좋아하지 않았습니다. 나는 친구도 별로 없었어요. 그저 게임이나 인터넷을 하면서 보내는 시간이 많았습니다." 그는 ISIS가 그 모든 어려움을 모면할 수 있게 해주겠노라 말했다고 주장했다. 그는 또한 ISIS에서 'ISIS를 감탄스러울 정도로 놀라운 존재로 보이게 만드는 동영상'도 보여주며 그를 더욱 유혹했다고 말했다. 이 일이 현실이 되자 아미르는 상대를 죽이는 임무를 띠고 전장에 나가게 됐다. 그는 전투 사흘 만에 항복했다. 자신은 도저히 사람을 죽일 수 없을 것 같았고, ISIS는 그가 바라던 것을 아무것도 충족시켜주지 않았다. 아마 그는 소속감, 친구, 고귀한 목적, 경제적 안정, 사랑 등을 바랐을 것이다.

우리 대부분은 외로움이 무엇인지 안다. 온라인 게임을 해본 적이 있으며 잔소리 많은 부모님 때문에 스트레스를 받은 경험이 있다. 하지만 그렇다고 ISIS 전사가 되지는 않는다. 아미르는 무엇이 달랐던 것일까?

결국 우리는 그 부분에 대해 아는 바가 없다. 테러리즘에 대해 수많은 논의가 있지만 사실 개인이 테러리스트가 되는 이유에 대해서는 거의 알려진 바가 없다. 테러리즘 전문가 존 호건은 "사실 우리는 사람들이 테러리스트가 되는 이유를 잘 모른다. 심리학자들은 테러리스트가 되기 쉬운 사람이 누구인지 '예측'할 수 없다"[31]라고 말한다. 이런 설명으로는 테러 공격을 당한 이후에 그 이유를 이해하고 위안을 받는 데 도움이 안 된다. 세계적인 테러 공격 이후로 우리는 개인에게서 어떤 의심스러운 부분을 살펴보아야 하는지 단서를 찾고 있다. 그래야 막연하고 불확실한 공포를 통제할 수 있기 때문이다.

하지만 정부는 우리에게 모든 것이 잘 통제되고 있다는 환상과 쓸모없는 조언들만 잔뜩 제공하고 있다. 2018년에 미국 국토안보부US Homeland Security에서는 다음과 같은 뻔한 표어를 내놓았다. "무언가를 보았으면, 무언가를 말하십시오If you see something, say something."[32] 이 표어의 의미에 대해 이들은 이런 애매모호한 설명을 내놓았다. "무언가 거기 있어서는 안 될 것이 있는 것을 보았거나 이상한 행동을 보이는 사람이 있을 때는 신고하라는 의미입니다."

영국 런던경찰국London Metropolitan Police은 2018년에 잠재적 테러 활동의 신호들은 대부분 폭탄을 만들고 공격을 계획하는 일과 관련이 있었다고 밝혔다.[33] 따라서 "누군가가 분명한 이유도 없이 이상할 정도로 많은 양의 화학제품을 구입하는 것을 본 적이 있습니까?" 혹은 "여행은 다니기는 하는데 어디로 다니는지는 불분명한 사람을 알고 있습니까?" 혹은 (내가 좋아하는 질문이다) "특별한 이유 없이 핸드폰을 여러 개 가지고 있는 사람을 본 적이 있습니까?"라고 묻는다.

그래도 애매하다. 대테러 작전 부대나 경찰도 사실 대중이 무엇을 눈여겨봐야 하는지 모르기는 매한가지이기 때문이다. 게다가 특히나 런던 같은 대도시에서는 항상 온갖 사람들이 이상한 짓들을 벌이고 있기 때문에 '의심스러운 행동'이 무엇인지 정의하기도 아주 어렵다.

놀랍지는 않겠지만 수많은 대테러 절차들이 그 효과를 입증해줄 증거가 거의 없다. 2006년에 신시아 럼과 연구진은 대테러 작전에 대한 문헌들을 비판한 바 있다.[34] "우리는 대테러 작전 개입에 관한 평가 연구가 거의 부재하다는 것을 발견했을 뿐 아니라 그나마 찾아낸 평가 연구에서도 일부 개입 행동은 원했던 결과를 달성하지도 못하고 때로는 테러의 발생 가능성을 오히려 높이는 행위를 한 것으로 나타났다."

이런 염려는 레베카 프리즈가 2014년에 발표한 대테러 작전 연구에도 반영되어 있다. 프리즈는 이렇게 주장한다. "대테러 작전 연구가 충분히 엄격하게 이루어지지 않았고, 정책 결정에도 영향을 미치지 못했기 때문에 우리는 아직도 대테러 작전을 대체로 맹목적으로 수행하고 있다."[35] 앞으로의 정책은 위협에 대한 우리의 반응이 오히려 공격 위험을 더 높이는 일이 없도록 주의를 기울여야 한다.

증거 기반이 부족한 데는 테러리즘이 다른 유형의 범죄에 비해 다행히도 아주 드문 사건이어서 연구와 예측이 대단히 어렵다는 점도 한몫한다. 게다가 테러리스트는 온갖 사회계층으로부터 나올 수 있다. 존 호건은 "선거권을 박탈당하고 화가 난 젊은 이슬람교도 남성이 소위 '이슬람 국가'에 합류한 경우들을 살펴보면 유복하고 원만한 성격의 남녀가 자신이 현재 누리고 있던 삶, 직장, 배우자 등을 버리고 떠난 경우들을 찾아볼 수 있다. 때로는 가족 전체가 테러리스트 집단으로 합류한 경우도 있다. 테러리즘으로 결집한 종교인들을 보면 어떤 사람은 종교적 관습이나 지식에 대해 완전히 무지한 경우도 있고, 어떤 사람은 최근에야 개종한 사람들도 있다"[36]고 말했다. 이것은 ISIS에만 해당하는 얘기가 아니다. 많은 테러 조직에 해당되는 이야기이며, 어떤 심리 프로파일과도 정확히 맞아떨어지지 않는 소위 '외로운 늑대 lone wolf'에도 해당되는 이야기다.

엄청난 다양성과 복잡성이 내재하는 반면, 상대적으로 데이터는 적기 때문에 어쩌면 '어떤 사람이 테러리스트가 되는가?'라는 질문 자체가 잘못된 것인지도 모른다.

어떤 사람이 테러리스트가 될지는 알 수 없지만 그래도 학자들은 급진화radicalization의 과정에 대해서는 몇 가지를 파악하고 있다. 오늘날 급진화 및 테러리즘과 가장 관련이 많은 집단 중 하나는 지하드 테러리스트들이다. BBC는 "지하드 전사들은 폭력적 투쟁이 지상에 신의 통치를 회복하고, 이슬람 공동체를 이교도 및 변절자와 같은 장애물로부터 보호하는 데 필수적이라 본다"[37]라고 한다. 근절해야 할 장애물에는 서구의 이데올로기와 생활방식도 포함될 수 있다.

2017년에 심리학자 클라크 맥컬리와 소피아 모스칼렌코는 문헌들을 검토하고, 지하드 테러리즘에 대해 연구한 후에 급진화의 두 피라미드 모델two-pyramids model of radicalization을 내놓았다.38 이들은 급진화를 이해하기 어렵게 만드는 두 가지 측면이 존재한다고 주장한다. 첫째, 극단적 관점을 갖고 있는 사람이라도 대부분은 테러라는 행동을 절대 저지르지 않는다. 둘째, 일부 테러리스트는 급진적이거나 폭력적인 신념을 갖고 있지 않다. 자신의 모형에서 신념과 행동 사이의 상관성이 이렇듯 충분히 드러나지 않기 때문에 맥컬리와 모스칼렌코는 '행동의 급진화radicalisation of actions'와 '의견의 급진화radicalisation of opinions'를 분리했다.

첫 번째의 '의견' 피라미드는 이렇게 생겼다. "피라미드의 밑바닥에는 정치적 대의 같은 것에 관심이 없는 사람이 있다. 그리고 그 위에는 대의는 믿지만 폭력을 정당화하지는 않는 사람(동조자)이 있다. 그리고 더 높은 곳에는 대의를 지키기 위해 폭력을 정당화하는 사람이 있다." 투표 자료의 도움을 받으면 피라미드에 수치를 매길 수 있다. 맥컬리에 따르면 미국과 영국의 이슬람교도 중 절반 이상이 테러와의 전쟁을 곧 이슬람과의 전쟁으로 받아들인다고 한다. 이들은 정치적 대의에 동조할 수 있는 사람들이다.39 하지만 미국과 영국의 이슬람교도 중 이슬람을 지키기 위한 자살 폭탄 테러가 '자주 혹은 이따금 정당화할 수 있다'라고 믿는 사람은 5퍼센트에 불과하다. 이 5퍼센트가 신념 피라미드의 상층을 차지한다.

앞에 나왔던 ISIS 전사 아미르도 이런 부분을 이야기했다. 그가 ISIS에 가입한 동기는 이데올로기보다는 실용적인 부분이 더

컸던 것으로 보이지만(마침내 아내가 생긴다!), 급진적 신념과 행동에 대한 정상화와 정당화가 이루어진다는 것이 그의 ISIS 훈련에서 입증되었다. "누구도 아무 이유 없이 개죽음 당하기를 바라지는 않아요." 그의 말이다. 아미르에 따르면 ISIS의 지도자들은 '사람들에게 두려움을 심어 우리를 보고 도망치게 만들기 위해서는' 필수적인 일이라는 말로 참수를 정당화했다고 한다. 동성애자를 높은 건물에서 던져서 죽이는 것은 그들이 '여자 같아서, 절반의 남자'란 이유로 정당화됐다. 좀 더 일반적인 여성 살해의 경우 여자들은 모두 '간통한 자'라는 말로 정당화되었다. 따라서 훈련 기간 동안 ISIS는 신병들을 능동적으로 급진화하고, 그들에게 극단적 폭력에 대한 정당성을 부여해주었다.

하지만 신념 피라미드에서 높은 자리를 차지하는 것만으로는 테러리스트가 되기에 충분하지 않았다. 아미르가 사흘 만에 활동을 그만둔 이유도 아마 그것 때문이었을 것이다. 그는 애초에 사람을 죽일 만한 깜냥이 없는 사람이었다. 테러리스트들을 조직으로부터 이탈하게 만드는 데 기여하는 흔한 요인으로 자주 언급되는 것이 있다. 폭력의 심리적 영향에 적응하는 능력의 부족이다.[40] 그렇다 보니 테러 행동을 견딜 수 있는 능력도 부족하다. 테러리스트가 되어 그 역할을 지속하려면 행동 피라미드에서도 반드시 높은 자리를 차지해야 한다.

맥컬리와 모스칼렌코는 행동 피라미드를 이렇게 설명한다. "이 피라미드의 밑바닥에는 정치 집단이나 정치적 대의를 위해 아무것도 하지 않는 사람들(무기력자)이 있다. 그 위에는 대의를 위해 합법적인 정치적 활동을 하는 사람들(활동가)이 있다. 그보다 더 높은 곳에는 대의를 위해 불법적인 행동도 하는 사람(급진주의자)이 있다. 그리고 이 피라미드의 정점에는 민간인을 표적으로 하는 불법적 활동도 하는 사람(테러리스트)이 있다." 테러리스트가 되려면 이데올로기만 고수하는 것으로는 부족하다. 행동의 프로토콜도 고수해야만 한다.

그렇다면 우리는 이 정보를 바탕으로 무엇을 해야 할까? 우선 우리는 사람들이 그저 만족스러운 사후세계를 보상받겠다는 합리적 선택을 통해 지하드 테러를 저지르는 것이라 가정하지 말아야 한다. 그리고 테러리스트들이 우리에게 해를 끼치기 위해서라면 어떤 일도 서슴지 않는 악한 사이코패스라고 가정해서도 안 된다. 그보다는 인간이 점진적인 변화를 통해 급진적인 신념을 갖게 되고, 폭력과 범죄를 수용하게 되는 과정을 조사해보아야 한다. 이 과정은 다른 많은 잘못된 행동에서도 똑같이 이루어진다. 이 과정을 거치면 잠재적으로는 우리 중 어느 누구라도 테러리스트가 될 수 있다.

이 개념을 좀 더 살펴보자. 무엇이 우리를 잔인하게 만들고, 테러리스트를 피해자로 만드는가?

루시퍼 효과

많은 사람들은 실제 테러리스트나 잠재적 테러리스트를 고문하는 것을 꽤 쉽게 정당화하는 것 같다. 고문에 대한 법률적, 윤리적, 도덕적 제재가 존재하고, 심리학자 로렌스 앨리슨과 에밀리앨리슨에 따르면 고문이 효과가 있다는 증거도 없는데도 그렇다.[41] 두 사람은 고문에 대한 자료를 검토한 후 고문이 대부분 처벌로 이용되며, 보통 고문으로는 신뢰할 만한 정보를 얻을 수 없다고 결론 내렸다. 이들은 연구를 통해 "복수심이 동기가 된 심문은 갈등과 불확실성이 심한 상황, 적에 대한 비인간화가 일어나는 상황에서 흔히 일어난다"라고 주장했다.

이라크의 정치범 수용소인 아부그라이브 교도소에 수용되어 있던 죄수들은 '테러와의 전쟁'을 거치면서 서방 연합국의 전쟁 포로 신세로 변했다. 그런데 2003년과 2004년에 여러 이야기와 증거 서류 등이 밝혀지면서 그 포로수용소에서 고문, 육체적 학대, 성 학대, 강간, 살인 등의 심각한 인권 침해가 있었음이 드러났다. 이 범죄들은 군이 자행했으며 많은 범죄가 기록으로 남았다. 무슨 이유 때문인지 범죄자들이 자기가 저지른 일들을 1,000장이 넘는 사진으로 남긴 것이다. 벌거벗겨져 복면을 쓰고, 지저분한 몸으로 있는 포로들이 강제로 서로에게 구강성교를 하는 장면, 포로들을 쌓아올려 인간 피라미드를 만든 장면, 주먹으로 때리거나 약물을 주사하는 장면 등이 고스란히 사진으로 남았다. 몇몇 사진에서는 군 직원의 모습도 보였다. 엄지손가락을 치켜들거나 미소를 지으면서 포로들을 깔고 앉은 모습이었다. 이런 사진들이 알려지자 사람들은 물었다. "이게 대체 무슨 일이지?"

사회심리학자 필립 짐바르도는 아부그라이브 간수 중 한 명의 재판에서 전문가 증인이 된 덕분에 범죄자 중 한 사람과 접촉할 수 있었고 그 범죄 기간 동안에 찍은 사진에도 접근할 수 있었다. 그는 이것을 '악의 시각적 본보기visual illustrations of evil'라 지칭했다.42 하지만 그는 이 사람들이 악하게 타고난 존재이거나 암적인 존재는 아니라 생각했다. 그는 시스템이 개인을 타락시킬 수 있는 상황을 만들어내는 것으로 보았다. 이렇게 생각하는 것도 당연했다. 상황이 '정상적인' 사람을 타락시킬 수 있음을 보여준 역사상 가장 유명한 실험 중 하나를 진행한 사람이 바로 그였기 때문이다.

필립 짐바르도는 자신의 경력 대부분을 '착한 사람이 어떻게 악해지는가' 혹은 그의 표현대로 '루시퍼 효과'를 설명하는 사회적, 구조적 영향력을 연구하면서 보냈다.43 사실 역사상 가장 유명한 심리학 실험이라 할 수 있는 그의 실험은 '모의 감옥 시뮬레이션에서 나타난 대인관계 역학Interpersonal dynamics in a simulated prison'이라는 눈에 잘 안 들어오는 제목을 달고 있다. 보통은 '스탠퍼드 감옥 실험'으로 더욱 잘 알려져 있다. 1973년에 크레이그 해니, 커티스 뱅크스와 함께 발표한 이 연구는 사회가 행동에 미치는 영향력에 대한 사고방식에 혁명을 일으켰다.44 이 연구는 거듭 비판을 받아왔고, 2018년에도 공개적으로 아주 긴 시간 동안 맹비난을 받기도 했지만 언제나 중요한 위치를 차지하고 있을 것이다.

원래의 논문에서 연구진은 "하루 15달러씩 급료를 받고 진행되는 감옥 생활 심리 연구"를 진행하기 위해 폭넓은 검사를 한 후에 남자 대학생으로 구성된 '정상' 집단을 선택했다고 적었다(그렇다. 이번에도 역시 모두 남성 참가자로 구성되었다. 아주 최근까지만 해도 이런 구성이 대단히 인기 있었다. 부분적 이유는 여성 참가자를 포함시키면 실험이 교란된다고 여겼기 때문이다. 젠장!). 21명의 남성이 선택되었고, 그중 무작위로 10명이 죄수의 역할에 배정되고 11명은 간수 역할에 배정되었다. '죄수'들은 특정 일요일에 집에 있으라는 말을 들었다. 그리고 그날 전화를 받으면 실험이 시작되는 것이라고 들었다. 하지만 참가자들은 전화를 받는 대신에 예상치 못하게 실제 경찰관에게 체포되어 수갑을 찬 채 차를 타고 경찰서로 갔다. 이들은 지문을 채취당하고 범인 식별용 얼굴 사진이 찍힌 다음 눈가리개를 하고 모의 감옥으로 보내졌다. 그곳에서 이들은 옷이 벗겨져 목욕을 한 후에 한동안 나체 상태로 혼자 서 있었다. 그다음에는 죄수복을 입고 죄수 번호를 배정받은 다음 감방으로 보내졌다. 이들은 이곳에서 2주를 보내기로 되어 있었다.

이 논문에서는 감옥을 다음과 같이 묘사하고 있다. "모의 감옥은 스탠퍼드대학교 심리학과 건물 지하실 복도 10미터 구간에 만들어졌다. (중략) 실험실 방 세 개를 감방으로 개조했는데 문은 쇠창살이 쳐진 검정색 문으로 교체하고 가구를 모두 들어냈다. 각 죄수를 위해 마련해놓은 건 침구가 유일했다. 작은 벽장 하나는 독방 감금 시설로 사용했다. 이 벽장의 크기는 대단히 작았고(60 × 60 × 200cm), 조명도 들어오지 않았다." 죄수들은 하루 24시간 내내 감방에 머물러야 했다.

반면 간수들은 아주 다른 경험을 했다. 이들은 죄수들을 만나기 전날 자신의 역할에 대한 지도를 받았다. 이 간수들은 '교도소 감독관'인 짐바르도와 교도소장 역할을 맡은 한 연구 보조자를 만나 '교도소가 효과적으로 기능하는 데 필요한 합리적인 수준의 질서를 교도소 안에서 유지하는 것'이 그들의 임무라고 전해 들었다. 그리고 죄수들에게 식사, 작업, 레크리에이션을 제공하는 것도 이들의 역할이었다.

물리적 처벌이나 공격은 절대적으로 금지되어 있고, 죄수들은 죄수 번호로 호칭해야 한다는 것 말고는 어떤 행동을 해야 하는지에 관해 다른 지시는 아무것도 받지 않았다. 죄수들과 달리 간수들은 8시간 단위로 교대 근무를 했고, 그사이에는 집에 가 있어야 했다. 근무 시간 동안에는 간수용 숙소를 이용할 수 있었고, 그곳에 휴게실이 갖춰져 있었다.

이제 당신이 이런 상황에 놓였다고 상상해보자. 즉흥적으로 맡은 간수 역할을 당신은 어떻게 수행했을 것 같은가? 간수와 죄수가 쉽게 서로를 존중하고 배려하면서 지낼 수 있는 아주 단순한 상황으로 보인다. 게다가 연구자들이 당신의 행동을 빠짐없이 관찰하고 있으니 말이다. 그런데 당신도 이미 알고 있거나 예상하고 있겠지만, 상황은 그렇게 흘러가지 않았다.

분위기가 급속하게 나빠졌다. 자신의 역할을 배정받은 지 불과 몇 시간 만에 간수들이 죄수를 학대하기 시작했다. 새벽 2시 30분에 죄수들은 호루라기 소리에 잠에서 깨기도 했고, 나중에는 죄수들이 모욕을 당하거나 터무니없는 명령을 받기도 했다. 실험 2일차에 이미 간수들의 대우 방식에 대한 죄수들의 반란이 한 번 일어났다. 죄수들이 바리케이드를 치고 감방에 들어앉은 것이다. 간수들은 질서를 되돌리겠다며 바리케이드를 허물고 죄수들을 처벌하기 위해 죄수들의 옷을 벗긴 후 머리에 비닐봉지를 뒤집어씌우고 팔굽혀펴기와 다른 모욕적인 운동을 시켰다. 그리고 반란을 일으킨 주도자는 여러 시간 동안 독방에 감금됐다. 죄수들은 감정적으로 무너져 내리기 시작했고, 한 죄수는 식사를 거부했다.

이 실험은 원래 14일로 계획되어 있었지만 불과 6일 만에 조기종료해야 했다. 원래의 논문에는 이렇게 적혀 있다. "우리는 교도소 간수 집단으로 분류된 정상적이고 건강한 미국의 대학생들이 자기 또래들을 모욕하고, 위협하고, 창피를 주고, 비인간화시키는 데서 쾌락을 얻는 사례를 목격했다. 이 또래들은 진짜 죄수가 아니라 우연한 선택에 의해 '죄수' 역할에 배정된 사람들이었다. 가장 충격적이면서 우리를 가장 괴롭게 만들었던 부분은 사디스트 유형이 아닌 사람에게서 사디스트적 행동을 얼마나 쉽게 이끌어낼 수 있는지 관찰한 것이었다." 실험이 진행되던 6일 동안 간수들의 괴롭힘과 언어 공격은 점점 더 심해졌다. 실험이 종료된 이후에 진술을 들어보니 이들이 죄수들을 얼마나 빨리 비인간화했는지 알 수 있다. "돌이켜 생각해보니 제가 그들을 얼마나 하찮게 여겼는지 놀랍네요." "우리는 죄수들에게 서로의 옷을 찢도록 명령하고 그 광경을 지켜봤습니다." "우리는 항상 그들에게 누가 윗사람인지 보여주려고 했습니다." 감정이 무너져 내리는 등 죄수들의 반응이 너무도 현실적이었음에도 간수들은 자신의 공격성을 '그냥 역할 놀이를 하는 것'이라며 정당화했다. 죄수 역할을 맡았던 사람들은 이렇게 얘기했다.

> "스스로를 비하하게 만드는 대우를 받다보니 정말로 움츠러들었습니다. 그래서 실험이 끝날 즈음에는 정말 고분고분해질 수밖에 없었죠."
> "저는 정체성을 잃어버리는 기분이 들었습니다. 내가 생각하던 '나', 이 실험에 자원하여 나를 이 감옥(이곳이 내게는 정말로 감옥이었기 때문에 지금도 여전히 감옥입니다. 나는 이것을 실험이나 모의 감옥이었다고 여기지 않습니다)으로 오게 만든 '나'는 나와 멀어졌고, 결국에 나는 더 이상 '나'가 아니게 되었습니다. 나는 416번이었습니다. 그 숫자가 곧 나였고, 무슨 일을 할지는 이제 416번이 결정해야 했습니다."
> "나는 사람들이 타인이 인간임을 정말 쉽게 잊어버릴 수 있다는 사실을 배웠습니다."

왜 이렇게 상황이 심각해졌을까? 참가자들은 왜 그냥 연구를 관두고 나가버리지 않았을까? 짐바르도는 모멸적인 환경으로 이어지게 만든 주요 과정 중 하나가 몰개성화(여기에는 유니폼도 한몫했다)였다고 주장했다. 몰개성화 때문에 간수와 죄수들은 서로를 별개의 집단이라 느끼게 되었지만 그 집단에 속한 개인들은 별개의 개인으로 여기지 않았다. 몰개성화는 우리가 자신을 집단의 일부로 인식할 때 자기인식self-awareness을 상실하는 것을 말한다. 마초 배우의 이름을 따서 존 웨인으로 불렸던 간수 한 명이 못된 짓을 저지르기 시작하자 간수 집단 전체가 그 영향을 받아서 이것을 용인되는 행동으로 보기 시작했다. 마찬가지로 한 죄수가 통제력 상실을 받아들이고 수동적으로 행동하기 시작하자 그 집단 전체가 더욱 수동적인 방식으로 행동하기 시작했다.

짐바르도가 말하는 "악으로 빠져들기 쉬운 이 미끄러운 길을 더 미끄럽게 만드는 일곱 가지 사회적 과정"은 다음과 같다.

1. 생각 없이 작은 첫 걸음을 내딛는다.
2. 타인을 비인간화한다.
3. 자신을 몰개성화한다.
4. 개인의 책임을 분산한다.
5. 권위에 맹목적으로 복종한다.
6. 집단 규범에 대해 무비판적으로 순응한다.
7. 무행동 혹은 무관심을 통해 악을 수동적으로 용인한다.

이제 테러리즘 피라미드와 마찬가지로 여기서도 점진적인 의견 변화(즉 통제력을 유지하기 위해서는 공격 수준을 높이는 것이 불가피함을 정당화하는 것)와 점진적인 행동 변화(실제로 공격 수준을 높이는 것)를 살펴볼 필요가 있다.

이 연구는 실험 윤리를 위반했다는 비판을 심하게 받았고(짐바르도 스스로도 비판했다), 연구 결과 해석에 대해서도 다양한 방식으로 문제가 제기되었지만(심리학자, 기자, 심지어는 참가자들에 의해서도) 그럼에도 이 연구의 결론은 집단 내부, 그리고 집단 간의 공격적 행동을 바라보는 사람들의 관점에 엄청난 영향을 미쳤다. 짐바르도는 자신의 연구와 스탠리 밀그램의 복종 실험에 대해 설명하며 이렇게 말했다. "악한 행동이 꼭 악한 인간이 저지르는 행동은 아니다. 그보다는 강력한 사회적 힘의 작동에서 기인한 결과일 수 있다."

나는 우리에게 영향을 미치는 사회적 힘을 인지하면 조직에 의해 타락하는 사람이나 조직 내에서 타락하는 사람을 이해한다는 측면에서 모두에게 도움이 된다고 생각한다. 그리고 그런 영향력으로부터 자신을 지키는 데도 더 큰 도움이 된다고 생각한다. 아는 것이 곧 힘이다. 자기가 기능하는 집단이 부추기는 나쁜 행동으로 얼마나 쉽게 빠져들 수 있는지 스스로 알면 자신의 급진화를 알아차리고 멈출 수 있을 거라 생각한다.

악으로 빠져드는 길이 대단히 미끄러울 수는 있지만 우리는 어느 시점에서든 그 길에서 빠져나올 수 있음을 기억해야 한다.

양심의 문제

이렇게 해서 결국 이 장을 시작하면서 꺼냈던 주체, 나치로 다시 돌아오게 된다.

아돌프 아이히만은 유대인 빈민 지구 게토와 강제수용소로의 대량 추방 등 홀로코스트를 주도한 역할로 1961년에 재판을 받았다. 재판장이 선고를 내리면서 진술한 바와 같이 아이히만의 범죄는 "그 본질과 범위에 있어서 유례를 찾아볼 수 없는 경악스러운 일이었다."45 철학자 한나 아렌트(아이러니하게도 그녀 자신도 인종차별주의자였다)46는 당시 아이히만의 재판 전황을 보고했다. 《뉴요커New Yorker》에 실린 일련의 기사에서, 그다음에는 1963년에 나온 그녀의 유명한 책 『예루살렘의 아이히만』47에서 그녀는 재판의 진행 과정을 요약하면서 그 악행을 뒤에서 떠받쳤던 남자를 철저하게 이해하기 위해 예리하게 관찰했다.

검사는 아이히만이 도착증에 빠진 사디스트이자 괴물임을 입증하려 했지만 결국 그는 평범한 한 남자에 불과하다는 것을 알게 됐다. 그는 자신에게 주어진 임무가 과연 옳은 일인지 걱정하기보다는 어떻게 하면 자신의 임무를 완수할 수 있을지 걱정하는 경우가 많았다. 아렌트는 아이히만을 자신이 가하고 있는 고통의 진실보다는 시간표를 지키는 것과 포로들의 이동 비용에 더 관심이 많은 사람으로 묘사했다. "아이히만의 문제는 바로 그와 닮은 사람이 너무도 많다는 점이었다. 그는 무서울 정도로 정상적인 인간이었다."

아이히만을 포함한 나치들은 자신이 받아들인 선전·선동을 내면화해서 스스로는 더 이상 그 부분에 대해 생각하지 않는 경우가 많았다. 아렌트는 "살인자가 된 이 사람들의 머릿속에는 자신이 무언가 역사적이고, 웅장하고, 특별한 일에 함께하고 있고, 때문에 감당하기 어려울 수밖에 없다는 생각뿐이었다. 이것이 중요한 부분이다. 이들의 본성은 사디스트도, 살인자도 아니었기 때문이다"라고 말한다. 그들은 자신이 고귀하고 위대한 선을 위해 일하고 있고, 자신이 수행했던 죽음과 파괴는 잠시 묵묵히 참고 견뎌야 할 의무라 믿었다.

하지만 이것이 말처럼 쉬운 일은 아니다. 인간은 본래 타인의 고통에 연민, 슬픔, 죄책감 등으로 반응하게 프로그램되어 있다. 이런 감정들은 우리가 타인을 해치지 않게 억제하는 역할을 한다. 따라서 자신의 대의를 믿었던 고위직 나치들은 사람들이 이런 '양심의 문제'를 극복할 수 있게 도왔다. 아렌트는 이렇게 설명한다. "그 비결은 이런 본능이 자기 자신을 향하도록 방향을 틀어놓는 것이었다. 그래서 살인자들은 '내가 사람들에게 얼마나 끔찍한 짓을 한 것인가!'라고 말하는 대신 이렇게 말하게 된다. '임무를 수행하는 과정에서 나는 얼마나 끔찍한 일들을 지켜보아야 하는가! 내 어깨 위에 짊어진 과제가 정녕 무거운 것이로구나!'라고 말이다."

독일인들은 자기가 고통 받는 사람이고, 자기 스스로를 희생하고 있는 것이라 느끼도록 교육받았다. 이렇게 뒤집어진 현실 속에서는 사람을 죽이지 않는 것이 오히려 정상에서 일탈한 이기적인 일이 되어버린다. 자신의 양심을 누그러뜨리면 더 큰 선을 희생시키게 된다. 이런 상황에서는 자기가 나쁜 일을 하고 있다는 것을 알거나 느끼기가 어려워진다.

하지만 아이히만을 시대가 낳은 산물이라며 용서할 수 있을까? '최종적 해결'이 최선의 행동이라 믿었고 그런 믿음을 현실화하는 데 결정적인 역할을 한 그를? 나는 그렇지 않다고 생각한다.

아이히만 재판의 재판장은 그가 명령을 따랐을 뿐이라는 주장을 받아들이지 않았다. "고발당한 행동이 그의 주장처럼 맹목적 복종에서 나온 것임을 알게 되었다 하더라도 수년에 걸쳐 이런 엄청난 범죄에 가담한 사람은 법정 최고형을 선고받아 마땅하며, 그 범죄가 어떤 명령에 의한 것이었다 해도 형벌을 감할 수는 없는 것이다." 판사는 그런 극단적인 고통을 가한 점에 대해서는 맹목적 복종이 부분적인 변명조차 될 수 없음을 분명히 밝혔다. 이 점은 병사들이 불법적인 명령을 따라서는 안 되며, 그저 명령을 따랐을 뿐이라는 주장이 그릇된 행동의 변명이 될 수 없다고 규정하는 현재의 법률과도 일맥상통한다. 결국 아이히만은 "유대인들을 대상으로 저지른 범죄, 인류를 대상으로 저지른 범죄, 그리고 유죄판결을 받은 전쟁 범죄에 대한 처벌"로 교수형을 선고받았다.

이 문제는 특정 인간에 관한 이야기가 아니다. 그저 아이히만만의 사례가 아니라는 얘기다. 아렌트는 이렇게 적고 있다. "피고인 뒤에는 보이지 않지만 인류 전체가 앉아 있다." 정상적인 사람이 600만 명의 죽음에 최소한 부분적으로나마 책임이 있다는 결론은 우리 모두에게 보내는 경고다. 이 장에서 살펴본 메커니즘들이 상황을 악화시켜 우리로 하여금 거의 상상도 할 수 없을 정도로 크나큰 해악을 끼치도록 유혹할 수도 있다는 신호인 것이다.

이 장 전반에서 나는 사회적 상황이 인간의 행동에 어떻게 영향을 미치는지, 어떻게 우리에게서 최악의 모습을 끄집어낼 수 있는지 설명하려 했다. 나는 왜 우리가 자기 집단의 다른 구성원들이 생각하는 방식을 따라 생각하고, 집단의 행동을 따라 해야 할 것 같은 기분을 느끼는지 설명하려 했다. 하지만 이유를 규명할 수 있다고 해서 그것이 곧 변명이 될 수는 없다. 상황이 우리에게 심오한 영향을 미친다는 점을 이해한다고 해서 나쁜 행동을 해도 정당화될 수 있다는 의미는 아니기 때문이다. 나는 오히려 반대로 주장하고 싶다.

아렌트는 악은 지극히 평범한 것이라 주장한다. 짐바르도와 밀그램 같은 학자들은 우리 모두가 상황만 적절하면 악을 저지를 수 있다고 주장한다. 나는 여기서 더 나아가 악이 그토록 흔한 일이라는 사실만으로도 악이라는 개념의 완전성이 손상되었다고 주장한다. 만약 우리 모두가 악하다면, 혹은 모두 악을 저지를 수 있다면 그래도 '악'이라는 단어가 원래 그 단어의 의도된 의미를 여전히 담고 있다고 할 수 있을까? 만약 '악'이 누군가에게 가장 끔찍한 비난을 퍼붓기 위해 아껴두는 단어가 될 수 없다면 이 단어의 용도가 대체 무엇이란 말인가?

나는 당신이 어떤 행동이나 사람을 평가할 때 그냥 악해서 그런 것이라 말하고 외면하지 않았으면 한다. 대신 인간의 잔혹 행위, 그리고 그 일을 저지른 사람을 여러 부분으로 분해해서 이해해보았으면 한다. 마치 형사처럼 각각의 부분들을 유심히 조사해보는 것이다. 그럼 어째서 그런 일이 일어났는지 말해줄 단서를 찾고, 어쩌면 그 과정에서 앞으로 그런 일이 재발하지 않게 막는 데 도움이 될 유용한 정보를 발견하게 될지도 모른다.

잘못된 행동을 하는 사람들에게 영향을 미치는 요인들에 대해 조금이나마 알게 되었으니 우리는 자신의 도덕률에 따라 행동해야 할 책임이 훨씬 더 커졌다. 집단 압력group pressure, 방관자 효과, 권위와 몰개성화 등에 대한 개념을 이해함으로써 우리는 이런 사회적 압력이 우리를 비도덕적인 행동으로 유인하려 할 때 거기에 맞서 싸워야 할 책임을 갖게 된다. 항상 조심하고, 부지런하고, 강해지자. 직접적으로든 간접적으로든 당신이 타인에게 가하는 행동은 당신의 책임이기 때문이다.

히틀러나 나치, 강간범이나 강간 문화, 테러리스트나 급진적 신념 체계 등을 보든 보지 않든 우리는 개인이 자신의 뇌, 자신의 성향, 자기가 살고 있는 사회에 어떻게 영향을 받는지 이해할 수 있다. 이 책 전반에서 우리는 극단적인 상황, 생각, 개념과 우리 삶에서 일상적으로 접하는 상황, 생각, 개념들을 번갈아가며 보았다. 우리는 많은 사람들이 정상적으로는 감히 손대지 않는 주제들을 들락거리며 살펴보았고, 그 과정에서 어쩌면 당신은 때때로 불편, 혼란, 분노를 느꼈을지도 모르겠다.

나도 그랬다. 이 책의 몇몇 부분은 쓰기가 굉장히 힘들었다. 그러니 읽는 입장에서도 분명 힘들었을 거라 생각한다. 가끔은 자료들로부터 한 걸음 물러서서 그 내용을 소화할 수 있을 때까지 기다려야 했다. 어쩌면 당신도 그랬는지 모르겠다. 나는 이런 사고실험이 우리가 인간으로서 성장하는 데 도움을 주며, 서로에 대해, 그리고 자기 자신에 대해 이해함으로써 우리 사회가 앞으로 나아갈 수 있다는 사실을 우선 스스로에게 상기시킬 필요가 있었다.

그럼 이제 우리는 무엇을 해야 할까? 이제 행동에 나설 때다. 이제야말로 악에 관한 진정한 논의를 시작할 수 있게 됐다.

결론

'재난 여행disaster tourism'은 자연재해로 파괴되었거나 끔찍한 역사적 사건에 영향을 받은 장소, 소위 '외상의 풍경traumascape'을 돌아다니는 여행을 지칭하는 용어다. 개념적으로 보면 우리가 이 책을 관통하면서 해온 일도 재난 여행에 해당한다. 우리는 끔찍한 일들이 일어났던 인간의 행동을 두루 살펴보았고, 어떻게 그런 일이 일어날 수 있는지 설명해주는 과학적인 자료들도 살펴보았다.

사회학자 데몬드 밀러는 재난 여행이 자아 성찰의 수단으로 기능한다고 믿는다.[1] 그는 외상의 풍경 방문이 방문객들에게 자신의 삶을 해석하고 더 잘 이해할 수 있게 해줄 메시지를 전달해준다고 믿는다. 재난 여행은 또한 사람들이 역경 이후 치유하는 데 걸리는 시간을 줄여줄 교육 도구로도 이해되고 있다. 재난의 복잡한 현실과 구체적인 부분까지 직접 눈으로 확인함으로써 어떤 일이 일어났는지 더욱 깊이 알게 되면 두려움은 줄어든다. 새로 배운 만큼 앞으로 나갈 수 있는 것이다.

이 책이 악에 대해 철저하게 살펴보았다고는 할 수 없다. 그보다는 내가 특히나 중요하다고 여기는 주제에 초점을 맞추면서 현대사회에서 씨름하고 있는 몇몇 핵심 사안들을 둘러보는 여행이었다고 해야 할 것이다. 이 책의 목표는 악에 대한 선입견, 그리고 우리에게 일상적으로 입력되고 있는 막대한 양의 잘못된 정보들을 폭로하는 것이었다. 그러고서 제대로 대화를 시작하고자했다. 또한 악을 개인의 문제로 치부해서 자기와 상관없는 추상적 현상으로 여길 것이 아니라 당신과 나에 관한 일로 느끼게 하는 것이 목표였다.

그렇다면 '악'이라는 것이 정말 존재하기는 할까? 주관적으로 보면 그렇다. 사디스트적인 고문이나 집단 학살, 강간 등을 악이라 부를 수 있을 것이다. 이제 당신은 악의 의미를 아주 구체적으로 좁혀서 왜 특정 인물이나 행동을 악하다고 부르는지에 대해 논리 정연한 주장을 펼칠 수도 있을 것이다. 하지만 다른 사람들과 논의를 하기 시작하는 순간, 당신에게는 부정할 수 없이 악한 행동이라 여겨지는 것이 다른 사람에게는 그렇지 않다는 것을 알게 되는 수도 있다. 혹은 그런 행동을 저지른 사람을 대화에 끌어들이는 순간 분명 나와는 다른 관점을 갖고 있다는 진실을 접하게 될 것이다. 철학자 프리드리히 니체의 말을 빌리자면, 악은 우리가 무언가를 악하다고 인식하는 순간에 창조되는 것이다. 악은 신속하게 만들어질 수 있지만 우리의 인식이 변하면 또 그만큼 신속하게 사라질 수도 있다.

무언가에 악하다는 꼬리표를 붙이는 순간 악은 만들어진다. 악은 하나의 단어로, 주관적 개념으로 존재한다. 하지만 나는 그 어떤 사람, 집단, 행동, 사물도 객관적으로 악한 것은 존재하지 않는다고 확고히 믿고 있다. 어쩌면 악은 우리의 두려움 속에만 존재하는지도 모른다.

누군가에게는 테러리스트가 다른 누군가에게는 저항의 투사라는 말을 들어봤을 것이다. 이 말은 여러 가지 맥락에 해당하는 말이다. 누군가에게는 병사가 다른 누군가에게는 반란군일 수 있고, 누군가에게는 성 해방이 다른 누군가에게는 성도착이 될 수 있으며, 누군가에게는 꿈에 그리던 직장이 다른 누군가에게는 모든 해악의 근원이 될 수 있다. 악이 보는 사람 눈에 달려 있다는 것을 알게 된 순간, 우리는 그 보는 사람과 그 사람이 살고 있는 사회에 질문을 던지기 시작한다. 그리고 자기 자신에게로 관심을 돌리는 순간, 우리도 때때로 자신의 도덕관념을 배반한다는 것을 깨닫는다.

나는 주관성이라는 극복 불가능한 문제가 있기 때문에 인간이나 행동에 악이라는 꼬리표를 붙여서는 안 된다고 생각한다. 대신 내 눈에는 의사 결정의 복잡한 생태계, 연쇄적으로 이어지는 영향력, 다면적인 사회적 요인들이 들어온다. 나는 이 모든 것을 '악'이라는, 혐오가 담긴 하나의 단어로 요약하기를 거부한다.

하지만 악이 객관적인 현상이라 믿지 않는다고 해서 내가 도덕적 상대주의자moral relativist는 아니다. 나는 무엇이 객관적으로 적절한 행동이고, 무엇이 아닌지에 대해 뚜렷한 관점을 가지고 있다. 나는 근본적인 인간의 권리를 믿는다. 나는 의도적으로 고통과 괴로움을 가하는 것은 용납할 수 없는 행위라 여긴다. 그리고 사회의 일부로 살아가면서 우리가 만들어낸 사회적 계약을 위반하는 이가 있다면 그에 대해 행동을 취할 필요가 있다고 생각한다.

하지만 더 중요한 부분이 있다. 문제적인 행동에 기여할 수 있는 다양한 영향력에 대해 알고 있으면 그 영향력을 무력화시킬 수도 있다는 점이다. 모든 사람이 크나큰 해악을 끼칠 가능성을 안고 있음을 인정하면 우리는 더욱 세심하고 부지런히 생각하고 행동할 수 있다. 이것은 정녕 강력한 인간의 재능이다.

당신의 어두운 측면이 갖고 있는 밝은 면

이 책을 읽으면서 인간이 참 끔찍한 존재라는 인상을 받았을지도 모르겠다. 하지만 내가 말하고 싶은 요점은 그것이 아니다. 나는 사실 우리가 종종 악으로 묘사하는 것들이 사실 인간적 경험의 일부라는 것을 보여주는 일에 훨씬 더 관심이 많다. 당신의 마음에는 안 드는 얘기일지도 모르지만 인간의 본성은 선하지도, 악하지도 않다. 그냥 그 자체일 뿐이다.

혼란스럽게도, 우리로 하여금 해를 끼치게 만드는 근본적인 속성이 우리로 하여금 사회에 이로운 일을 하게 만들기도 한다. 예를 들어 행동과학자 프란체스카 지노와 스콧 윌터무스의 연구를 보면 부정직함이 창의성의 증가로 이어질 수 있다고 한다. 규칙을 파괴하는 것과 독창적으로 생각하는 것은 비슷한 사고 패턴을 갖고 있기 때문이다. 양쪽 모두 제약을 받지 않는 느낌이 수반된다.[2] 창의성은 우리에게 현대 의학, 현대 기술, 현대적 가치관을 주었지만, 또한 청산가리, 핵무기, 민주주의를 위협하는 봇도 주었다. 동일한 인간적 성향으로부터 커다란 혜택과 커다란 해악이 모두 나올 수 있는 것이다.

그와 비슷하게 일탈 역시 긍정적으로 기능할 수 있다. 정상으로부터의 일탈이 사람을 악당으로 만들 수도 있지만 영웅으로 만들 수도 있다. 예를 들면 학교에서 일어나는 따돌림이나 괴롭힘에 반기를 들고 일어나는 학생이나 민간인을 죽이라는 명령에 복종하지 않는 병사, 소아성애자를 바라보고 마주 앉은 심리치료사 같은 사람들 말이다.

우리가 얼마나 쉽게 나쁜 행동으로 빠져들 수 있는지 보여준 스탠퍼드 감옥 실험 논문의 저자인 필립 짐바르도도 지난 몇 년 동안은 극단적인 친사회적 행동을 연구하는 쪽으로 관심을 돌렸다. 그는 한나 아렌트의 연구에 고개를 끄덕이며 영웅적 행동 역시 지극히 평범한 것이라 주장한다. 우리는 악과 마찬가지로 영웅적 행동도 비범하고 특별한 사람한테서만 찾아볼 수 있는 것이라 여길 때가 많다. 하지만 짐바르도는 이렇게 묻는다. "만약 영웅적으로 행동할 수 있는 능력 역시 근본적으로는 우리 모두가 갖고 있는 평범한 능력이라면?" 이들은 영웅을 절대로 직접 만나지 말라고 말한다. 그 사람이 실제로는 얼마나 평범한 사람인지 알면 실망할 수밖에 없을 테니까 말이다. 하지만 우리 모두 그 사실을 깨닫게 된다면 그야말로 다행스러운 일이 아닐까?

짐바르도의 감옥 실험이 뒷받침해준 바와 같이 "악이 성공을 거두는 데 반드시 필요한 딱 한 가지는 바로 선한 사람들의 방관이다". 그렇다면 어떻게 사람들을 선한 방향으로 유도할 수 있을까? 짐바르도는 '영웅이 되는 상상'을 장려해야 한다고 주장한다.

이렇게 하려면 세 가지가 필요하다. 첫째, 평범한 사람들이 자신의 가치관을 지키기 위해 떨쳐 일어났던 이야기들을 다른 사람들과 함께 공유할 필요가 있다. 우리는 상상력을 북돋고, 평범한 영웅들에 대해 생각하고, 우리도 영웅이 될 수 있음을 깨달아야 한다. 꼭 망토를 두르고 있어야 영웅은 아니다. 둘째, 우리는 영웅적 행동을 하는 상상을 하거나 응급 상황에서 어떤 일을 할지 시뮬레이션해보며 진짜 기회가 생겼을 때 공익에 기여하는 행동에 기꺼이 나설 준비를 해두어야 한다. 셋째, 꼭 혼자 행동에 나서야 영웅은 아니다. 함께 동참하고 연대하여 그 안에서 개인적, 정치적, 사회적 풍경을 더욱 폭넓게 변화시킬 수 있어야 한다.

이 책을 통해 사람들에게 올바른 정보를 알리고 자율적으로 행동할 수 있는 힘을 부여하려 노력했다. 무엇이 어떻게 해악으로 이어지는지 이해할 때, 우리는 해악을 막아서고, 해를 끼치고 싶은 욕망과 싸우고, 해악을 끼쳤던 사람들도 더 나은 행동을 할 수 있게 돕는 등 맞서 싸우기 시작할 수 있다. 중요한 것은 서로를 결코 비인간화해서는 안 된다는 점이다.

악에 대해 모든 사람이 알고 있어야 할 것들

1. 사람을 악하다고 말하는 것은 게으른 일이다.
2. 모든 뇌는 조금 사디스트적이다.
3. 우리는 모두 사람을 죽일 수 있다.
4. 우리의 소름 끼침 감지기는 기능을 보장할 수 없다.
5. 기술이 위험을 증폭시킬 수 있다.
6. 성적 일탈은 꽤 흔하다.
7. 괴물 같은 자들도 다 인간이다.
8. 돈을 쫓다 보면 해악을 잊어버린다.
9. 문화가 잔혹한 행동의 핑계가 될 수는 없다.
10. 우리는 입에 담기도 싫은 불쾌한 것들에 대해 말을 해야 한다.

부디 사람이나 행동, 사건을 두고 '악'하다고 말하지 말자. 이런 표현은 그 밑에 깔려 있는 행동의 미묘하면서도 중요한 뉘앙스를 무시해버린다.

대신 나는 당신이 생각조차 하기 싫은 것들에 대해 생각하고, 차마 입에 담기 싫은 것들에 대해 말하고, 도저히 설명할 수 없는 것을 설명할 수 있게 북돋아주고 싶다. 그래야만 남들이 예방 불가능하다고 생각하는 것들을 예방할 수 있다.

이제 '악'에 대해 다시 생각해보아야 할 시간이 됐다.

"나는 당신이 그 어떤 악행도
저지를 수 있다고 생각한다.
그래서 나는 당신이 선하기를 바란다."

-프리드리히 니체
『도덕의 계보』

감사의 말씀

나를 창조하고 돌보고 사랑해주신 우리 엄마 우트 쇼Ute Shaw에게 감사드린다. 나는 원래 엄마에게 이 책을 바칠 생각이었지만 악에 관한 책을 엄마에게 바친다고 생각하니 너무 이상한 생각이 들었다. 대신 이것을 비공식적인 헌사라 생각해주셨으면 좋겠다. 내가 범죄심리학을 연구하는 동안 엄마의 뒷받침은 이 책을 쓸 수 있는 토대를 마련해준 너무도 소중한 자산이었다.

내 사랑 폴 리빙스턴Paul Livingston에게 감사드린다. 그의 바다 같은 사랑과 지지에 감사하고, 내 초고, 두 번째 원고, 세 번째 원고, 네 번째 원고의 독자가 되어준 것에 감사드린다.

지치지도 않고 내 글을 참고 견뎌주고, 이 책의 모든 조각들을 맞출 수 있게 도와준 영국판 편집자 시몬 소로굿Simon Thorogood에게 감사드린다.

한 명의 사람이자 작가로서의 나에 대해 흔들리지 않는 믿음을 보여준 독일판 편집자 크리스티안 쾨흐Christian Koth에게도 감사드린다.

이 책을 내가 자랑스러워할 만한 것으로 만드는 데 도움을 준 미국판과 캐나다판 편집자 제이미슨 스톨츠Jamison Stoltz와 팀 로스트론Tim Rostron에게도 감사드린다.

내가 더 많은 일을 해낼 수 있도록 항상 재촉해주고, 내가 만만찮은 공식 활동을 감당할 수 있게 뒷받침해준 홍보 담당자 아네트 브뤼그만Annette Brüggemann에게도 감사드린다.

이 책의 출간을 가능하게 해주고, 내가 작가로 성장할 수 있도록 항상 용기를 북돋아준 DGA 출판사에도 감사드린다.

그리고 내 글이 내가 꿈꾸었던 것 이상으로 세상 구석구석까지 도달할 수 있게 해준 법률대행사 수잔나 리 어소시에이츠Susanna Lea Associates에도 감사드린다.

주

서문

1. Nietzsche, F. Morgenröte: Gedanken über die moralischen Vorurteile [The Dawn of Day]. Munich: DTV, 1881.

2. Original text: 'Die Leidenschaften werden böse und tückisch, wenn sie böse und tückisch betrachtet werden.'

3. Bushman, B. J., Jamieson, P. E., Weitz, I., & Romer, D. 'Gun violence trends in movies'. Pediatrics, 132 (6) (2013), pp. 1014–18.

1. 당신 안의 사디스트 : 신경과학으로 보는 악의 실체

1. Langer, W. C. The Mind of Adolf Hitler: The Secret Wartime Report. New York: Basic Books, 1972.

2. Redlich, F. Hitler: Diagnosis of a Destructive Prophet. Oxford: Oxford University Press, 1998

3. Reimann, M., & Zimbardo, P. G. 'The dark side of social encounters: prospects for a neuroscience of human evil'. Journal of Neuroscience, Psychology, and Economics, 4 (3) (2011), p. 174.

4. Jones, S. 'UN human rights chief denounces Sun'. Guardian, 24 April 2015. ⟨https://www.theguardian.com/global-development/2015/apr/24/katie-hopkins-cockroach-migrants-denounced-united-nations-human-rights-commissioner⟩

5. See, for example, Cillizza, C., 'That Trump read "The Snake"'. CNN, 1 May 2017. ⟨http://edition.cnn.com/2017/ 05/01/politics/trump-the-snake/index.html⟩

6. Baumeister, R. F., & Campbell, W. K. 'The intrinsic appeal of evil: sadism, sensational thrills, and threatened egotism'. Personality and Social Psychology Review, 3 (3) (1999), pp. 210–21.

7. Buckels, E. E., Jones, D. N., & Paulhus, D. L. 'Behavioral confirmation of everyday sadism'. Psychological Science, 24 (11) (2013), pp. 2201–09.

8. Aragón, O. R., Clark, M. S., Dyer, R. L., & Bargh, J. A. 'Dimorphous expressions of positive emotion: displays of both care and aggression in response to cute stimuli'. Psychological Science, 26 (3) (2015), pp. 259–73.

9. Lorenz, K. 'Die angeborenen formen möglichen erfahrung [The innate forms of potential experience]'. Zeitschrift für Tierpsychologie, 5 (1943), pp. 245–409.

10. Baron, R. A., & Richardson, D. R. Human Aggression. New York: Plenum Press, 1994.

11. Richardson, D. S., & Green, L. R. 'Direct and indirect aggres\-sion: relationships as social context'. Journal of Applied Social Psychology, 36 (10) (2006), pp. 2492–508.

12. Leisring, P. A. 'Physical and emotional abuse in romantic rela\-tionships: motivation for perpetration among college women'. Journal of Interpersonal Violence, 28 (7) (2013), pp. 1437–54.

13. Bushman, B. J., DeWall, C. N., Pond, R. S., & Hanus, M. D. 'Low glucose relates to greater aggression in married couples'. Proceedings of the National Academy of Sciences, 111 (17) (2014), pp. 6254–57.

14. Richardson, D. S., & Green, L. R. 'Direct and indirect aggres\-sion: relationships as social context'. Journal of Applied Social Psychology, 36 (10) (2006), pp. 2492–508.

15. Richardson, D. S. 'Everyday aggression takes many forms'. Current Directions in Psychological Science, 23 (3) (2014), pp. 220–24.

16. Warren, P., Richardson, D. S., & McQuillin, S. 'Distinguishing among nondirect forms of aggression'. Aggressive Behavior, 37 (2011), pp. 291–301.

17. Richardson, D. S., & Hammock, G. S. 'Is it aggression? Perceptions of and

motivations for passive and psychological aggression'. The Psychology of Social Conflict and Aggression, 13 (2011), pp. 53–64.

18. Paulhus, D. L., Curtis, S. R., & Jones, D. N. 'Aggression as a trait: the dark tetrad alternative'. Current Opinion in Psychology, 19 (2017), pp. 88–92.

19. Paulhus, D. L. 'Toward a taxonomy of dark personalities'. Current Directions in Psychological Science, 23 (6) (2014), pp. 421–6.

20. Balsis, S., Busch, A. J., Wilfong, K. M., Newman, J. W., & Edens, J. F. 'A statistical consideration regarding the threshold of the psychopathy checklist – revised'. Journal of Personality Assessment, 99 (5) (2017), pp. 1–9.

21. Augstein, H. F. 'J. C. Prichard's concept of moral insanity – a medical theory of the corruption of human nature'. Medical History, 40 (3) (1996), p. 311.

22. Hare, R. D. The Hare Psychopathy Checklist – Revised, 2nd ed. Toronto, ON: Multi-Health Systems, Inc., 2003.

23. Poeppl, T., Donges, M., Rupprecht, R., Fox, P., . . . & Eickhoff, S. 'Meta-analysis of aberrant brain activity in psychopathy'. European Psychiatry, 41 (2017), S349.

24. Stromberg, J. 'The neuroscientist who discovered he was a psychopath'. Smithsonian, 22 November 2013. ⟨http://www.smithsonianmag.com/science-nature/the-neuroscientist-who-discovered-he-was-a-psychopath-180947814/⟩

25. Fallon, J. The Psychopath Inside: A Neuroscientist's Personal Journey into the Dark Side of the Brain. London: Penguin, 2013.

26. Konrath, S., Meier, B. P., & Bushman, B. J. 'Development and validation of the single item narcissism scale (SINS)'. PLOS ONE, 9 (8) (2014). ⟨https://doi.org/10.1371/journal.pone.0103469⟩

27. Goldbeck, J. 'The one question that can tell us who's a narcis\-sist: a new study finds a surprising insight about personality'. Psychology Today, 16 September 2014. ⟨https://www.psychol\-ogytoday.com/blog/your-online-secrets/201409/ the-one-question-can-tell-us-whos-narcissist/⟩

28. Krizan, Z., & Johar, O. 'Narcissistic rage revisited'. Journal of Personality and Social Psychology, 108 (5) (2015), pp. 784–801. ⟨https://doi.org/10.1037/pspp0000013⟩

29. Jones, D. N., & Paulhus, D. L. 'Machiavellianism'. In: M. R. Leary & R. H. Hoyle (eds), Handbook of Individual Differences in Social Behavior. New York: Guilford Press, 2009, pp. 93–108.

30. Muris, P., Merckelbach, H., Otgaar, H., & Meijer, E. 'The malevolent side of

human nature: a meta-analysis and critical review of the literature on the dark triad (narcissism, Machiavellianism, and psychopathy)'. Perspectives on Psychological Science, 12 (2) (2017), pp. 183–204.

31. Christie, R., & Geis, F. L. Studies in Machiavellianism. New York, NY: Academic Press, 1970.

32. Buckels, E. E., Jones, D. N., & Paulhus, D. L. 'Behavioral confirmation of everyday sadism'. Psychological Science, 24 (11) (2013), pp. 2201–09.

33. Campbell, W. K. 'Is narcissism really so bad?' Psychological Inquiry, 12 (4) (2001), pp. 214–16.

2. 계획적 살인 : 살인 충동의 심리

1. Darimont, C. T., Fox, C. H., Bryan, H. M., & Reimchen, T. E. 'The unique ecology of human predators'. Science, 349 (6250) (2015), pp. 858–60.

2. Kenrick, D. T., & Sheets, V. 'Homicidal fantasies'. Ethology and Sociobiology, 14 (4) (1993), pp. 231–46.

3. Duntley, J. D., & Buss, D. M. 'Homicide adaptations'. Aggression and Violent Behavior, 16 (5) (2011), pp. 399–410.

4. United Nations Office on Drugs and Crime. Global Study on Homicide 2013: Trends, Contexts, Data. New York: UNODC, 2013.

5. Roberts, A. R., Zgoba, K. M., & Shahidullah, S. M. 'Recidivism among four types of homicide offenders: an exploratory analysis of 336 homicide offenders in New Jersey'. Aggression and Violent Behavior, 12 (5) (2007), pp. 493–507.

6. Liem, M. 'Homicide offender recidivism: a review of the literature'. Aggression and Violent Behavior, 18 (1) (2013), pp. 19–25.

7. Archer, J. 'Sex differences in aggression in real-world settings: a meta-analytic review'. Review of General Psychology, 8 (4) (2004), p. 291.

8. Dabbs, J. M., Riad, J. K., & Chance, S. E. 'Testosterone and ruthless homicide'. Personality and Individual Differences, 31 (4) (2001), pp. 599–603.

9. Cooper, S. E., Goings, S. P., Kim, J. Y., & Wood, R. I. 'Testosterone enhances risk tolerance without altering motor impulsivity in male rats'. Psychoneuroendocrinology, 40 (2014), pp. 201–12.

10. Berthold, A. A. 'Transplantation der Hoden [Transplantation of the testes]'. Archiv für Anatomie, Physiologie und Wissenschaftliche Medicin, 16 (1849), pp.

42–46.

11. Berthold, A. A., & Quiring, D. P. 'The transplantation of testes'. Bulletin of the History of Medicine, 16 (1944), p. 399.

12. Carré, J. M., Ruddick, E. L., Moreau, B. J., & Bird, B. M. 'Testosterone and human aggression'. In: The Wiley Handbook of Violence and Aggression, Peter Sturmey (ed.), Hoboken, NJ: Wiley-Blackwell, 2017.

13. Mazur, A., & Lamb, T. 'Testosterone, status, and mood in human males'. Hormones and Behavior, 14 (1980), pp. 236–46. ⟨https://doi.org/10.1016/0018-506x(80)90032-x⟩

14. Crockett, M. 'The trolley problem: would you kill one person to save many others?' Guardian, 12 December 2016. ⟨https://www.theguardian.com/science/head-quarters/2016/dec/12/the-trolley-problem-would-you-kill-one-person-to-save-many-others/⟩

15. Skulmowski, A., Bunge, A., Kaspar, K., & Pipa, G. 'Forced-choice decision-making in modified trolley dilemma situations: a virtual reality and eye tracking study'. Frontiers in Behavioral Neuroscience, 8 (2014).

16. Bleske-Rechek, A., Nelson, L. A., Baker, J. P., Remiker, M. W., & Brandt, S. J. 'Evolution and the trolley problem: people save five over one unless the one is young, genetically related, or a romantic partner'. Journal of Social, Evolutionary, and Cultural Psychology, 4 (3) (2010), pp. 115–27.

17. Greene, J. D., Morelli, S. A., Lowenberg, K., Nystrom, L. E., & Cohen, J. D. 'Cognitive load selectively interferes with utili\-tarian moral judgment'. Cognition, 107 (3) (2008), pp. 1144–54.

18. Garrigan, B., Adlam, A. L., & Langdon, P. E. 'The neural correlates of moral decision-making: a systematic review and meta-analysis of moral evaluations and response decision judgements'. Brain and Cognition, 108 (2016), pp. 88–97.

19. Jentzen, J., Palermo, G., Johnson, L. T., Ho, K. C., . . . & Teggatz, J. 'Destructive hostility: the Jeffrey Dahmer case: a psychiatric and forensic study of a serial killer'. American Journal of Forensic Medicine and Pathology. 15 (4) (1994), pp. 283–294.

20. Terry, D. 'Jeffrey Dahmer'. New York Times, 29 November 1994. ⟨http://www.nytimes.com/1994/11/29/us/jeffrey-dahmer-multiple-killer-is-bludgeoned-to-death-in-prison.html?m\-cubz=0⟩

21. Terry. 'Jeffrey Dahmer'.

22. Wiest, J. B. Creating Cultural Monsters: Serial Murder in America. Boca Raton, FL: CRC Press, 2016.

23. Hodgkinson, S., Prins, H., & Stuart-Bennett, J. 'Monsters, madmen . . . and myths: a critical review of the serial killing literature'. Aggression and Violent Behavior, 34 (2017), pp. 282–89.

24. The Works of Plato, F. Sydenham and Thomas Taylor (trans.), S. Cornish & Co., 1839 〈http://bigthink.com/21st-century-spirituality/fear-of-death〉

3. 기괴한 모습 : 무엇이 우리를 소름 끼치게 하는가

1. McAndrew, F. T., & Koehnke, S. S. 'On the nature of creepiness'. New Ideas in Psychology, 43 (2016), pp. 10–15.

2. Bar, M., Neta, M., & Linz, H. 'Very first impressions'. Emotion, 6 (2006), pp. 269–78. 〈http://dx.doi.org/10.1037/1528-3542.6.2.269〉

3. Porter, S., England, L., Juodis, M., Ten Brinke, L., & Wilson, K. 'Is the face a window to the soul? Investigation of the accuracy of intuitive judgments of the trustworthiness of human faces'. Canadian Journal of Behavioural Science / Revue canadienne des sciences du comportement, 40 (3) (2008), p. 171.

4. Petridis, A. 'One person's "edgy" model is another's gun-toting "street terrorist"'. Guardian, 3 July 2014. 〈https://www.theguardian.com/lifeandstyle/lostinshowbiz/2014/jul/03/edgy-model-gun-toting-street-terrorist-jeremy-meeks〉

5. Nisbett, R. E., & Wilson, T. D. 'The halo effect: evidence for unconscious alteration of judgments'. Journal of Personality and Social Psychology, 35 (4) (1977), p. 250.

6. Thorndike, E. L. 'A constant error in psychological ratings'. Journal of Applied Psychology, 4 (1920), pp. 25–29.

7. Gibson, J. L., & Gore, J. S. 'You're OK until you misbehave: how norm violations magnify the attractiveness devil effect'. Gender Issues, 32 (4) (2015), pp. 266–78.

8. Hosoda, M., Stone-Romero, E. F., & Coats, G. 'The effects of physical attractiveness on job-related outcomes: a meta-analysis of experimental studies'. Personnel Psychology, 56 (2) (2003), pp. 431–62.

9. Phelan, S. M., Burgess, D. J., Yeazel, M. W., Hellerstedt, W. L., Ryn, V. M. 'Impact of weight bias and stigma on quality of care and outcomes for patients with obesity'. Obesity Reviews, 16 (4) (2015), pp. 319–26.

10. Adolphs, R., & Tusche, A. 'From faces to prosocial behavior: cues, tools, and mechanisms'. Current Directions in Psychological Science, 26 (3) (2017), pp.

282–87.

11. Korva, N., Porter, S., O'Connor, B. P., Shaw, J., & Brinke, L. T. 'Dangerous decisions: influence of juror attitudes and defendant appearance on legal decision-making'. Psychiatry, Psychology and Law, 20 (3) (2013), pp. 384–98.

12. Wilson, J. P., & Rule, N. O. 'Facial trustworthiness predicts extreme criminal-sentencing outcomes'. Psychological Science, 26 (8) (2015), pp. 1325–31.

13. Santos, S., Almeida, I., Oliveiros, B., & Castelo-Branco, M. 'The role of the mygdala in facial trustworthiness processing: a systematic review and meta-analyses of fMRI studies'. PLOS ONE, 11 (11) (2016). 〈https://doi.org/10.1371/journal.pone.0167276〉

14. Bonnefon, J. F., Hopfensitz, A., & De Neys, W. 'Can we detect cooperators by looking at their face?' Current Directions in Psychological Science, 26 (3) (2017), pp. 276–81.

15. McAndrew & Koehnke. 'On the nature of creepiness'.

16. Langlois, J. H., & Roggman, L. A. 'Attractive faces are only average'. Psychological Science, 1 (2) (1990), pp. 115–21.

17. Sofer, C., Dotsch, R., Wigboldus, D. H., & Todorov, A. 'What is typical is good: the influence of face typicality on perceived trustworthiness'. Psychological Science, 26 (1) (2015), pp. 39–47.

18. Wang, T. T., Wessels, L., Hussain, G., & Merten, S. 'Discriminative thresholds in facial asymmetry: a review of the literature'. Aesthetic Surgery Journal, 37 (4) (2017), pp. 375–85.

19. Halioua, R. L. 'Staring and perceptions towards persons with facial disfigurement'. Unpublished master's thesis, East Carolina University, 2010. 〈http://hdl.handle.net/10342/2930〉

20. Stone, A., & Wright, T. 'When your face doesn't fit: employment discrimination against people with facial disfig\-urements'. Journal of Applied Social Psychology, 43 (3) (2013), pp. 515–26.

21. Tsankova, E., & Kappas, A. 'Facial skin smoothness as an indicator of perceived trustworthiness and related traits'. Perception, 45 (4) (2016), pp. 400–08.

22. Funk, F., & Todorov, A. 'Criminal stereotypes in the court\-room: facial tattoos affect guilt and punishment differently'. Psychology, Public Policy, and Law, 19 (4) (2013), p. 466.

23. Fincher, K. M., Tetlock, P. E., & Morris, M. W. 'Interfacing with faces:

perceptual humanisation and dehumanisation'. Current Directions in Psychological Science, 26 (3) (2017), pp. 288–93.

24. Norman, R. M., Sorrentino, R. M., Gawronski, B., Szeto, A. C., Windell, D. 'Attitudes and physical distance to an individual with schizophrenia: the moderating effect of self-transcendent values'. Social Psychiatry and Psychiatric Epidemiology, 45 (7) (2010), pp. 751–58.

25. Magin, P., Holliday, S., Dunlop, A., Ewald, B., Baker, F. 'Discomfort sharing the general practice waiting room with mentally ill patients: a cross-sectional study'. Family Practice, 30 (2) (2012), pp. 190–96.

26. Sowislo, J. F., Gonet-Wirz, F., Borgwardt, S., Lang, U. E., & Huber, C. G. 'Perceived dangerousness as related to psychiatric symptoms and psychiatric service use – a vignette based representative population survey'. Scientific Reports, 8 (2017).

27. Pescosolido, B. A., Fettes, D. L., Martin, J. K., Monahan, J., & McLeod, J. D. 'Perceived dangerousness of children with mental health problems and support for coerced treatment'. Psychiatric Services, 58 (5) (2007), pp. 619–25.

28. Moore M., Petrie C., Braga A., & McLaughlin, B. L. Deadly Lessons: Understanding Lethal School Violence. Washington, DC: National Academies Press, 2003.

29. Sowislo et al. 'Perceived dangerousness'.

30. Peterson, J. K., Skeem, J., Kennealy, P., Bray, B., & Zvonkovic, A. 'How often and how consistently do symptoms directly precede criminal behavior among offenders with mental illness'. Law and Human Behavior, 38 (5) (2014), pp. 439–49.

31. Nesvåg, R., Knudsen, G. P., Bakken, I. J., Høye, A. . . . & Reichborn-Kjennerud, T. 'Substance use disorders in schizophrenia, bipolar disorder, and depressive illness: a registry-based study'. Social Psychiatry and Psychiatric Epidemiology, 50 (8) (2015), pp. 1267–76.

32. Fazel, S., Gulati, G., Linsell, L., Geddes, J. R., & Grann, M. 'Schizophrenia and violence: systematic review and meta-analysis'. PLOS Medicine, 6 (8) (2009). ⟨https://doi.org/10.1371 /journal.pmed.1000120⟩

33. Milgram, S. 'Behavioral study of obedience'. Journal of Abnormal and Social Psychology, 67 (4) (1963), p. 371.

34. Baumeister, R. F., & Campbell, W. K. 'The intrinsic appeal of evil: sadism, sensational thrills, and threatened egotism'. Person-ality and Social Psychology Review, 3 (3) (1999), pp. 210–21.

35. Baumeister, R. F. Evil: Inside Human Cruelty and Violence. New York: W. H.

Freeman, 1997.

36. McAndrew & Koehnke. 'On the nature of creepiness'.

37. Hurley, E. 'Overkill: an exaggerated response to the sale of murderabilia'. Indiana Law Review, 42 (2) (2009), p. 411.

38. Wagner, M. 'Beyond the Son of Sam: assessing government's first tentative steps towards regulation of the third party murderabilia marketplace'. University of Cincinnati Law Review, 80 (2011), p. 977.

39. Denham, J. 'The commodification of the criminal corpse: "selective memory" in posthumous representations of crim\-inal'. Mortality, 21 (3) (2016), pp. 229–45.

4. 기술의 두 얼굴 : 기술은 우리를 어떻게 바꾸는가

1. Engle, J. 'US aviation security'. Los Angeles Times, 12 June 2011. 〈http://articles. latimes.com/2011/jun/12/travel/la-tr-airline-safety-timeline-20110612〉

2. Fishel, J., Thomas, P., Levine, M., & Date, J. 'Undercover DHS tests'. ABC News, 1 June 2015. 〈http://abcnews.go.com/ US/exclusive-undercover-dhs-tests-find-widespread-security-failures/story?id=31434881〉

3. Neff, G., & Nagy, P. 'Automation, algorithms, and politics: talking to bots: symbiotic agency and the case of Tay'. International Journal of Communication, 10 (2016), p. 17.

4. Weizenbaum, J. Computer Power and Human Reason: From Judgment to Calculation. San Francisco, CA: W. H. Freeman, 1976.

5. Neff & Nagy. 'Automation, algorithms, and politics'.

6. Garber, M. 'When PARRY met ELIZA: A ridiculous chatbot conversation from 1972'. The Atlantic, June 2014. 〈http://www.theatlantic.com/technology/ archive/2014/06/when-parry-met-eliza- a-ridiculous-chatbot-conversation-from-1972/372428/〉

7. de Lima Salge, C. A., & Berente, N. 'Is that social bot behaving unethically?' Communications of the ACM, 60 (9) (2017), pp. 29–31.

8. Floridi, L., & Sanders, J. W. 'Artificial evil and the foundation of computer ethics'. Ethics and Information Technology, 3 (1) (2001), pp. 55–66.

9. Medeiros, J. 'Stephen Hawking: I fear AI will replace humans'. Wired, December 2017. 〈http://www.wired.co.uk/article/stephen-hawking-interview-alien-life-climate-change-donald-trump〉

10. Titcomb, J. 'AI is the biggest risk'. Daily Telegraph, 17 July 2017. ⟨http://www.telegraph.co.uk/technology/2017/07/17/ai-biggest-risk-face-civilisation-elon-musk-says/⟩

11. Diamond, B., & Bachmann, M. 'Out of the beta phase: obstacles, challenges, and promising paths in the study of cyber criminology 1'. International Journal of Cyber Criminology, 9 (1) (2015), p. 24.

12. Grabosky, P. N. 'Virtual criminality: old wine in new bottles?' Social & Legal Studies, 10 (2) (2001), pp. 243–49.

13. Capeller, W. 'Not such a neat net: some comments on virtual criminality'. Social & Legal Studies, 10 (2) (2001), pp. 229–42.

14. Cohen, L. E., & Felson, M. 'Social change and crime rate trends: a routine activity approach'. American Sociological Review, 44 (4) (1979), pp. 588–608.

15. Pratt, T. C., Holtfreter, K., & Reisig, M. D. 'Routine online activity and internet fraud targeting: extending the generality of routine activity theory'. Journal of Research in Crime and Delinquency, 47 (3) (2010), pp. 267–96.

16. Wolfe, S. E., Marcum, C. D., Higgins, G. E., & Ricketts, M. L. 'Routine cell phone activity and exposure to sext messages: extending the generality of routine activity theory and exploring the etiology of a risky teenage behavior'. Crime & Delinquency, 62 (5) (2016), pp. 614–44.

17. Kigerl, A. 'Routine activity theory and the determinants of high cybercrime countries'. Social Science Computer Review, 30 (4) (2012), pp. 470–86.

18. Gupta, P. & Mata-Toledo, R. 'Cybercrime: in disguise crime'. Journal of Information Systems & Operations Management, 10 (1) (2016), pp. 1–10.

19. Eubanks, N. 'The true cost of cybercrime'. Forbes Community Voice, 13 July 2017. ⟨https://www.forbes.com/sites/theyec/2017 /07/13/the-true-cost-of-cybercrime-for-businesses/#559396c14947⟩

20. Morgan, S. 'Cybercrime damages $6 trillion'. Cybercrime Magazine, 16 October 2017. ⟨https://cybersecurityventures. com/hackerpocalypse-cybercrime-report-2016/⟩

21. Ehrenfeld, J. M. 'WannaCry, cybersecurity and health infor\-mation technology: a time to act'. Journal of Medical Systems, 41 (7) (2017), p. 104.

22. Bjerg, O. 'How is bitcoin money?' Theory, Culture & Society, 33 (1) (2016), pp. 53–72.

23. Barlett, C. P., Gentile, D. A., & Chew, C. 'Predicting cyber\-bullying from anonymity'. Psychology of Popular Media Culture, 5 (2) (2016), p. 171.

24. Rösner, L., & Krämer, N. C. 'Verbal venting in the social web: effects of anonymity and group norms on aggressive language use in online comments'. Social Media + Society, 2 (3) (2016). 〈https://doi.org/10.1177/2056305116664220〉

25. Huang, G., & Li, K. 'The effect of anonymity on conformity to group norms in online contexts: a meta-analysis'. International Journal of Communication, 10 (2016), p. 18.

26. Sticca, F., & Perren, S. 'Is cyberbullying worse than traditional bullying? Examining the differential roles of medium, publicity, and anonymity for the perceived severity of bullying'. Journal of Youth and Adolescence, 42 (5) (2013), pp. 739–50.

27. Cheng, J., Bernstein, M., Danescu-Niculescu-Mizil, C., & Leskovec, J. 'Anyone can become a troll: causes of trolling behavior in online discussions'. Proceedings of the 2017 ACM Conference on Computer Supported Cooperative Work and Social Computing (2017). arXiv:1702.01119 [cs.SI]. 〈http://doi.org/10.1145/2998181.2998213〉

5. 변태 : 이상성욕의 메커니즘

1. Dawson, S. J., Bannerman, B. A., & Lalumière, M. L. 'Paraphilic interests: an examination of sex differences in a nonclinical sample'. Sexual Abuse, 28 (1) (2016), pp. 20–45.

2. American Psychiatric Association. Diagnostic and Statistical Manual of Mental Disorders (5th ed.). Arlington, VA: APA, 2013.

3. Joyal, C. C. 'How anomalous are paraphilic interests?' Archives of Sexual Behavior, 43 (7) (2014), pp. 1241–43.

4. Scorolli, C., Ghirlanda, S., Enquist, M., Zattoni, S., & Jannini, E. A. 'Relative prevalence of different fetishes'. International Journal of Impotence Research, 19 (2007), pp. 432–37.

5. Långström, N., & Seto, M. C. 'Exhibitionistic and voyeuristic behavior in a Swedish national population survey'. Archives of Sexual Behavior, 35 (2006), pp. 427–35. 〈http://doi.org/10.1007/s10508-006-9042-6〉

6. Holvoeta, L., Huysb, W., Coppensa, V., Seeuwsd, J., . . . & Morrensa, M. 'Fifty shades of Belgian grey: the preval-ence of BDSM-related fantasies and activities in the general population'. Journal of Sexual Medicine, 14 (9) (2017), pp. 1152–59.

7. Lammers, J., & Imhoff, R. 'Power and sadomasochism: under\-standing the

antecedents of a knotty relationship'. Social Psychological and Personality Science, 7 (2) (2016), pp. 142–48.

8. Leitenberg, H., & Henning, K. 'Sexual fantasy'. Psychological Bulletin, 117 (3) (1995), p. 469.

9. Engber, D. '"Cannibal Cop": an exclusive interview with Gilberto Valle'. Slate, 10 December 2015. ⟨http://www.slate. com/articles/news_and_politics/crime/2015/12/ cannibal_cop_ an_exclusive_interview_with_gilberto_valle.html⟩

10. Weiser, B. 'Ex-officer's conviction in cannibal case shouldn't be reinstated, appeals court rules'. New York Times, 4 December 2015. ⟨https://www.nytimes. com/2015/12/04/nyregion/appeals-court-gilberto-valle-cannibal-case.html⟩

11. Volokh, E. 'Second Circuit rules for accused "cannibal cop"'. Washington Post, 3 December 2015. ⟨https://www.washington post.com/news/volokh-conspiracy/ wp/2015/12/03/second-circuit-rules-for-accused-cannibal-cop/?utm_term=.b96a52e 809a9⟩

12. Bivona, J., & Critelli, J. 'The nature of women's rape fantasies: an analysis of prevalence, frequency, and contents'. Journal of Sex Research, 46 (1) (2009), pp. 33–45.

13. Joyal, C. C., Cossette, A., & Lapierre, V. 'What exactly is an unusual sexual fantasy?' Journal of Sexual Medicine, 12 (2) (2015), pp. 328–40.

14. Paul, P. Pornified. New York: Times Books, 2007.

15. Perry, S. L., & Schleifer, C. 'Till porn do us part? A longi\-tudinal examination of pornography use and divorce'. Journal of Sex Research (2017), pp. 1–13.

16. Perry, S. L. 'Pornography consumption as a threat to religious socialisation'. Sociology of Religion, 76 (4) (2015), pp. 436–58.

17. Wright, P. J., Tokunaga, R. S., & Kraus, A. 'A meta-analysis of pornography consumption and actual acts of sexual aggres\-sion in general population studies'. Journal of Communication, 66 (1) (2016), pp. 183–205.

18. Kühn, S., & Gallinat, J. 'Brain structure and functional connectivity associated with pornography consumption: the brain on porn'. JAMA Psychiatry, 71 (7) (2014), pp. 827–34.

19. Moran, C., & Lee, C. 'What's normal? Influencing women's perceptions of normal genitalia: an experiment involving exposure to modified and nonmodified images'. BJOG: An International Journal of Obstetrics & Gynaecology, 121 (6) (2014), pp. 761–66.

20. Hesse, C., & Pedersen, C. L. 'Porn sex versus real sex: how sexually explicit material shapes our understanding of sexual anatomy, physiology, and behaviour'. Sexuality & Culture, 21 (3) (2017), pp. 754–75.

21. Carroll, A. & Mendos, L. R., International Lesbian, Gay, Bisexual, Trans and Intersex Association. State-Sponsored Homophobia 2017: A World Survey of Sexual Orientation Laws: Criminalisation, Protection and Recognition. ⟨http://ilga.org/what-we-do/state-sponsored-homophobia-report/⟩

22. Sweeney, J. 'Sochi 2014: No gay people in city'. Interview with Anatoly Pakhomov for BBC Panorama, 27 January 2014. ⟨http://www.bbc.com/news/uk-25675957⟩

23. Gates, G. J. 'How many people are lesbian, gay, bisexual and transgender?' The Williams Institute, UCLA School of Law (2011). ⟨https://escholarship.org/content/qt09h684x2/qt09h684x2.pdf⟩

24. Duncan, P. 'Gay relationships are still criminalised in 72 countries, report finds'. Guardian, 27 July 2017. ⟨https://www.theguardian.com/world/2017/jul/27/gay-rela\-tionships-still-criminalised-countries-report⟩

25. Sanders, A. R., Martin, E. R., Beecham, G. W., Guo, S., . . . & Duan, J. 'Genome-wide scan demonstrates significant linkage for male sexual orientation'. Psychological Medicine, 45 (7) (2015), pp. 1379–88.

26. Coghlan, A. 'Largest study of gay brothers homes in on "gay genes"'. New Scientist, 17 November 2014. ⟨https://www.newscientist.com/article/dn26572-largest-study-of-gay-brothers-homes-in-on-gay-genes/⟩

27. Adams, H. E., Wright, L. W., & Lohr, B. A. 'Is homophobia associated with homosexual arousal?' Journal of Abnormal Psychology, 105 (3) (1996), p. 440.

28. Wagner, G. J. 'Internalised homophobia scale'. In: Handbook of Sexuality-Related Measures, Clive Davis, William Yarber et al. Thousand Oaks, CA: SAGE Publications, 1998, pp. 371–72.

29. Tskhay, K. O., & Rule, N. O. 'Internalised homophobia influ\-ences perceptions of men's sexual orientation from photos of their faces'. Archives of Sexual Behavior, 46 (3) (2017), pp. 755–61.

30. Alarie, M., & Gaudet, S. '"I don't know if she is bisexual or if she just wants to get attention": analyzing the various mechanisms through which emerging adults invisibilise bisex\-uality'. Journal of Bisexuality, 13 (2) (2013), pp. 191–214.

31. Herek, G. M. 'Heterosexuals' attitudes toward bisexual men and women in the United States'. Journal of Sex Research, 39 (4) (2002), pp. 264–74.

32. de Zavala, A. G., Waldzus, S., & Cypryanska, M. 'Prejudice towards gay men and a need for physical cleansing'. Journal of Experimental Social Psychology, 54 (2014), pp. 1–10.

33. LaCour, M. J., & Green, D. P. 'When contact changes minds: an experiment on transmission of support for gay equality'. Science, 346 (6215) (2014), pp. 1366–69.

34. Williams, C. J., & Weinberg, M. S. 'Zoophilia in men: a study of sexual interest in animals'. Archives of Sexual Behavior, 32 (6) (2003), pp. 523–35.

35. Sangeeta, S. 'Health risks of zoophilia/bestiality'. Journal of Biological and Medical Sciences, 1 (1) (2017), e101.

6. 범죄를 막아야 한다 : 소아성애

1. Kennedy, A. C., & Prock, K. A. '"I still feel like I am not normal": a review of the role of stigma and stigmatisation among female survivors of child sexual abuse, sexual assault, and intimate partner violence'. Trauma, Violence, & Abuse (November 2016). ⟨https://doi.org/ 10.1177/1524838016673601⟩

2. Blakemore, T., Herbert, J. L., Arney, F., & Parkinson, S. 'The impacts of institutional child sexual abuse: a rapid review of the evidence'. Child Abuse & Neglect, 74 (2017), pp. 35–48.

3. McCartan, K. '"Here There Be Monsters": the public's perception of paedophiles with particular reference to Belfast and Leicester'. Medicine, Science and the Law, 44 (4) (2004), pp. 327–42.

4. Jahnke, S., Imhoff, R., & Hoyer, J. 'Stigmatisation of people with pedophilia: two comparative surveys'. Archives of Sexual Behavior, 44 (1) (2015), pp. 21–34.

5. Wurtele, S. K., Simons, D. A., & Moreno, T. 'Sexual interest in children among an online sample of men and women: prevalence and correlates'. Sexual Abuse, 26 (6) (2014), pp. 546–68.

6. American Psychiatric Association. Diagnostic and Statistical Manual of Mental Disorders (4th ed.). Washington, DC: APA, 2000.

7. Sea, J., & Beauregard, E. 'The hebephiliac: pedophile or teleiophiliac?' International Journal of Offender Therapy and Comparative Criminology (2017). ⟨https://doi.org/10.1177/0306624X17723627⟩

8. Bailey, J. M., Hsu, K. J., & Bernhard, P. A. 'An internet study of men sexually

attracted to children: sexual attraction patterns'. Journal of Abnormal Psychology, 125 (7) (2016), p. 976.

9. McPhail, I. V., Hermann, C. A., Fernane, S., Fernandez, Y. M. & Cantor, J. M. 'Validity of phallometric tests for sexual interests in children: a meta-analytic review'. Assessment (2017), pp. 1–17.

10. Birrell, I. 'Horror of senior detective', Daily Mail, 21 June 2015. 〈http://www. dailymail.co.uk/news/article-3132896/Horror-senior-detective-discovering-1-35-men-sexually-attract\-ed-children.html〉

11. Birrell, 'Horror of senior detective'.

12. Stephenson, W. 'How many men are paedophiles?', BBC News, 30 July 2014. 〈http://www.bbc.co.uk/news/maga\-zine-28526106〉

13. Stoltenborgh, M., Van Ijzendoorn, M. H., Euser, E. M., & Bakermans-Kranenburg, M. J. 'A global perspective on child sexual abuse: meta-analysis of prevalence around the world'. Child Maltreatment, 16 (2) (2011), pp. 79–101.

14. McLeod, D. A. 'Female offenders in child sexual abuse cases: a national picture'. Journal of Child Sexual Abuse, 24 (1) (2015), pp. 97–114.

15. Bailey et al. 'An internet study'.

16. Evans, M., 'One in 35 men has paedophile tendencies', Daily Telegraph, 22 June 2015. 〈http://www.telegraph.co.uk/news/ uknews/11690451/One-in-35-men-has-paedophile-tendencies-crime-agency-claims.html〉

17. Cantor, J. M., & McPhail, I. V. 'Non-offending pedophiles'. Current Sexual Health Reports, 8 (3) (2016), pp. 121–28.

18. Richards, K. 'Misperceptions about child sex offenders'. Trends and Issues in Crime and Criminal Justice, 429 (2011), p. 1.

19. Långström, N., Enebrink, P., Laurén, E. M., Lindblom, J., . . . & Hanson, R. K. 'Preventing sexual abusers of children from reoffending: systematic review of medical and psychological interventions'. British Medical Journal, 347 (2013), f4630.

20. Stoltenborgh et al. 'A global perspective'.

21. Radford, L., Corral, S., Bradley, C., Fisher, H., . . . & Collishaw, S. 'Child abuse and neglect in the UK today: research into the prevalence of child maltreatment in the United Kingdom'. NSPCC (2011).

22. Glasser, M., Kolvin, I., Campbell, D., Glasser, A., . . . & Farrelly, S. 'Cycle of child sexual abuse: links between being a victim and becoming a perpetrator'. British

Journal of Psychiatry, 179 (6) (2001), pp. 482–94.

23. Widom, C. S., & Massey, C. 'A prospective examination of whether childhood sexual abuse predicts subsequent sexual offending'. JAMA Pediatrics, 169 (1) (2015). ⟨https:// doi.org/ 10.1001/jamapediatrics.2014.3357⟩; and Lee, J. K., Jackson, H. J., Pattison, P., & Ward, T. 'Developmental risk factors for sexual offending'. Child Abuse & Neglect, 26 (1) (2002), pp. 73–92.

24. Babchishin, K. M., Hanson, R. K., & VanZuylen, H. 'Online child pornography offenders are different: a meta-analysis of the characteristics of online and offline sex offenders against children'. Archives of Sexual Behavior, 44 (1) (2015), pp. 45–66.

25. Seto, M. C., Cantor, J. M., & Blanchard, R. 'Child pornog\-raphy offenses are a valid diagnostic indicator of pedophilia'. Journal of Abnormal Psychology, 115 (3) (2006), p. 610.

26. Cantor, J. M. 'Gold star pedophiles in general sex therapy practice'. Principles and Practice of Sex Therapy (2014), pp. 219–34.

27. 'Are paedophiles' brains wired differently?' BBC News, 24 November 2015. ⟨http://www.bbc.co.uk/news/magazine-34858350⟩

28. Cantor, J. M., Kuban, M. E., Blak, T., Klassen, P. E., . . . & Blanchard, R. 'Physical height in pedophilic and hebephilic sexual offenders'. Sexual Abuse: A Journal of Research and Treatment, 19 (4) (2007), pp. 395–407.

29. Cantor, J. M., Klassen, P. E., Dickey, R., Christensen, B. K., . . . & Blanchard, R. 'Handedness in pedophilia and hebe-philia'. Archives of Sexual Behavior, 34 (4) (2005), pp. 447–59.

30. Blanchard, R., Kolla, N. J., Cantor, J. M., Klassen, P. E., . . . & Blak, T. 'IQ, handedness, and pedophilia in adult male patients stratified by referral source'. Sexual Abuse: A Journal of Research and Treatment, 19 (3) (2007), pp. 285–309.

31. Cantor, J. M., Lafaille, S. J., Hannah, J., Kucyi, A., . . . & Mikulis, D. J. 'Independent component analysis of resting-state functional magnetic resonance imaging in pedophiles'. The Journal of Sexual Medicine, 13 (10) (2016), pp. 1546–54.

32. Cantor et al. 'Independent component'.

33. Joyal, C. C., Beaulieu-Plante, J., & de Chantérac, A. 'The neuropsychology of sex offenders: a meta-analysis'. Sexual Abuse, 26 (2) (2014), pp. 149–77.

34. Seto, M. C. Pedophilia and Sexual Offending Against Children: Theory, Assessment, and Intervention. New York: American Psychological Association, 2007.

35. Cantor, J. M., Lafaille, S., Soh, D. W., Moayedi, M., . . . & Girard, T. A. 'Diffusion tensor imaging of pedophilia'. Archives of Sexual Behavior, 44 (8) (2015), pp. 2161–72.

36. Houtepen, J. A., Sijtsema, J. J., & Bogaerts, S. 'Being sexually attracted to minors: sexual development, coping with forbidden feelings, and relieving sexual arousal in self-identified pedophiles'. Journal of Sex and Marital Therapy, 42 (1) (2016), pp. 48–69.

37. McGuinness, D. 'Germany urges paedophiles out of the shadows'. BBC News, 13 July 2015. 〈http://www.bbc.co.uk/ news/magazine-33464970〉

38. Troup Buchanan, R., 'In Germany, they treat paedophiles as victims'. Independent, 14 July 2015. 〈http://www.independent. co.uk/news/world/in-germany-they-treat-paedophiles-as-vic\-tims-not-offenders-10387468.html〉

39. McGuinness. 'Germany urges paedophiles'.

40. McMillan, J. 'The kindest cut? Surgical castration, sex offenders and coercive offers'. Journal of Medical Ethics, 40 (9) (2014), pp. 583–90.

41. Grubin, D., & Beech, A. 'Chemical castration for sex offenders'. British Medical Journal, 304 (2010). 〈https://doi. org/10.1136/bmj.c74〉

42. McMillan. 'The kindest cut?'

43. Lee, J. Y., & Cho, K. S. 'Chemical castration for sexual offenders: physicians' views'. Journal of Korean Medical Science, 28 (2) (2013), pp. 171–72.

44. Lewis, A., Grubin, D., Ross, C. C., & Das, M. 'Gonadotrophin-releasing hormone agonist treatment for sexual offenders: a systematic review'. Journal of Psychopharmacology (2017). 〈https://doi.org/10.1177/0269881117714048〉

45. Berlin, F. S. '"Chemical castration" for sex offenders'. New England Journal of Medicine, 336 (14) (1997), pp. 1030–31.

46. 'Brian Hopkins, smuggler of child sex doll'. BBC News, 1 September 2017. 〈http://www.bbc.co.uk/news/uk-england-devon-41130328〉

7. 정장 속에 똬리 튼 뱀 : 군중심리

1. 'Strategic Plan: 2013–2017', Compassion in World Farming. 〈https://www.ciwf. org.uk/media/3640540/ciwf_strategic_plan_20132017.pdf〉

2.Murphy, H. 'Fish depression is not a joke'. New York Times, 16 October 2017. 〈https://www.nytimes.com/2017/10/16/science/depressed-fish.html〉

3. Bastian, B., & Loughnan, S. 'Resolving the meat-paradox: a motivational account of morally troublesome behavior and its maintenance'. Personality and Social Psychology Review 21 (3) (2017), pp. 1–22. ⟨https://doi.org/10.1177/10888683 16647562⟩

4. Festinger, L. A Theory of Cognitive Dissonance. Evanston, IL: Row, Peterson & Co., 1957.

5. Festinger, L., & Carlsmith, J. M. 'Cognitive consequences of forced compliance'. Journal of Abnormal and Social Psychology, 58 (2) (1959), p. 203.

6. Festinger, L. A Theory of Cognitive Dissonance (Vol. 2). Stanford: Stanford University Press, 1962.

7. Grauerholz, L. 'Cute enough to eat: the transformation of animals into meat for human consumption in commercialised images'. Humanity & Society, 31 (4) (2007), pp. 334–54.

8. Bastian & Loughnan. 'Resolving the meat-paradox', pp. 278–99.

9. Fiske, A. P., & Tetlock, P. E. 'Taboo trade-offs: reactions to transactions that transgress the spheres of justice'. Political Psychology, 18 (2) (1997), pp. 255–97.

10. Tetlock, P. E., Kristel, O. V., Elson, S. B., Green, M. C., & Lerner, J. S. 'The psychology of the unthinkable: taboo trade-offs, forbidden base rates, and heretical counterfactuals'. Journal of Personality and Social Psychology, 78 (5) (2000), p. 853.

11. Tetlock, P. E. 'Thinking the unthinkable: sacred values and taboo cognitions'. Trends in Cognitive Sciences, 7 (7) (2003), pp. 320–24.

12. Judicial College. Guidelines for the Assessment of General Damages in Personal Injury Cases. Oxford: OUP, 2017. These amounts exclude compensation for things like loss of earnings, care costs and other expenses.

13. Kahneman, D., Schkade, D., & Sunstein, C. 'Shared outrage and erratic awards: the psychology of punitive damages'. Journal of Risk and Uncertainty, 16 (1) (1998), pp. 49–86.

14. Bales, K. Ending Slavery: How We Free Today's Slaves. Berkeley: University of California Press, 2007.

15. Bales, K. 'How to combat modern slavery'. TED Talk, February 2010. ⟨https://www.ted.com/talks/kevin_bales_how_to_combat_modern_slavery⟩

16. Kelly, A. 'Human life is more expendable'. Guardian, 31 July 2017. ⟨https://www.theguardian.com/global-development/2017/jul/31/human-life-is-more-expendable-why-slavery-has-never-made-more-money⟩

17. Baumeister, R. F. Evil: Inside Human Cruelty and Violence. New York: W. H. Freeman, 1997.

18. Lucas, T., Zhdanova, L., & Alexander, S. 'Procedural and distributive justice beliefs for self and others'. Journal of Individual Differences, 32 (1), (2011).

19. Lucas, T., Zhdanova, L., Wendorf, C. A., & Alexander, S. 'Procedural and distributive justice beliefs for self and others: multilevel associations with life satisfaction and self-rated health'. Journal of Happiness Studies, 14 (4) (2013), pp. 1325–41.

20. Lerner, M. J., & Simmons, C. H. 'Observer's reaction to the "innocent victim": compassion or rejection?' Journal of Personality and Social Psychology, 4 (2) (1966), p. 203.

21. Hafer, C. L., & Sutton, R. 'Belief in a just world'. In: Handbook of Social Justice Theory and Research. Clara Sabbagh & Manfred Schmitt (eds). New York: Springer, 2016, pp. 145–60.

22. Furnham, A., & Gunter, B. 'Just world beliefs and attitudes towards the poor'. British Journal of Social Psychology, 23 (3) (1984), pp. 265–69.

23. Strömwall, L. A., Alfredsson, H., & Landström, S. 'Rape victim and perpetrator blame and the Just World hypothesis: the influence of victim gender and age'. Journal of Sexual Aggression, 19 (2) (2013), pp. 207–17.

24. Walters, J. 'Martin Shkreli: entrepreneur defends decision'. Guardian, 22 September 2017. ⟨https://www.theguardian.com/business/2015/sep/21/entrepreneur-defends-raise-price-daraprim-drug⟩

25. 'Public Enemy'. Harper's, September 2017. ⟨https://harpers.org/archive/2017/09/public-enemy/⟩

26. Mangan, D. 'Martin Shkreli slaps down rapper'. CNBC, 28 January 2016. ⟨https://www.cnbc.com/2016/01/28/martin-shkreli-slaps-down-rapper-ghostface-killah-in-vulgar-video.html⟩

27. Keshner, A. 'Pharma Bro's just a Lie-vy League alum'. New York Daily News, 19 July 2017. ⟨http://www.nydailynews.com/news/crime/columbia-registrar-no-records-shkreli-enrollment-article-1.3339005⟩

28. Rushe, D., & Glenza, J. 'Martin Shkreli jailed'. Guardian, 9 March 2018. ⟨https://www.theguardian.com/us-news/2018/mar/09/martin-shkreli-jail-sentence-how-long-pharma-bro-court-trial⟩

29. Umphress, E., & Bingham, J. 'When employees do bad things for good reasons: examining unethical pro-organizational behaviors'. Organization Science, 22 (3)

(2011), pp. 621–40. ⟨https://doi.org/abs/10.1287/orsc.1100.0559⟩

30. Palazzo, G., Krings, F., & Hoffrage, U. 'Ethical blindness'. Journal of Business Ethics, 109 (3) (2012), pp. 323–38.

31. Elphick, C., Minhas, R., & Shaw, J. 'Dark figures'. Unpublished, Open Science Framework (2017). ⟨https://osf.io/7skxh⟩

8. 그리고 나는 아무 말도 하지 않았다 : 순응의 과학

1. Garber, M. '"First They Came": the poem of the protests'. The Atlantic, 29 January 2017. ⟨https://www.theatlantic.com/ entertainment/archive/2017/01/first-they-came-poem-his\-tory/514895/⟩

2. Niemöller, M. 'First they came for the Socialists', version used at the United States Holocaust Memorial Museum. ⟨https://www.ushmm.org/wlc/en/article.php?Mod\-uleId=10007392⟩

3. Connolly, K. 'Joseph Goebbels' 105-year-old secretary'. Guardian, 15 August 2016. ⟨https://www.theguardian.com/ world/2016/aug/15/brunhilde-pomsel-nazi-joseph-goeb\-bels-propaganda-machine⟩

4. Milgram, S. Obedience to Authority: An Experimental View. London: Pinter & Martin Ltd, 2010.

5. Milgram, S. 'The perils of obedience'. Harper's, 12 (6) (1973).

6. Milgram, S. 'Behavioral study of obedience'. Journal of Abnormal and Social Psychology, 67 (4) (1963), p. 371.

7. Burger, J. M. 'Replicating Milgram: would people still obey today?' American Psychologist, 64 (1) (2009), p. 1; and Doliński, D., Grzyb, T., Folwarczny, M., Grzybała, P., . . . & Trojanowski, J. 'Would you deliver an electric shock in 2015? Obedience in the experimental paradigm developed by Stanley Milgram in the 50 years following the original studies'. Social Psychological and Personality Science, 8 (8) (2017), pp. 927–33.

8. Caspar, E. A., Christensen, J. F., Cleeremans, A., & Haggard, P. 'Coercion changes the sense of agency in the human brain'. Current Biology, 26 (5) (2016), pp. 585–92.

9. 'Following orders makes us feel less responsible'. UCL News, 18 February 2016. ⟨http://www.ucl.ac.uk/news/news-arti\-cles/0216/180216-following-orders-reduces-responsibility⟩

10. McMahon, S., & Farmer, G. L. 'An updated measure for assessing subtle rape

myths'. Social Work Research, 35 (2) (2011), pp. 71–81.

11. Horvath, M. A., Hegarty, P., Tyler, S., & Mansfield, S. '"Lights on at the end of the party": are lads' mags mainstreaming dangerous sexism?' British Journal of Psychology, 103 (4) (2012), pp. 454–71.

12. Hegarty, P., Stewart, A. L., Blockmans, I. G., & Horvath, M. A. 'The influence of magazines on men: normalizing and chal\-lenging young men's prejudice with "lads" mags'. Psychology of Men & Masculinity, 19 (1) (2018) pp. 131–44.

13. Savin-Williams, R. C. 'True or false: 20% of young women are sexually assaulted?' Psychology Today, 16 July 2017. 〈https://www.psychologytoday.com/blog/sex-sexuality-and-romance/201707/true-or-false-20-young-women-are-sexually-assaulted〉

14. Muehlenhard, C. L., Peterson, Z. D., Humphreys, T. P., & Jozkowski, K. N. 'Evaluating the one-in-five statistic: women's risk of sexual assault while in college'. Journal of Sex Research, 54 (4–5) (2017), pp. 549–76.

15. 'Victims of sexual violence: statistics'. RAINN. 〈https://www.rainn.org/statistics/victims-sexual-violence〉

16. Yon, Y., Mikton, C., Gassoumis, Z. D., & Wilber, K. H. 'The prevalence of self-reported elder abuse among older women in community settings: a systematic review and meta-analysis'. Trauma, Violence, & Abuse, April 2017. 〈https://doi.org/10.1177/1524838017697308〉

17. Rawlinson, K. 'Judge accused of victim-blaming in comments on rape case'. Guardian, 10 March 2017. 〈https://www.theguardian.com/society/2017/mar/10/judge-accused-of-victim-blaming-during-sentencing-comments-in-case〉

18. Larson, F. 'Why public beheadings get millions of views'. TED Talk, June 2015.

19. LaMotte, S. 'The psychology and neuroscience of terrorism'. CNN, 25 March 2016. 〈http://edition.cnn.com/2016/03/25/health/brain-and-terrorist-attack/index.html〉

20. Dowd, M. '20 years after the murder of Kitty Genovese, the question remains: why?' New York Times, 12 March 1984. 〈https://www.nytimes.com/1984/03/12/nyregion/20-years-after-the-murder-of-kitty-genovese-the-question-remains-why.html〉

21. McFadden, R. D. 'Winston Moseley, who killed Kitty Genovese'. New York Times, 4 April 2016. 〈https://www.nytimes.com/2016/04/05/nyregion/winston-moseley-81-killer-of-kitty-genovese-dies-in-prison.html〉

22. Darley, J. M., & Latané, B. 'Bystander intervention in emer\-gencies: diffusion of

responsibility'. Journal of Personality and Social Psychology, 8 (1968), p. 377–83.

23. Latané, B., & Darley, J. M. The Unresponsive Bystander: Why Doesn't He Help? New York: Appleton-Century-Crofts, 1970.

24. Fischer, P., Krueger, J. I., Greitemeyer, T., Vogrincic, C., . . . & Kainbacher, M. 'The bystander-effect: a meta-analytic review on bystander intervention in dangerous and non-dangerous emergencies'. Psychological Bulletin, 137 (4) (2011), p. 517–37.

25. Jaggar, A. 'What is terrorism, why is it wrong, and could it ever be morally permissible?' Journal of Social Philosophy, 36 (2005), pp. 202–17.

26. US Department of State. Patterns of Global Terrorism 1997, Department of State Publications, 10321. Washington, DC: United States Department of State, 1998.

27. Silke, A. (ed.). Terrorists, Victims and Society: Psychological Perspectives on Terrorism and Its Consequences. Chichester: John Wiley & Sons, 2003.

28. Piccinni, A., Marazziti, D., & Veltri, A. 'Psychopathology of terrorists'. CNS Spectrums (2017), pp. 1–4.

29. Jaggar. 'What is terrorism?'

30. Simmons, K., & Gubash, C. 'Captured ISIS fighter'. NBC News, 27 July 2015. ⟨https://www.nbcnews.com/storyline/ isis-terror/captured-isis-fighter-joining-extremists-syria-ruined-my-life-n398976⟩

31. Horgan, J. 'A call to arms: the need for more psychological research on terrorism'. Social Psychological Review, 18 (1) (2016), pp. 25–28.

32. US Department of Homeland Security. 'If you see something, say something' campaign, launched July 2010. ⟨https://www.dhs.gov/see-something-say-something⟩

33. Metropolitan Police, UK. 'Signs of possible terrorist activity'. ⟨https://www.met. police.uk/advice-and-information/terror\-ism-in-the-uk/signs-of-possible-terrorist-activity/⟩

34. Lum, C., Kennedy, L. W., & Sherley, A. 'Are counter-terrorism strategies effective? The results of the Campbell systematic review on counter-terrorism evaluation research'. Journal of Experimental Criminology, 2 (4) (2006), pp. 489–516.

35. Freese, R. 'Evidence-based counterterrorism or flying blind? How to understand and achieve what works'. Perspectives on Terrorism, 8 (1) (2014) pp. 37–35.

36. Horgan. 'A call to arms'.

37. 'What is jihadism?' BBC News, 11 December 2014. ⟨http://www.bbc.co.uk/ news/world-middle-east-30411519⟩

38. McCauley, C., & Moskalenko, S. 'Understanding political radicalisation: the two-pyramids model'. American Psychologist, 72 (3) (2017), p. 205.

39. McCauley, C. 'Ideas versus actions in relation to polls of US Muslims'. Analyses of Social Issues and Public Policy, 13 (2013), pp. 70–76. 〈http://dx.doi.org/10.1111/asap.12014〉

40. Altier, M. B., Thoroughgood, C. N., & Horgan, J. G. 'Turning away from terrorism: lessons from psychology, sociology, and criminology'. Journal of Peace Research, 51 (5) (2014), pp. 647–61.

41. Alison, L., & Alison, E. 'Revenge versus rapport: interrogation, terrorism, and torture'. American Psychologist, 72 (3) (2017), p. 266–77. 〈https://doi.org/10.1037/amp0000064〉

42. Zimbardo, P. 'The psychology of evil'. TED Talk, February 2008. 〈https://www.ted.com/talks/philip_zimbardo_on_the_psychology_of_evil/transcript〉

43. Zimbardo, P. G. The Lucifer Effect. Oxford: Blackwell Publishing Ltd, 2007.

44. Haney, C., Banks, C., & Zimbardo, P. 'Interpersonal dynamics in a simulated prison'. International Journal of Criminology and Penology, 1 (1973), pp. 69–97.

45. From the transcript of the documentary 'The Trial of Adolf Eichmann', Great Projects Film Co., ABC News Productions, April 1997. 〈http://remember.org/eichmann/sentencing〉

46. Owens, P. 'Racism in the theory canon: Hannah Arendt and "the one great crime in which America was never involved"'. Millennium, 45 (3) (2017), pp. 403–24. 〈http://sro.sussex.ac.uk/66694/〉

47. Arendt, H. Eichmann in Jerusalem: A Report on the Banality of Evil. New York, NY: Penguin, 1963.

결론

1. Miller, D. S. 'Disaster tourism and disaster landscape attrac\-tions after Hurricane Katrina: an auto-ethnographic journey'. International Journal of Culture, Tourism and Hospitality Research, 2 (2) (2008), pp. 115–31.

2. Gino, F., & Wiltermuth, S. S. 'Evil genius? How dishonesty can lead to greater creativity'. Psychological Science, 25 (4) (2014), pp. 973–81.

우리 안의 악마

어두운 인간 본성에 관한 도발적인 탐구

초판 1쇄 발행 2020년 1월 23일
초판 2쇄 발행 2022년 9월 5일

지은이 | 줄리아 쇼
옮긴이 | 김성훈
펴낸이 | 조미현

편집주간 | 김현림
책임편집 | 정예인
디자인 | this-cover.com

펴낸곳 | (주)현암사
등록 | 1951년 12월 24일·제10-126호
주소 | 04029 서울시 마포구 동교로12안길 35
전화 | 02-365-5051
팩스 | 02-313-2729
전자우편 | editor@hyeonamsa.com
홈페이지 | www.hyeonamsa.com

ISBN 978-89-323-2029-8 03180

이 도서의 국립중앙도서관 출판예정도서목록(CIP)은 서지정보유통지원시스템 홈페이지
(http://seoji.nl.go.kr)와 국가자료공동목록시스템(http://www.nl.go.kr/kolisnet)에서
이용하실 수 있습니다. (CIP제어번호 CIP2020000544)